中法文化遗产法的新发展

王云霞　胡姗辰　主编

文物出版社

图书在版编目（CIP）数据

中法文化遗产法的新发展／王云霞，胡姗辰主编．
—北京：文物出版社，2022.9
ISBN 978 – 7 – 5010 – 7780 – 9

Ⅰ.①中… Ⅱ.①王… ②胡… Ⅲ.①文化遗产 – 法
律保护 – 中国 – 文集 ②文化遗产 – 法律保护 – 法国 – 文集
Ⅳ.①D922.164 – 53 ②D956.521.64 – 53

中国版本图书馆 CIP 数据核字（2022）第 160974 号

中法文化遗产法的新发展

主　　编：王云霞　胡姗辰

责任编辑：许海意
封面设计：王文娴
责任印制：张道奇

出版发行：文物出版社
社　　址：北京市东城区东直门内北小街 2 号楼
邮　　编：100007
网　　址：http：//www.wenwu.com
经　　销：新华书店
印　　刷：宝蕾元仁浩（天津）印刷有限公司
开　　本：787mm×1092mm　1/16
印　　张：13
版　　次：2022 年 9 月第 1 版
印　　次：2022 年 9 月第 1 次印刷
书　　号：ISBN 978 – 7 – 5010 – 7780 – 9
定　　价：88.00 元

前　言

近年来，文化遗产在社会可持续发展中的重要性日益凸显，对文化遗产保护利用的理论与实践提出了新的挑战和发展目标。面对新形势，许多国家启动了对文化遗产立法的大幅修改。如法国 2016 年 7 月通过《关于创作自由、建筑和遗产的法律》，对其《遗产法典》及与之密切相关的知识产权、文化艺术创作和文化产业立法进行了大幅修改和完善。我国《文物保护法》的新一轮全面修订工作也取得阶段性进展，国务院原法制办和国家文物局分别于 2015 年 12 月和 2020 年 11 月先后公布的两版《〈文物保护法〉修订草案（征求意见稿）》，并两度引发社会公众关注与热议。《非物质文化遗产法》的首次全面修订也已启动。

在此背景下，2019 年 10 月 25 日，第六届中法文化遗产法研讨会在中国人民大学隆重召开。本届研讨会以"中法文化遗产法的新发展"为主题，吸引了来自四大洲 9 个国家和地区的法学、建筑学等文化遗产相关领域的专家学者与文化遗产从业者的广泛参与。本书作为此次研讨会的论文集，是从与会者提交的诸多论文中筛选出来，经作者修改完善和主编加工，汇编而成。

本书收录论文主要分为四个主题：第一部分为"生物多样性、知识产权保护与文化遗产利用与传承的关系"，大都涉及如何通过本国文化和自然遗产立法与生物多样性和知识产权制度的协调配合，平衡遗产保护中的公益与私益，促进遗产保护与传承。第二部分为"城市建设、可持续发展与文化遗产法制更新"，作者们主要对我国（包括台湾地区）和法国文化遗产法相关制度进行检视，就如何处理文化遗产保护与城市建设的关系，鼓励多元主体合作，加强文化遗产合理利用和可持续发展展开讨论。第三部分为"文化遗产保护的资金保障"，包含对法国公私合作（PPP）在文化遗产经营中的应用，法国和巴西审计法院在文化遗产保护和促进中的作用，我国社会资本参与文化遗产保护法律制度的建构以及台湾地区文化资产信托法制实践的分享与探讨。第四部分为"文物公益诉讼的理论、制度与实践"，聚焦我国文化遗产公益诉讼制度及其实施过程中的关键问题，从理论、制度和实践层面进行探讨。

中国和法国都是文化遗产极为丰富的国家。在可持续发展这一共同目标下，探讨并相互借鉴两国文化遗产保护及其法制建设与发展的有益经验，是两国文明交流互鉴的重要内容，也是为人类共同遗产保护贡献经验和智慧的重要方式。"中法文化遗产法研讨会"系列会议作为中国人民大学法学院自 2011 年起与法国奥弗涅大学法学院共同发起的系列学术活动，到 2019 年已分别在北京、克莱蒙－费朗、上海、图卢兹和台北成功举办了五届，得到来自中法两国专家学者和文化遗产从业者的积极参与，已成为文化遗产法领域的重要学术品牌，会议论文集也已分别在中国和法国出版。本次会议规模进一步扩大，为扩展中法两国与其他国家在文化遗产研究与保护领域的深入交流与合作提供了契机，对两国文化遗产法学科的成长和文化遗产事业的发展具有重要的促进意义。

此外，由于会议论文是 2019 年 10 月之前提交的，虽然会后作者们做了适当补充和修改，但论文框架、观点仍基本保留原貌。近两年我国文化遗产法律和政策的某些方面已发生较大变化。比如在公益诉讼领域，最高人民检察院于 2020 年 12 月 2 日发布 10 起文物和文化遗产保护公益诉讼典型案例，于 2021 年 6 月 27 日和退役军人事务部联合发布了 14 起红色资源保护公益诉讼典型案例，对于开展文物公益诉讼具有较大的指导意义。诸如此类的问题，提请读者们阅读时注意。

在本书付梓之际，要特别感谢中国人民大学法学院、法国图卢兹第一大学法学院的积极推动和鼎力支持。

王云霞

2022 年 7 月 18 日

目　录

第四单元　文物公益诉讼的理论、制度与实践

生物多样性、知识产权保护与文化遗产利用与传承的关系

生物多样性保护与知识产权之间的微妙联系

亚历山德拉·门多萨·卡米纳德*

摘要：西方企业曾以发展中国家的遗传资源和相关传统知识为基础申请了多项专利，被指控实施生物剽窃，这种对这些遗传资源和传统知识的私有化和商业化利用，对拥有这些资源的土著人民的利益造成了损害。知识产权制度的局限性和对此类行为的反思促成1992年《生物多样性公约》和2010年《名古屋议定书》①等若干国际法律文件的通过，其目标是保护生物多样性和提高使用的公平性。为落实《生物多样性公约》及相关议定书，欧盟和法国亦出台了一些新立法，确立了规范遗传资源和传统知识获取、使用特别是商业化开发利用及其惠益共享的法律规则，体现出了较为明显的保障遗传资源和传统知识持有者或持有社群之正当利益的特点。但是，《生物多样性公约》框架下的遗传资源获得、利用和惠益共享制度，在实践中给企业增加了沉重的义务，然而，在打击生物剽窃的激进努力中，企业所承担的义务尤其沉重，其收益的不确定性也给从事研发的私人企业带来了极大的风险，可能损害其经济竞争力甚至相关科学研究。

关键词：《生物多样性公约》；遗传资源；生物多样性保护制度；欧盟；法国

生物多样性是诸多产业创新的基础。由于其丰富的资源，研究人员经常对发展中国家丰富的生物多样性资源加以利用：他们在发展中国家发掘植物、动物和微生物，其潜在遗传基因可以用于制造农作物良种、化妆品或药物。这些构成植物和动物的遗传资源可以成为发明专利的客体，其开发利用可以为企业所垄断。全球范围内，90%的自然资源位于南半球，与此同时，开发这些资源被授予的专利中的97%却属于北半球经济主体。生物多样性的开发利用对制药、化妆品和农业食品生产等许多活跃的经济主体而言至关重要。然而，此类做法有时会构成对土著人民知识技能的剥夺：实践中，一些公司利用土著人社区

---

* 亚历山德拉·门多萨·卡米纳德（Alexandra MENDOZA – CAMINADE），法国图卢兹第一大学副校长、法学教授，主要研究方向为知识产权法、商法。

① 全称为《生物多样性公约关于获取遗传资源以及公正和公平地分享其利用所产生惠益的名古屋议定书》，是2010年在日本名古屋召开的第十届生物多样性公约缔约方大会通过的决定的附件。——编者注

提供的有关生物资源的传统知识来申请发明专利。这种做法被称为生物剽窃，即掠夺生物资源和与之相关的传统知识以获得发明专利的行为。

长期以来，在这一行为的合法性受到质疑并推动 1992 年《生物多样性公约》（CBD）通过之前，这些掌握生物遗传资源的族群一直没有得到过任何补偿。《生物多样性公约》的目的在于规范生物勘探，从而应对和减缓物种灭绝。在该公约框架下，《名古屋议定书》于 2010 年 10 月 29 日获得通过，2014 年 10 月 12 日生效。这一议定书在遗传资源获得和其开发利用收益分享问题方面做出承诺，其目的在于既保护生物多样性，同时又增进南北国家之间的关系平等。然而，由于缺乏有约束力的法律文本，这一承诺反而为生物多样性开发商收集和使用这些资源提供了自由。尽管开发商必须与这些资源的提供者签订合同，但合同内容取决于当事各方的合意，因此使得国际公约为保护生物多样性及遗传资源持有者而规定的原则的效力受到质疑。

迄今为止，生物多样性似乎因企业化开发利用涉及相关知识产权而成为一个私法问题。然而，特别是在欧洲和法国，一种新趋势正逐渐形成，即制定可能使生物多样性受到过度保护的新立法。

一　生物多样性：因知识产权而私有化的领域

由于缺乏具有约束力的国际规范，尽管国际社会有保护生物多样性的意愿，但并未产生实际效果。在这种情况下，这些生物资源极可能通过申请发明专利或者签订生物勘探合同等方式，被开发商据为己有。

（一）从生物勘探到生物剽窃：发明专利的支配地位

1992 年《生物多样性公约》的目标在于保护生物多样性并可持续利用这些资源，同时公平和平等地分享其开发利用所产生的利益。该公约第 8（b）条特别规定土著人民对其所持有的遗传资源的使用，具有在知情和自由的情况下事先同意的权利。这些目标在 2010 年 10 月 29 日通过的《名古屋议定书》中得到了重申和进一步阐释。上述目标要求《生物多样性公约》缔约国建立遗传资源获取的授权许可和其开发利用收益分享制度。

然而，《生物多样性公约》没有任何制裁机制，仅规定每个国家都对其领土范围内的遗传资源享有权利，并有责任保护其领土范围内的遗传资源和生物多样性。

在国家层面，一些生物多样性丰富的国家已经采纳《生物多样性公约》的相关规定出台了一些特别的规范，通过诉诸法律和（或）合同等方式，为生物勘探活动制定了一个框架。此类法律规定和（或）合同条款通常对勘探人员设置相当严格的条件和要求，以阿根廷为例。

此外，在国际层面，世界贸易组织（WTO）成员国须遵守1994年4月15日《与贸易有关的知识产权协定》。在遗传资源方面，世贸组织成员国必须通过发明专利为其提供最低限度的保护，因此发明专利也被视为保护遗传资源的首选工具。

生物有机体可授予专利的属性使企业能够获得与植物基本成分和（或）其有关知识相关的专利。这些位于发展中国家的遗传资源的工业产权有时会给相关人群带来负面影响。外国企业在未经遗传资源持有者同意且未对其予以补偿的情况下申请并被授予专利权。专利制度否认和剥夺了土著人民的所有利益：土著人民无法从该制度中获得任何利益，尽管他们有时可能是这些生物遗传资源的率先发现者，或已经开发了与此有关的传统知识。这种对资源和知识的掠夺被称为生物剽窃，并被一些学者比作一种殖民主义。

一些土著社区已经提起诉讼，要求宣布制药公司利用社区所持有的生物资源或知识申请或获得的专利权无效。姜黄专利案就是一个典型案例，美利坚合众国对"一种能够促进伤口愈合的方法，主要包括对患者施用由特定剂量的姜黄粉组成的愈合剂"授予一项专利（n°5，401，504）。专利局最初认为，该项发明是非常新颖的。在查阅补充文献资料后，专利局却发现该项发明是一项已经为人所知的传统知识。在这种情况下，专利局改变了其立场，这项专利被宣告无效。然而，此类诉讼程序过于冗长，以至于很难执行：这就是《生物多样性公约》鼓励此类法律关系的主要参与者通过合同方式，签署所谓的生物勘探合同的原因。

（二）合同在重建平衡关系中的失效

《生物多样性公约》将生物勘探合同推广为保护生物多样性的典范，并将其作为组织资源与知识相关关系的基本工具。《生物多样性公约》第15条规定，获取和商业化开发这些生物资源的合同必须遵守两个基本条件：获得资源提供者的事先同意，并公平合理地分享商业化使用这些资源所获收益。在没有法律保护机制的情况下，合同似乎是一种使有关社区能够转让其持有资源或知识要素相关权利的易于实施的简单工具。这样，合同就可以成为权益正当性的权利载体，重建资源开发主体及其所有者之间的权力平衡。

然而，企业和有关社区之间签订协议并不构成双方建立适当合作关系或公平分享收益的切实保障。很多时候，勘探主体希望能够保留生物资源中对其活动有用的成分的所有权，并将其强加在合同的工业产权条款中。利益的分享有时会延迟，这种利益分享亦并非总能真正实现，这正是合同在平衡资源开发者与持有者利益中的作用脆弱性的直接证明。在许多情况下，当事各方之间的不平等关系破坏了合同权利的平衡，从而损害了传统资源和知识的保存；社区还被要求对合同内容承担保密义务，这导致了此类合同实践的不透明性。此外，实践通常表明，这些生物勘探合同在确保研究成果和收益得到分享方面是无效的，甚至可能被一些企业操纵，这些企业希望通过这种方式使人们相信它们遵守了《生物多样性公约》。合同的价值远未实现，合同似乎也不是保护土著社区权利和生物多样性的工具。

保护这些资源和知识的途径之一可能是知识产权：土著社区的生物资源及其传统知识应成为一项新的知识产权的客体。土著人民的代表呼吁在国际法中创造一种特殊权利（sui generis），即确立一种关于资源及其知识的新形式的知识产权。这一想法虽与知识产权直接相关，但即使在世界知识产权组织（WIPO）内部，也未获得实现：为确立适用于传统知识保护的特殊权利，世界知识产权组织知识产权与遗传资源、传统知识和民间文学艺术政府间委员会已就此问题努力和商议了长达十余年时间。

在等待上述特殊权利制度正式获得认可的同时，另一种方法对于保护生物资源和传统知识而言似乎更为适当，即对这些资源进行普查登记并公开发布登记名录。印度采用了这一途径，建立了一个印度传统知识的重要数据库：传统知识数字图书馆（TKDL）。TKDL由登记有关村庄传统知识的人民生物多样性登记册（PBR）组成，允许世界各地的专利局，如欧洲专利局，访问和了解现有传统技术。实践中，希望访问该数据库的专利局必须签署一项信息协议。登记知识并制作清单是一个恰当途径，阻断了此后对已登记的知识申请专利的任何可能性。

这项创举可能是改善生物多样性和环境保护的一个解决办法，因为缔结生物勘探合同并未获得令人满意的结果：开发利用者与供给主体签订的合同，通过工业产权，特别是开发利用主体获得的与其商业活动有关的发明专利权，导致了生物资源的私有化。这一现象证明，采取法律调整手段规范生物多样性，缓解此类关系中双方主体的不平衡，并打击生物剽窃，十分必要。因此，必须完善有关的国际法，制定对开发利用的企业具有强制拘束力的法律规则。

二　新立法：过度保护生物多样性？

除《生物多样性公约》所规定的原则之外，还有一个问题是如何将这些规则付诸实施。从欧洲的情况看，2014 年 4 月 16 日通过的欧盟法规则建立了一个新的欧洲生物多样性体系。法国也在该领域通过了一项特别严格的法律。

（一）全新的欧洲生物多样性保护制度

欧盟于 2014 年 4 月 14 日通过一项决定，批准了《名古屋议定书》。为此，欧盟于 2014 年 4 月 16 日通过了第 511/2014 号条例，包含要求欧盟境内的开发主体应尊重《名古屋议定书》中关于获取遗传资源和公平公正地分享开发利用收益的措施。通过这种坚定的政治意思表示，欧盟已将《生物多样性公约》和《名古屋议定书》所确认的主要规则转化为欧洲法律，建立了获取遗传资源和与之相关的传统知识，以及公平合理地分享这些资源和知识开发收益的法律制度。该条例直接适用于资源和知识的获取和共享，但每个国家仍然对其国内的遗传资源拥有主权。

条例没有在文本上对生物剽窃做出界定，而是界定了非法获取的遗传资源，以及这些资源和（或）相关知识的提取、利用和（或）商业化。根据该条例，遗传资源是由植物、动物、微生物或其他包含遗传功能要素的遗传物质组成的。传统知识可以由土著或当地社区持有。

条例在文本上保留的适用标准是获取标准，但也包括遗传资源或相关传统知识的利用标准：因此，对条例生效前一段时间内获得的资源进行新的开发使用也须遵守开发者的义务。用生物遗传资源开发新药就是这种情况。条例的使用标准规则适用于其生效前收集的所有资源，其结果是这些规则非常有效。许多很久以前获得的资源被纳入该条例的调整范围，因此确保了条例的可追溯性。

关于开发利用者义务，条例在文本上首先确认了审慎调查的原则。使用者有义务核实遗传资源和传统知识的获取符合法律规定，以及"在共同协商的基础上"公平地分享惠益。这种勤谨义务的设定是为了确保开发利用主体更好地遵守法律。使用者还需要获得国际合规证书，以防止非法访问这些资源。

欧盟成员国必须指定负责核实利用主体是否履行其义务的主管部门。如果使用者不遵守法律，这些主管部门还必须建立尚未明确规定的制裁措施。欧盟委员会还应负责建立一个欧洲生物资源登记库。

通过对希望获取和开发利用生物资源的企业实行这种严格的制度，该条例的规定建立了一种新的权利平衡关系。在法国，一项关于生物多样性的新法律补充了现有的法律制度。

（二）法国新法律：尊重环境和生物多样性而不顾创新？

历经艰辛的审议过程，2016 年 8 月 8 日的第 2016 - 1087 号有关生物多样性、自然和景观保护的法律（以下简称《生物多样性法》）终于获得通过。法国本可以不予规范对其遗传资源和相关传统知识的获取，但是它做出了相反的选择，因为国家既是自然资源的提供者，同时又作为其重要利用者而受到关注：国家有着诸多公共和私人研究机构和自然资源保护组织，以及与生物多样性相关联的工业部门。此外，特别是由于海外领土的存在，法国也是生物资源的持有者。

该项法律旨在更好地协调人类活动和生物多样性，其中一个方面涉及遗传资源和相关传统知识的获取以及因其使用而产生收益的共享。《生物多样性法》第五章将《名古屋议定书》转化为法国法律，为遗传资源的获取及其开发利用所获经济利益共享建立了法律框架。该项法律建立了一种利益共享机制，旨在根据研究和开发的结果，与对这些资源行使主权的国家，或与其相关的传统知识的居民社区分享其商业或非商业利用所产生的利益。

法国遗传资源获取和利益共享机制（APA）包括三个部分：获得遗传资源或相关传统知识用于研究和开发时应遵循的程序；根据预期用途的性质（商业或非商业）拟设立的利益分享机制；以及合规性，即要求利用者证明其在任何时候都将遵守《名古屋议定书》。

法国生态和社会团结部是负责审查关于获得遗传资源或传统知识的声明和申请的部门。声明和申请这两种程序因所涉部门而异。使用者以不包含直接商业发展目标而旨在认识、收集保护生物多样性资源或使其价值得到发挥为目的获取遗传资源时，应遵循声明程序，当一项研究未产生可销售产品或不导致商业化过程，且获取和使用该遗传资源的目的在于认识生物多样性知识、收集保护或非直接商业开发目的的价值发挥时，应依法做出声明。声明程序也适用于学术研究或威胁人类、植物和动物健康的紧急情况。申请和授权程序适用于遗传资源和相关传统知识商业化开发利用的情况。法国生物多样性管理机构批准或在未就收益共享达成协议的情况下拒绝申请人的请求，但必须说明拒绝申请的理由。无论采用何种程序，都应当事先向有关居民社区告知相关信息。

对遗传资源的利用与对与其相关的传统知识的利用是有区别的。在经授权许可获得遗传资源的情况下，今后的经济补偿将取决于遗传资源产生的营业额。行政主管部门将负责组织居民社区协商，并负责与开发利用者谈判和签署利益分享合同。根据《名古屋议定书》的理念，这是一个确保居民社区真正享有事先知情同意权的问题。开发利用与遗传资源有关的传统知识所产生的利益将用于能直接使有关居民社区受益的项目。

上述授权许可合同由行政机关与使用者协商签署，应反映双方达成的合意。根据《环境法典》第 L. 412 – 13 条第 2 款，任何关于取得或利用遗传资源相关传统知识的排他性条款都被认为不能写入利益分享合同中。

利用遗传资源及其相关传统知识制造药品成功上市或者提出专利申请的，开发利用者应当向主管机关提供信息。

作为一项全新的法律制度，生物多样性法律制度的实施将是复杂的，许多方面尚需进一步明确和细化。然而，该领域所取得的进展和所做的工作是值得肯定的，欧盟条例和法国新立法必将使实现《生物多样性公约》所寻求的公平目标及法律确定性成为可能。然而，在打击生物剽窃的激进努力中，企业所承担的义务尤其沉重，而且是难以理解的。特别是，虽然相关群体利益分享的核心问题已经澄清，未来的生物勘探项目制度可能给勘探主体带来的收益仍然是一个更加难以确定的问题。此外，专利申请的可能性似乎更加严苛和棘手：这给从事研发的私人企业带来了极大的不确定性。这种不确定性可能损害其经济竞争力，还有牺牲科学研究的风险。避免过度没收遗传资源和有关传统知识的合理关切不应妨碍研究，因此希望通过这种新的法律模式，最终实现各方面的平衡。

中法两国遗传资源相关传统知识获取与惠益分享法律制度比较研究[*]

尹 仑^{**}

摘要：以生物多样性保护为核心的生态环境安全是中法两国非传统安全问题的重要议题之一，中国和法国分别是全球生物多样性及其遗传资源的提供国与使用国，虽然利益与立场各不相同甚至有着冲突，但却有着共同的愿景：那就是保护全球生物多样性。在上述背景下，基于对法国 2014 年 10 月最新发布的《法国第五次生物多样性公约国家报告》(*Le cinquième rapport national de la France à la Convention sur la DiversitéBiologique*)、2016 年 8 月颁布的《恢复生物多样性、自然和景观法》(*LOI pour la reconquête de la biodiversité, de la nature et des paysages*) 和 2017 年 2 月 2 日颁布的《关于获取和分享利用遗传资源和相关传统知识利益的法令》(*Décret du relatif à l'accès aux ressources génétiques et aux connaissancestraditionnellesassociées et au partage des avantages découlant de leurutilisation*)，以及中国 2014 年 2 月发布的《中国履行〈生物多样性公约〉第五次国家报告》(*China's Fifth National Report on the Implementation of the Convention on Biological Diversity*)、《中国生物多样性保护战略与行动计划（2011 - 2030年）》(*China National Biodiversity Conservation Strategy and Action Plan 2011~2030*) 和《生物多样性相关传统知识分类、调查与编目技术规定（试行)》(*Technical Regulation for Classification, Investigation, and Inventory of Traditional Knowledge Relating to Biological Diversity*) 的分析，本文针对中法两国在遗传资源及其传统知识的获取和惠益分享（Accès aux ressources génétiques et aux connaissancestraditionnellesassociées et partage juste et équitable des avantages）

---

* 本文为 2019 年度云南省哲学社会科学规划重大项目"云南生物多样性保护法治实践经验研究"（项目编号 ZDZB201906）的阶段性成果、2017 年度四川省哲学社会科学重点研究基地彝族文化中心"彝族地区宗教与生物多样性保护的法律机制研究"（项目编号 YZWH1714）的阶段性成果、2019 年度乐山师范学院重点项目"民族地区生物多样性保护的立法研究"（项目编号 WZD049）与"民族地区生物多样性保护法规范比较研究"（项目编号 XJR18010）的阶段性成果。

** 尹仑，博士。西南林业大学地理与生态旅游学院教授，国家林业和草原局西南生态文明研究中心研究员，中国社会科学院生态文明智库云南中心研究员。主要研究方向为民族生态学。

法律制度展开比较研究。同时，本文认为在《生物多样性公约》和《名古屋议定书》的框架下，中法两国应该加强在国际生物多样性公约谈判中的沟通和理解，探索建立遗传资源提供国与使用国之间合作关系的典范，并积极构建"一带一路"倡议下生物多样性和生态环境议题的新型交流与合作机制。

关键词：生物多样性公约；遗传资源；传统知识；获取和惠益分享

一　背景

近些年来，随着遗传科学和生物技术的发展，遗传资源的经济价值越来越多地被世界各国所认识，开始进行大规模的商业性开发利用。全球范围内，遗传资源多样性的分布并不平均，大部分具有商业价值（或潜在价值）的遗传资源集中在经济并不发达的发展中国家。与此同时，发达国家及其支持的跨国公司利用其在经济和技术上的绝对优势，无偿或低价地从发展中国家获取遗传资源并进行商业性开发利用；但它们在获取巨额利益的同时却没有让发展中国家公平合理地分享利用遗传资源所获得的经济、科技和其他各种惠益。

鉴于此，1992 年，179 个国家和欧共体在里约会议上签署了《生物多样性公约》（以下简称为"《公约》"），对遗传资源的获取与惠益分享问题做出原则性的规定，为解决这个问题奠定了初步的国际法基础。世界上一些主要的遗传资源提供国和利用国也开始制定国内立法，确立本国关于遗传资源获取与惠益分享的政策框架和法律机制，旨在通过国内立法最大限度地维护本国的利益。①

与遗传资源相关的传统知识是土著民族和地方社区在长期的生产和生活实践过程中与大自然斗争的产物，也是最具经济价值的知识。在生物资源开发活动中，传统知识发挥了非常重要的作用，在医药和化妆品领域最为明显。20 世纪后半叶，大型跨国医药公司开始对发展中国家土著和当地社区的传统知识及就地生物资源产生兴趣。原因无他，科学家逐渐发现在实验室盲目地找寻灵感，远不如去发掘分布全球各地的土著和当地社区历经千百年的生活经验，更容易找到可行的药物研发方向及对象。事实上，与遗传资源有关的传统知识在生物遗传资源开发中发挥了重要的引导作用，如果没有当地社区所提供的这种知识，生物基因资源勘探者寻找治疗药物就如同大海捞针一样。②

然而，就在国际社会对传统知识重要性的认识不断加深的同时，全球范围内传统知识

---

① 薛达元、蔡蕾：《〈生物多样性公约〉遗传资源获取和惠益分享国际制度谈判进展》，《环境保护》2007 年第 22 期。

② 薛达元、崔国斌等：《遗传资源、传统知识与知识产权》，中国环境科学出版社 2009 年版，第 27 - 28 页。

的维持、保护与可持续利用也在经历着相当严重的问题与威胁。从实践中看，传统知识面临的问题和威胁主要有以下几种：（1）知识产权剽窃是当前传统知识面临的首要问题和主要威胁之一。发达国家的生物开发者利用不断加强和扩张的知识产权，将土著和当地社区关于遗传资源的传统知识经过简单的改头换面后，以现代知识的形式来申请主张专利等知识产权。（2）传统知识的价值一般也难以得到合理的承认和补偿。由于现代知识、其保护机制知识产权制度以及其所遵循的世界观在当今世界中占据主流地位，因此整个社会对传统知识的价值及知识的拥有者缺乏应有的尊重和承认，在利用传统知识的情况下也没有予以合理的回报和补偿。（3）近年来，由于多种因素的共同作用，传统知识正在出现不断消亡的趋势，这是传统知识面临的根本性危险。在全球化的趋势下，发达国家的"现代"文明和价值观对发展中国家土著和当地社区的年轻人形成了强烈的冲击和侵蚀。[①] 传统社区的年轻人认为传统的和古老的方法、知识及祖辈沿袭下来的生活习俗已经过时，他们更希望去追求更现代的西方生活方式。另外，很多传统知识由于其自身的特点，无法根据现有的"现代"科学技术方法进行分类、整理和编纂也是不容忽视的重要原因。在这样一种社会氛围中，传统知识正在走向衰落，越来越多的传统知识开始消亡。传统知识的丧失，等于断绝了传统知识持续利用和发展的基础，它将对生物多样性的保护和持续利用产生长远的、根本性的影响。

在此情况下，在加强生物多样性保护的过程中，必须重视和加强对与生物多样性有关的传统知识的保护，尤其要建立遗传资源相关传统知识获取与惠益分享的法律制度，以确保传统知识开发利用过程中知识持有者和社区的惠益分享。

以生物多样性保护为核心的生态环境安全是中法两国非传统安全问题的重要议题之一，中国和法国分别是全球生物多样性及其遗传资源的提供国与使用国，虽然利益与立场各不相同甚至有着冲突，但却有着共同的愿景：那就是保护全球生物多样性。

在上述背景下，基于对法国 2014 年 10 月最新发布的《法国第五次生物多样性公约国家报告》（*Le cinquième rapport national de la France à la Convention sur la DiversitéBiologique*）和 2016 年 8 月颁布的《恢复生物多样性、自然和景观法》（*LOI pour la reconquête de la biodiversité，de la nature et des paysages*），以及中国 2014 年 2 月发布的《中国履行〈生物多样性公约〉第五次国家报告》（*China's Fifth National Report on the Implementation of the Convention on Biological Diversity*）、《中国生物多样性保护战略与行动计划（2011－2030 年）》（*China National Biodiversity Conservation Strategy and Action Plan*）和《生物多样性相关传统知识分类、调查与编目技术规定（试行）》（*Technical Regulation for Classification，Investigation，and Inventory of Traditional Knowledge Relating to Biological Diversity*）的分析，本文针

---

① 薛达元：《〈名古屋议定书〉的主要内容及其潜在影响》，《生物多样性》2011 年第 1 期。

对中法两国在遗传资源及其传统知识的获取和惠益分享（*Accès aux ressources génétiques et aux connaissancestraditionnellesassociées et partage juste et équitable des avantages*）法律制度展开比较研究。同时，在《生物多样性公约》和《名古屋议定书》的框架下，中法两国应该加强在国际生物多样性公约谈判中的沟通和理解，探索建立遗传资源提供国与使用国之间合作关系的典范，并积极构建"一带一路"倡议下生物多样性和生态环境议题的新型交流与合作机制。①

二　与遗传资源相关的传统知识

当今人类社会在环境、资源和发展等诸多领域面临着越来越大的压力，随着气候变化、粮食安全、生物多样性资源消失和环境破坏等挑战的出现，为了人类社会的健康和可持续发展，在运用科学技术知识解决上述问题的同时，人们也把眼光重新投向了"传统知识"，传统知识越来越受到重视和关注，并在具体的工作实践中，运用传统知识以弥补科学技术知识的不足，以达到环境保护、生物多样性资源利用、自然资源管理和生计可持续发展等目的，于是在某种意义上，传统知识获得了"新生"。

传统知识根据不同的侧重和不同的运用背景有着不同的称谓，而在英文中的不同用词也直接影响到了中文关于传统知识的称谓。侧重于实用技术而言，习惯称之为"知识"，如 Traditional Knowledge（传统知识），Traditional Ecological Knowledge（传统生态知识），Indigenous Knowledge（土著知识）和 Local Knowledge（乡土知识）；侧重于文化方面，则习惯称之为"遗产"，如 Indigenous Heritage（土著遗产）和 Intangible（Cultural）Heritage（非物质〈文化〉遗产）。

关于传统知识及其相关的概念已经有很多学者和专家从不同角度和领域下了定义，但至今没有一个统一和公认的共识。目前，至少有 3 个联合国机构及其国际公约涉及传统知识的问题。第一是联合国环境规划署（UNEP）下的《生物多样性公约》（CBD），该公约最先提出传统知识的保护及惠益分享；第二是世界知识产权组织（WIPO）及其相关公约，讨论传统知识的地位和知识产权保护问题；第三是世界贸易组织（WTO）下的《与贸易相关的知识产权协定》（TRIPS）。后两者都是因应协调与《生物多样性公约》的关系而涉及传统知识议题。各公约在传统知识概念方面各有侧重。

根据《生物多样性公约》的理解，传统知识是从长期的经验发展而来，并且适应了当地文化和环境的知识、创新与实践，属于集体所有，可通过文字，但多半是以口头形式代代相传。其表现形式除了文字记载，还有故事、歌曲、传说、谚语、文化价值观、信仰、

---

① 尹仑：《"一带一路"倡议下中法两国〈生物多样性公约〉合作研究》，《法国研究》2020 年第 3 期。

仪式、习惯法、土著语言等方式。传统知识也包括培育农作物品种和家畜品系的农业实践等，因此，传统知识更是一门实践科学，尤其是在农业、渔业、医药、园艺、林业、环境以及生态等领域。[1] 生物多样性公约不仅将传统知识视为一种知识、创新和实践科学，同时更将其看作一种资源，特别是与生物资源及遗传资源相关的一种特殊资源，是经过长期积累和发展、世代相传的具有现实或者潜在价值的认识、经验、创新或者做法。

世界知识产权组织认为传统知识应当具有以下特征：（1）在传统或世代相传的背景下产生、保存和传递；（2）与世代保存和传递传统知识的本地社区和人民有特殊联系；（3）与被承认具有这一知识的本土或传统社区、个人的文化特性相一致。[2] 在此基础上，世界知识产权组织进一步将"传统知识"定义为：传统的或基于传统的文学、艺术和科学作品、表演、发明、科学发现、外观设计、商标、商号及标记、未公开的信，以及其他一切来自于工业、科学、文学艺术领域里的智力活动所产生的基于传统的革新和创造。由此可见，世界知识产权组织定义的传统知识范围很广，不仅仅局限于与生物资源相关，也包括了传统的文学、艺术、表演、商标等，更强调了传统文化的内涵。

世界贸易组织近年来在《与贸易相关的知识产权协定》下开展了许多有关遗传资源和传统知识的讨论，其焦点在于遗传资源及相关传统知识来源的披露要求是否具有专利法意义上的强制力。在传统知识的概念方面，由于协定第 27 条主要涉及生物材料可否申请专利问题以及申请专利时是否要求披露遗传资源和传统知识的来源以及相关惠益分享安排，而民间文学和艺术的传统知识并不是其主要内容，因此，《与贸易相关的知识产权协定》下的传统知识接近于《生物多样性公约》下的传统知识概念，主要是指与生物资源及遗传资源相关的传统知识。

有学者从传统知识的拥有者和价值方面定义，认为传统知识是"受社会生态环境影响，土著或地方社区集体拥有的，与传统资源和领土、地方经济、基因、物种和生态系统多样性、文化和精神价值以及传统法密切相关的知识、创新和实践"。有的认为传统知识意味着在传统文脉中智力活动所带来的实质性或物质性的知识。传统知识的概念不仅仅包括原住民知识在社区、国家和人民范围内的利用，在传统文脉上也要适用于其他形式的知识的发展。有的认为传统知识是一个过程，而不是内容，这才是应该去研究的，学者们已经浪费了太多的时间和精力在科学与传统知识的辩论上，应该对其有一个重新构架，开展科学和传统知识对话和合作。

中国历史悠久、民族众多，各族人民在数千年的生产和生活实践中，创造了丰富的保

---

[1] Berkes, F., Jolly, D., Adapting to Climate Change: Social – ecological Resilience in a Canadian Western Arctic Community. *Conservation Ecology 5*（2），2001. pp. 18.

[2] 薛达元、蔡蕾：《〈生物多样性公约〉新热点：传统知识保护》，《环境保护》2006 年第 24 期。

护和持续利用生物多样性的传统知识、革新和实践，这些与生物资源保护与持续利用相关的传统知识可分为以下五类：（1）传统利用农业生物及遗传资源的知识；（2）传统利用药用生物资源的知识；（3）生物资源利用的传统技术创新与传统生产生活方式；（4）与生物资源保护与利用相关的传统文化与习惯法；（5）传统地理标志产品。①

法国本土和海外领地拥有十分丰富的生物遗传资源及其相关传统知识，特别是在海外省，例如法属圭亚那、法属波利尼西亚、新喀里多尼亚等地，当地土著民族和地方社区众多，有些地区由于长期地理分割和文化隔离而保留了优良的地方生物种质资源，具有极大的遗传学价值。② 多种多样的农作物、家畜、鱼类品种资源及其野生近缘种既包含了其特有的原始遗传性状，也保存了千百年来劳动人民人工选择的优良品质，构成了法国多样性的陆地和海洋遗传资源以及与其相关的丰富的传统知识。

三　中国遗传资源相关传统知识获取与惠益分享的法律制度

中法两国根据各自国家遗传资源相关传统知识的特点，分别制定或者正在准备制定获取与惠益分享的法律制度。2011 年 6 月，中国国务院成立了中国生物多样性保护国家委员会，统筹协调全国生物多样性保护工作，指导"联合国生物多样性十年中国行动"，生物多样性保护法律法规体系初步建立，制定实施了《中国生物多样性保护战略与行动计划》等一系列重大规划和计划。

在上述一系列举措中，在国家层面和地方层面都涉及了遗传资源相关传统知识获取与惠益分享的法律制度建设。

（一）国家层面的法律制度

中国目前在国家层面的法律制度建设还处于起步和准备阶段，最重要的两个举措是制定实施了《中国生物多样性保护战略与行动计划》（China National Biodiversity Conservation Strategy and Action Plan）和颁布了《生物多样性相关传统知识分类、调查与编目技术规定（试行）》（Technical Regulation for Classification, Investigation, and Inventory of Traditional Knowledge Relating to Biological Diversity）。

1.《中国生物多样性保护战略与行动计划》

为了落实《生物多样性公约》的相关规定，进一步加强生物多样性保护工作，原环境

---

① 薛达元、郭泺：《论传统知识的概念与保护》，《生物多样性》2009 年第 2 期。

② Galochet Marc, Morel Valérie. La biodiversité dans l'aménagement du territoireen Guyane française. *Vertigo – la revue électroniqueen sciences de l'environnement*, Volume 15 Numéro 1. 2015. pp. 32.

保护部会同 20 多个政府部门和单位编制了《中国生物多样性保护战略与行动计划（2011 –
2030 年）》，提出了中国在这 20 年内生物多样性保护总体目标、战略任务和优先行动，并
于 2010 年 9 月 15 日经国务院第 126 次常务会议审议通过。

《中国生物多样性保护战略与行动计划》共分六章，在第五章生物多样性保护优先领
域与行动中制定了十个优先领域，其中第六项优先领域是"促进生物遗传资源及相关传统
知识的合理利用与惠益分享"。在这一优先领域的具体行动中，明确提出要建立生物遗传
资源及相关传统知识保护、获取和惠益共享的制度和机制，具体包括：

（1）制定有关生物遗传资源及相关传统知识获取与惠益共享的政策和制度。

（2）完善专利申请中生物遗传资源来源披露制度，建立获取生物遗传资源及相关传统
知识的"共同商定条件"和"事先知情同意"程序，保障生物物种出入境查验的有效性。

（3）建立生物遗传资源获取与惠益共享的管理机制、管理机构及技术支撑体系，建立
相关的信息交换机制。①

《中国生物多样性保护战略与行动计划》还制定了 39 项优先项目，其中项目 4 提出建
立生物遗传资源获取与惠益共享制度，主要内容包括开展国家生物遗传资源获取与惠益共
享制度研究，制定相关法规和管理制度，并开展试点示范；项目 11 专门针对少数民族地
区传统知识调查与编目，主要内容为对中国少数民族地区体现生物多样性保护与持续利用
的传统作物、畜禽品种资源、民族医药、传统农业技术、传统文化和习俗进行系统调查和
编目，查明少数民族地区传统知识保护和传承现状，建立中国少数民族传统知识数据库，
促进传统知识保护、可持续利用和惠益共享。

2.《生物多样性相关传统知识分类、调查与编目技术规定（试行）》

为履行《生物多样性公约》和《获取遗传资源和公正和公平分享其利用所产生惠益
的名古屋议定书》，实施《中国生物多样性保护战略与行动计划（2011 – 2030 年）》、《国
家知识产权战略纲要》和《全国生物物种资源保护与利用规划纲要（2066 – 2020 年）》中
提出的"研究建立生物遗传资源获取与惠益分享机制"，促进中国地方社区特别是少数民
族地方社区拥有的与生物多样性保护和生物遗传资源可持续利用相关传统知识的保护、传
承、利用以及公平分享惠益，指导相关传统知识的分类、调查和编目，原环境保护部于
2014 年颁布了《生物多样性相关传统知识分类、调查与编目技术规定（试行）》（以下简
称《技术规定》）。

《技术规定》根据传统知识的属性和用途，将传统知识分为 5 大类 30 项：

（1）传统选育农业遗传资源的相关知识。指各族人民和地方社区在长期的农业（包
括农业、林业、畜牧业、渔业和其他相关产业，下同）生产中以传统方式培育和驯化农作

---

① 薛达元：《遗传资源获取与惠益分享：背景、进展与挑战》，《生物多样性》2007 年第 5 期。

物、畜、禽、林木、花卉、水生生物、陆生野生动植物和微生物遗传资源所创造和积累的相关知识。

（2）传统医药相关知识。指各族人民和地方社区在与自然和疾病斗争的长期实践中以传统方式利用药用生物资源所创造、传承和累积的医药学知识、技术及创新。

（3）与生物资源可持续利用相关的传统技术及生产生活方式。指各族人民和地方社区在长期的生产生活实践中所创造的传统实用技术，以及基于这些技术而形成的传统生产与生活方式。这类传统技术及生产生活方式对于保护生物多样性和持续利用生物资源具有良好的实用效果。

（4）与生物多样性相关的传统文化。指各族人民和地方社区在长期生产生活中形成的有利于生物多样性保护和可持续利用的宗教信仰、传统节庆、习惯法等。

（5）传统生物地理标志产品相关知识。指各族人民和地方社区选育、生产、加工和销售当地特有或原产生物遗传资源的知识、技术和工艺，融合特有或原产生物遗传资源、传统工艺和民族文化于一体。①

（二）地方层面的法律制度

云南省率先制定和颁布了中国第一部地方性的生物多样性保护法规《云南省生物多样性保护条例》。《云南省生物多样性保护条例》旨在保护生物多样性，保障生态安全，由云南省第十三届人大常务委员会第五次会议于 2018 年 9 月 21 日审议通过并公布，共七章四十条，自 2019 年 1 月 1 日起施行。

《云南省生物多样性保护条例》不仅提出了对生物多样性的保护，而且还制定了对与生物多样性相关的民族文化和传统知识的保护条例。例如，第五章"公众参与和惠益分享"第三十三条，明确规定了："县级以上人民政府及其环境保护、林业、农业、卫生、文化等行政主管部门应当加强与生物多样性保护相关的传统知识、方法和技能的调查、收集、整理、保护。鼓励涉及生物多样性利用的民族传统知识、技能依法申请专利、商标、地理标志产品保护，申报民族传统文化生态保护区、非物质文化遗产项目及其代表性传承人等，促进生物多样性保护和利用的传统文化的传承和应用。"在第三十四条中，还明确了传统知识的惠益分享规定："县级以上人民政府应当建立健全生物遗传资源及相关传统知识的获取与惠益分享制度，公平、公正分享其产生的经济效益。"

《云南省生物多样性保护条例》中对民族文化和传统知识的保护的规定有着重要的意义。首先，通过立法行为，这部条例把民族文化和传统知识的保护上升到了法律层面，让

---

① 薛达元：《民族地区生物多样性相关传统知识的保护战略》，《中央民族大学学报（自然科学版）》2008 年第 4 期。

云南民族文化和传统知识的保护有法可依；其次，这也是中国第一部涉及与生物多样性相关的民族文化和传统知识的地方性保护条例，为未来国家层面的相关立法提供了借鉴，也为其他省份的相关地方性法规做出了示范。

四　法国遗传资源相关传统知识获取与惠益分享的法律制度

法国已经在国家层面进行了遗传资源相关传统知识获取与惠益分享的相关立法，主要有《恢复生物多样性、自然和景观法》和《关于获取和分享利用遗传资源和相关传统知识利益的法令》。

在上述国家层面的立法工作中，涉及了诸如法属波利尼西亚和法属圭亚那等海外省的遗传资源相关传统知识获取与惠益分享内容，在地方层面则没有相应的法律制度建设。

（一）《恢复生物多样性、自然和景观法》

《恢复生物多样性、自然和景观法》于 2016 年 8 月 8 日正式颁布，简称《生物多样性法》。该法的第五大章题为"遗传资源获取以及公平公正地实现惠益分享"（ACCÈS AUX RESSOURCES GÉNÉTIQUES ET PARTAGE JUSTE ET ÉQUITABLE DES AVANTAGES），包括 37 至 46 共 10 条，是关于遗传资源相关传统知识获取与惠益分享的专门法律制度①。

首先，《生物多样性法》对遗传资源相关传统知识下了定义。与遗传资源有关的传统知识：与遗传资源的遗传或生物化学性质、使用或特征有关的知识、创新和实践，其使用和特性成为一个或多个居民社区长期和持续地持有的古老方法，以及由这些居民社区形成的知识和实践的演变。

其次，该法制定了关于在本国（法国）境内取得遗传资源和相关传统知识以及分享其利用所产生的惠益的规则。其中涉及遗传资源相关传统知识的部分包括：

（1）适用范围。与遗传资源有关的传统知识不能归属于一个或多个居民社区；与遗传资源相关的传统知识，其特性是众所周知的，并且在与这些资源共享的居民社区之外长期和反复地使用；《农村和海洋渔业法》所界定的传统知识和技术可用于农业、林业、食品和海洋产品。

（2）事先声明程序。获得遗传资源和相关生物多样性知识及其最终用途，保存或开发但不直接用于商业发展的，须向主管行政当局申报。对于从一个或多个居民社区内获得的遗传资源，申请人必须向公法法人归还信息和知识，但不包括与工业和商业秘密有关的机

---

① LOI no 2016 – 1087 du 8 août 2016 pour la reconquête de la biodiversité, de la nature et des paysages. 9 août 2016, *JOURNAL OFFICIEL DE LA RÉPUBLIQUE FRANÇAISE*, Texte 2 sur 86.

密信息。

（3）获得使用与遗传资源有关的传统知识的许可程序。与遗传资源相关传统知识的使用须经批准，而且只有在征得有关居民社区事先知情同意的规定程序结束时才能批准。在公平和公正地分享遗传资源相关传统知识的使用所产生的惠益之后，将这些惠益直接分配给能够造福于相关居民社区的项目，这些项目应该在居民社区的参与下实施。在相关居民社区中，法律指定一个公法法人负责与拥有与遗传资源有关的传统知识的居民社区进行协商。该法人可以是一个公共环境合作机构，由地方政府和咨询委员会组成，或者在没有此种机构的情况下由国家或其主管环境事务的公共部门组成。根据记录，行政当局可以部分或全部同意，或者拒绝申请人使用与遗传资源有关的传统知识；与此相关的传统知识的使用仅限于授权书中具体提到的目的和条件。公法法人应与用户谈判并签署利益分享合同，以反映各方在协商中达成的协议；在利益分享合同中，任何关于获取或利用与遗传资源有关的传统知识的专属条款均视为不成文；根据本条规定，国务委员会颁布的法令规定了分享利益的标准合同。

（二）《关于获取和分享利用遗传资源和相关传统知识利益的法令》

《关于获取和分享利用遗传资源和相关传统知识利益的法令》于 2017 年 5 月 9 日正式颁布。该法令涉及任何希望在法国境内获得遗传资源和相关传统知识的人、在法国领土上使用遗传资源或相关传统知识的人，无论其是在法国还是在法国国外获得这些资源和知识。

该法令的目标是：在法国领土上获取遗传资源和相关传统知识，并分享利用遗传资源所产生的惠益，同时监测欧洲联盟内部用户遵守《关于获得遗传资源和公正、公平地分享其利用所产生的惠益的名古屋议定书》的情况。其中有两个部分涉及遗传资源相关传统知识。①

首先，使用与遗传资源有关的传统知识的许可程序，包括：

（1）如果一个或多个居民社区拥有与遗传资源相关的传统知识，例如法属圭亚那、瓦利斯群岛和富图纳群岛，任何希望使用这种传统知识的人都必须向负责环境事务的部门提出申请。

（2）在收到申请后，环境部应向申请者发送一份收据，注明登记日期。在 15 个工作日内，负责环境事务的部门将审查案卷的完整性。如果委员会认为申请书不完整，委员会

---

① Décret no 2017 – 848 du 9 mai 2017 relatif à l'accès aux ressourcesgénétiques et aux connaissancestradition nellesassociées et au partage des avantagesdécoulant de leur utilization. 10 mai 2017, *JOURNAL OFFICIEL DE LA RÉPUBLIQUE FRANÇAISE*, Texte 5 sur 396.

应请申请者按照《公共和行政关系法》的规定，完善申请书。在收到完整的档案后一个月内，负责环境事务的部门要将其转交公法法人。

（3）在法属圭亚那，公法法人是地方政府的公共机构；对于瓦利斯群岛和富图纳群岛，由当地一个或多个居民社区进行协商，如果有关居民社区没有明确表示同意在接到通知后 15 天内举行协商，那么协商可以由瓦利斯和富图纳群岛高级行政长官组织进行。

（4）公法法人应在接到通知后一个月内，确定与有关居民社区协商的时间表，并通知申请者。为了确保有关居民社区的充分信息和参与，如果要求将传统知识用于生物多样性的非直接商业发展目标，磋商时间至少应为两个月，如果特殊要求的话，磋商时间至少应为四个月。

（5）申请档案在整个咨询期间要随时提供给有关居民社区。在其生活方式和文化的背景下，应该用居民社区能理解的语言或方言向他们介绍该方案。申请者经指定的公法法人同意后，可按照规定的条件，参与一个或多个居民社区的协商。

（6）在事先征得居民社区同意的情况下，指定的公法法人应根据记录，与申请人谈判并签署惠益分享合同。申请人应将所签署的合同连同相应的记录送交环境部。环境部应在收到前款所述文件后两个月内对申请做出决定，如果没有在这段时间内做出决定，则构成批准。

（7）应受益人的要求或自行决定，环境部颁发许可证，以确保公平和公正地分享利用与遗传资源有关的传统知识所产生的惠益，并有助于保护生物多样性。

其次，关于使用遗传资源和相关传统知识应遵守的规则，包括：

（1）欧盟内用户应遵守《关于获得遗传资源和公正分享遗传资源的名古屋议定书》，公平利用遗传资源所产生的惠益，接受资助者关于利用遗传资源和与遗传资源相关传统知识的研究声明，证明使用者履行了应有的义务。

（2）通过使用遗传资源或与遗传资源相关传统知识而开发的产品，在其最后开发阶段，应该证明使用者履行了应有的义务。

许可证制度体现了该法令对传统知识价值的尊重，而居民社区的概念是这项法令的核心。该法令的目的是确保与拥有知识的社区公平和平等地分享生物多样性研究的成果，因此包括事先知情同意、共同商定和相互同意等原则。

五　结论

通过对中法两国遗传资源相关传统知识获取与惠益分享法律制度的研究和对比，发现有以下特点：

首先，在立法程序上，中法两国有着巨大差异。法国是由中央政府制定相关法律规定，并在法律的部分章节专门提及诸如法属圭亚那等地区和海外省，在地方则没有相应的立法和法律制度；在中国则是目前中央政府还没有相应的立法和法律制度，但在生物多样性丰富的云南省却率先制定了地方条例，并为未来中央政府的立法起到了促进和借鉴的作用。

其次，在立法过程中，中法两国也不相同。中国在没有进行立法之前，先制定了传统知识的分类、调查与编目技术规定，并依据少数民族的划分对传统只是进行详细的调查、收集和整理，以建立传统知识数据库，为未来立法作基础准备；法国则在没有对境内居民社区和海外省土著民族所掌握的传统知识进行正式调查和统计的情况下，直接制定了相关法律制度。

因此，未来中法两国可以相互借鉴对方在立法过程中的成功经验。特别是两国在包括遗传资源相关传统知识获取与惠益分享等生物多样性相关法律制度建设方面，具体而言有以下两个方面：

（1）中国可以借鉴法国《生物多样性法》的立法经验，尽快制定与《生物多样性公约》相对应的国内法。

（2）法国可以借鉴中国《与遗传资源相关传统知识数据库》的建设经验，针对法国本土、海外省等地区的土著民族和地方社区的传统知识尽快开展调查和研究。

总之，中法两国应该加强在国际生物多样性公约谈判中的沟通和理解，探索建立遗传资源提供国与使用国之间合作关系的典范，进一步在遗传资源相关传统知识获取与惠益分享及其法律制度建设的领域展开合作，并积极构建生物多样性和生态环境议题的新型合作机制。

基于知识产权保护逻辑的文化遗产传承之研究

谢银玲*

摘要： 在一个拥有数千年历史的多民族国家，各族人民生活承继着大量的本族以及他族的文化遗存。一套有效的文化遗产保护法律制度，对维护和发扬本国在传统文化遗产上的社会利益而言至关重要。知识产权是在主体向行政机关申请后即获得的专有权利，随之而来的是其排他效力。因此，知识产权本质上是一种专有权人的私有权。然而，民族的物质或非物质文化遗产都是民族或国家的共同利益，不是一种私权，因此，将文化遗产置于该等保护体系，直接简单地适用素朴的知识产权保护范式，从遗产的类型到保护的视角都还有不小的完善空间。本文从文化遗产"传承"检视其遭遇知识产权私权保护的困境，探讨知识产权制度在中国现行非物质文化遗产保护有关法规及其保护体系内的可持续操作之道。

关键词： 文化遗产；知识产权保护；文化遗产传承；私权继承

我国非物质文化遗产（以下或简称"非遗"）保护工作从无到有，基本是由上而下的推进。在保护非物质文化遗产立法方面，除了《中华人民共和国非物质文化遗产法》（以下简称《非遗法》）、知识产权法律制度等中央立法外，[1] 一些地方（尤其在少数民族聚居的省市或自治区）区域性的非物质文化遗产保护法规、规章和规范性文件的出台已有长足进展。从 2010 年贵州第一个地方性保护非物质文化遗产的文件出台以来，直到《天津市非物质文化遗产保护条例》（2018 年 12 月 14 日）、《北京市非物质文化遗产条例》（2019 年 1 月 20 日）以及《福建省非物质文化遗产条例》（2019 年 3 月 29 日）陆续颁布，截至 2020 年，全国省级地方性非物质文化遗产保护法规基本全部完成，中国非物质文化遗产的法律保护网络已然清晰可见。唯地方立法权限范围狭窄，司法适用性并不强，近年来司法

---

* 谢银玲，华东政法大大学国际法博士、复旦大学考古学博士。现任上海对外经贸大学法学院兼职教授，中国文物保护基金会文物法治专家组成员。
[1] 《民间文学艺术作品著作权保护条例》草案在审议中，未颁布。

实践显示，中国非物质文化遗产的保护无论是在 2011 年《非遗法》实施之前或者之后，调整工具仍依赖中央法律法规，而这些法规主要是指知识产权保障体系。

本文基于司法实务中适用知识产权法调整非物质文化遗产纠纷的案例类型，探讨知识产权等私权保障制度思维下，保护非物质文化遗产的方法、困境及其价值。

一　非遗争议相关法律关系

（一）客体属性

尽管国际上对保护民间文学艺术早有共识文本，[①] 但西方社会一贯将固有民间文学艺术归于公共领域，人们完全可以自由分享、复制或表演，无须获取许可和付费。[②] 既然如此，自然也没有"期限"或"付费"的问题，美国迪士尼公司的动画片"花木兰"最能代表这种思维逻辑。1886 年《保护文学和艺术作品的伯尔尼公约》（以下简称《伯尔尼公约》）对于作者身份不明、但"有充分理由假定该作者是本公约某一成员国国民的未发表作品"者，则该成员国法律有权指定主管当局代表该作者，并据此维护和行使作者在本公约各成员国内的权利。[③] 这是该公约中最接近"民间文学艺术作品"概念的规定。作者身份不明并非没有作者，只是原创第一作者已不可知。而随着时间的变迁，该作品在代代相传中不断被修改、创新或完善，作者数量从单数变复数，从往生的先祖一直积累到当代社区中的每一个存活的族民。

我国《非遗法》中所称非物质文化遗产，是指各族人民世代相传并视为其文化遗产组成部分的各种传统文化表现形式，以及与传统文化表现形式相关的实物和场所。[④] 《非遗法》保护对象仍是可见、可触的物理性存在，而其保护客体为这些物理载体所呈现的民族文化，说着抽象，实际却很具体、处处可见（呈现），如饮食、医疗、祭祖、拜神、娱乐、养生、品味熏陶等等。精神性内容带来的是生活的传承与生命的延续，一言以蔽之就是民族文化，而全体族民都天赋有此文化权。《非遗法》保护的是其客体在空间的公共性与时间的延续性，只要民族还在，那种文化就一直存在着。文化遗产的公共利益性质与族民的天赋使用权（民族全体所有或全体族民共有）并存，个人使用与集体使用的专有性之间或许产生冲突，但个人与集体的正当权利都应当受到保护。

---

① 1886 年《伯尔尼公约》就是国际上最早的文本，生效后曾进行过七次补充和修订。该条规定于 1967 年修订时确立。

② 周楠：《民间文学艺术作品的著作权保护——由〈乌苏里船歌〉著作权纠纷案谈》，中国法院网，2019 年 6 月 3 日访问。

③ 《伯尔尼公约》（*Berne Convention for the Protection of Literary and Artistic Works*）第 15 条第 4 款 a 项。

④ 《非遗法》第二条。

（二）保护机制

既然如此天然，为何还需要刻意保存、保护？因为进步需要土壤。人类文明的进程就包含着原始文化的异化过程，新文明与传统文化的冲击下，必然有些个体将致力于新文明的稳定，有些个体则留守于古文明的反异化碉堡，只有在新旧文明交融、互动的实践中，与旧传统的对照，进步才是真进步。因此，保护传统文化的特定传承人或者掌握民族文化技能的个体是必要的。国际上对非物质文化遗产的知识产权保护同样有不同的声音。联合国教科文组织（UNESCO）将非物质文化遗产视为"人类共同遗产"，强调其传承（国内）和传播（国际），如依赖知识产权制度的私权性质保护，必然会限制这些效果，所以国际上更倾向于用"专法"保护"人类共同遗产"。而世界知识产权组织（WIPO）则缩小范围，希望制定规则对"非物质文化遗产的知识产权"进行保护，对受保护主体与衍生权利都有清晰、明确的界定。目前国内外皆然，两种声音未趋一致。

就目前的立法与司法现实看，我国采取知识产权法制和私权方式保护特定传统技能的"具体人"的方式，因此有些专家主张采取公权与私权相结合的方式保护非遗。调整要有效，要点在于适用法律要求针对性，《中华人民共和国著作权法》（以下简称《著作权法》）作为知识产权体系的核心法律，早在1991年出台时就在第六条授权国务院立法保护民间文学艺术作品，但截至本文完成之际，该条例仍在研议中。关于作者身份不明作品的权利，我国法律较为具体的规定仅在《中华人民共和国著作权法实施条例》（以下简称"《著作权法实施条例》"）① 中明确，此类作品的复制权、发行权、出租权、展览权、表演权、放映权、广播权、信息网络传播权、摄制权、改编权、翻译权、汇编权，以及应当由著作权人享有的其他权利的保护期，截止于作品首次发表后第50年的12月31日。② 一旦作者身份确定后，即适用著作权法作品保护期限的一般规定；并且，如果是合作作品，截止于最后死亡的作者死亡后第50年的12月31日。③ 这一款的意思在于，如果作者不止一人，保护期一直延续到最后一个作者死亡，在此一方面呼应了"民间文学艺术作品"的无限保护期概念，另一方面也体现了"民间文学艺术作品"的持续创造性生命。国内立法尽管尚需完善，但知识产权的相关规定仍能为非遗保护客体与对象的定性提供一定的法律依据。

文化遗产具有公共性。所以，正在制定的《民间文学艺术作品保护条例》（草案）（以下简称"《保护条例》（草案）"）直接规定民间文学艺术作品未进行备案公示的，不

---

① 《著作权法实施条例》第十八条。
② 《著作权法》第十条第1款第（5）项至第（17）项。
③ 《著作权法》第二十一条。

影响其著作权,① 且其著作权不得转让、设定质权或者作为强制执行的标的。② 这些条款与现阶段立法的思路基本是一致的。

(三) 权利主体

关于非遗的权利主体,除了"传承人"(如有的话)以外,还应当包括该非遗项目的来源社区或族群。有学者主张现任或最近的传承人是最近版本非遗中的"创造性版本"或"模仿性版本中的创造性部分"的权利主体;其中的要素"创造性"正是知识产权法的保护对象特征,此类主体在目前保护体系下基本可以正常运行。而其"创造性"之外的"继承性部分"的权利主体,则应当包括现任传承人在内的有关族群或社区集体③。这是将非遗项目文化成分分解为传承人创造的"个体性"部分,以及其所承继而来的"团体性",来对照其相应权利主体。

期待中的《保护条例》(草案)也将民间文学艺术作品的著作权归属于特定的民族、族群或者社群。④ 使用民间文学艺术作品发生纠纷的,著作权人的代表可以以著作权人的名义依法提起仲裁或者诉讼;国务院指定的专门机构可以以自己的名义依法提起仲裁或者诉讼,并及时通知著作权人的代表。⑤ 此处需要区别权利主体与诉讼主体,由公部门指定的"专门机构",因其职权可以是诉讼主体,但并非权利主体,如此扩充诉讼主体可以应付作品被侵权却找不到著作权人的窘境,使争议解决程序得以顺利进行。该专门机构为受托成为代理人,所有利益仍归权利人所有。至于胜诉所获报酬的惠益分享问题,《保护条例》(草案)指示专门机构应当将其收取的民间文学艺术作品著作权报酬及时分配给相应的民族、族群或者社群。并且应当建立数据库,每年向社会公示民间文学艺术作品著作权报酬的收取和分配等相关情况。⑥

关于权利主体的授权机制,《保护条例》(草案)作为保护民间文学艺术作品的专门法案,保护细节比较完善,对于作品著作权人授权机制规定严格、有理有据:使用者应当取得著作权人的许可并支付合理报酬,或者向国务院著作权行政管理部门指定的专门机构取得许可并支付合理报酬。著作权人或者专门机构不得向任何使用者授予专有使用权。⑦ 专法在"许可并支付报酬"规定上,体现的是民间文学艺术作品与社区群体的生存攸关

---

① 《保护条例》(草案)第九条。
② 《保护条例》(草案)第十三条。
③ 严永和:《非物质文化遗产的知识产权保护》,原载《光明日报》2010年8月10日第10版,参见人民网知识产权版,http://ip.people.com.cn/GB/12393597.html#。
④ 《保护条例》(草案)第五条。
⑤ 《保护条例》(草案)第十五条。
⑥ 《保护条例》(草案)第十一条。
⑦ 《保护条例》(草案)第八条。

性，它对群体中每一位族民的利基在于"生存模式"的持续力量，这种力量用"报酬"方式得以体现得最好而简单。后半句的"不得授予专有使用权"限制，则是更进一步保障该作品的拓播空间，不阻断权利者之外的所有喜好者（包括全世界各民族）的享用之路。此项限制性授权，也是促进该作品发展的积极举措。该授权机制可以体现出以知识产权法体系保护同以专法保护相比的差距，专法真可以一剑封喉，击中现阶段司法案例的痛处。

二 现实保护体制

知识产权法能保护到哪些非遗？我国《著作权法》所称"作品，是指文学、艺术和科学领域内具有独创性并能以某种有形形式复制的智力成果"，[①] 具体包括以下列形式创作的文学、艺术和自然科学、社会科学、工程技术等作品：（1）文字作品；（2）口述作品；（3）音乐、戏剧、曲艺、舞蹈、杂技艺术作品；（4）美术、建筑作品；（5）摄影作品；（6）电影作品和以类似摄制电影的方法创作的作品；（7）工程设计图、产品设计图、地图、示意图等图形作品和模型作品；（8）计算机软件；（9）法律、行政法规规定的其他作品。又，民间文学艺术作品的著作权保护办法由国务院另行规定。[②] 这样明显是把民间文学艺术作品的保护排除在著作权之外了，在WIPO探讨的知识产权中，"传统知识"和"民间文艺"也归于非遗。

再看看《非遗法》，非物质文化遗产是指各族人民世代相传并视为其文化遗产组成部分的各种传统文化表现形式，以及与传统文化表现形式相关的实物和场所，包括：（1）传统口头文学以及作为其载体的语言；（2）传统美术、书法、音乐、舞蹈、戏剧、曲艺和杂技；（3）传统技艺、医药和历法；（4）传统礼仪、节庆等民俗；（5）传统体育和游艺；（6）其他非物质文化遗产。[③] 其中第1、3、5项，与现代知识产权客体所要求的技术和经济上创造性、实用性等具有一定的相似性，故能适用知识产权法，而第4项传统礼仪、节庆以及第1项的语言等类非遗则不具有明显的知识产权意义，很难援引知识产权法予以保护。

《非遗法》还指示，使用非物质文化遗产涉及知识产权的，适用有关法律、行政法规的规定。对传统医药、传统工艺美术等的保护，其他法律、行政法规另有规定的，依照其规定。[④] 这说明，除非将非遗表现形式中注入创新性，使其符合著作权法中的保护特征，否则非遗无法直接靠知识产权法保护（见后文的案例讨论），对照《著作权法》的"民间

---

① 《著作权法实施条例》第二条。
② 《著作权法》第三、六条。
③ 《非遗法》第二条。
④ 《非遗法》第四十四条。

文学艺术作品的著作权保护办法由国务院另行规定"，甚至部分还要依赖其他的专门法。

三　案例及引发的思考

知识产权保护是对专有权人某私权的保护，而民族的物质或非物质文化遗产都是某民族或全体民族甚至是国家的共同利益，是一种群体的权利。因此，文化遗产的保护本就不可能简单地适用知识产权保护范式，实践中可能因含涉的排他权而限制了享有共同利益者的使用。然而，无论理论上有多少疑虑，实践中，知识产权法律制度中无论是著作权、专利权或商标权，甚至地理标志等方面的规范，都给非物质文化遗产的保护提供了一定的解决路径。

以下将通过三个案例，展示知识产权法制保护非物质文化遗产的即时有效性与局限性。

（一）主体问题：权利主体的惠益分配

2003 年北京"乌苏里船歌著作权案"的判决仅涉及被告作为传统艺术作品"改编者"，对原权利人的准予等义务，被告应从"作曲"改为"编曲"，① 判决未涉及赔偿事宜，直接适用一般著作权的规范解决。这个公报案例的判决确立了使用传统艺术作品的几个司法原则：（1）不需付费；（2）不须取得同意；（3）须注明出处或权利者。本案结案时间比较早，法院完全依照《著作权法》的思路判决，"文化权利"问题完全不在考虑范围内，它衍生的质疑是：对于固有的非遗财产权利人而言，免费使用、不须征得同意等原则是否合理？从权利主体的角度看，当非遗是集体或多主体的标的时，则当一个主体起诉后所获赔偿或补偿，谁可以享有成果，是该原告？还是全部有该专有权的主体都可以分别获得？

本案所涉的民间艺术作品是为全体的赫哲族民所共有的，实际上目前有三个相关自治乡，如果这个个案判决涉及赔偿额，那么三个赫哲族自治乡，除了作为原告的四排乡以外，其他两乡是否

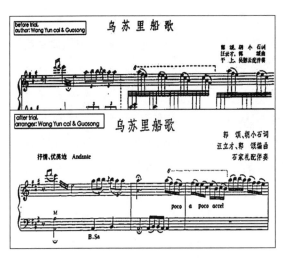

图 1　判决前后的著作权表述

---

① 北京（2001）二中知初字第 223 号、（2003）高民终字第 246 号。

有分配权？分享此惠益是否有时效？这些问题只有在其他两乡也提出抗议时（同时或事后），要求作为"有独立请求权的第三人"时，问题冲突性才显尖锐。同时，一旦获得赔偿或补偿，此类集体权利者是否应该将赔偿金或补偿金投入一个与该非遗项目的保存、传承有关的新设立基金里？这个基金或许可以补充国家行政资助的不足，增强传承人或团体的维护能力。

图 2　赫哲族世世代代的鱼皮工艺作品

（二）适法问题：知识产权法的救济用尽

2018 年江西省"广昌孟戏著作权案"① 距离"乌苏里船歌著作权案"的发生已过去 16 年。在此期间，2010 年《著作权》修订了，2011 年《非遗法》出台了，然而，同样的民间文学艺术作品、同样是侵犯著作权的改编权，本案的判决依然没有比 2004 年的"乌苏里船歌著作权案"更有针对性或更进步。曾家孟戏属于宗族"祭祀性质仪式性演出"，曾氏祖训只传本宗男丁，剧本长久未流出。20 世纪 60 年代初，赤溪曾家孟戏与大路背刘家孟戏作为戏曲文物被挖掘，合称为"广昌孟戏"。2006 年，广昌孟戏经国务院批准被列入第一批国家级非遗名录。2001 年，戏曲专家毛礼镁等人在广昌观摩孟戏演出全过程，并考察了族谱、文物等相关文件，曾家族委会向毛礼镁提供了曾家孟戏手抄剧本供其复印。2005 年 4 月出版的《江西广昌孟戏研究》一书全文附录了曾家孟戏剧本，并注明"赤溪曾村《孟姜女送寒衣》"。赤溪曾家孟戏唱腔曲谱、剧本等资料至此全部公诸于世。被告魏叶国在 2016 年 3 月出版的《广昌孟戏》一书收录的"舍溪孟戏《孟姜女送寒衣》"剧本实质上就是上述赤溪曾家孟戏《孟姜女送寒衣》剧本，其剧本的关目、曲牌及故事情节、人物道白与赤溪曾家孟戏基本一致，但被告却未明确注明此为赤溪曾家剧本，而始终只以起源地即"舍溪"冠名，称之为"舍溪孟戏"。本案原告是广昌县甘竹镇图石村赤溪村小组，负责人曾秋林就是广昌县甘竹镇图石村赤溪村小组组长，也是"广昌孟戏"的代表性传承人。但重审认定涉案孟戏系民间文学艺术作品，根据《著作权法》第六条"民间文学艺术作品的著作权保护办法由国务院另行规定"之规定，在国务

① 江西省抚州市中级人民法院民事裁定书，（2018）赣 10 民初 97 号。本案为江西省高级人民法院于 2018 年 6 月 26 日作出（2018）赣民终 303 号民事裁定，高院撤销江西省抚州市中级人民法院（2016）赣 10 民终 130 号民事判决，发回江西省抚州市中级人民法院重审，终审维持原判。

院尚未出台正式的保护办法之前，抚州市中院审理该类案件没有法律依据，故驳回原告起诉。

图 3　孟戏自制面具（广西新闻网记者潘毅摄）　　图 4　《江西广昌孟戏研究》

由于国务院《民间文学艺术品著作权保护条例》尚未出台，本案就直接驳回，简单得不可思议。或许原告主张："赤溪曾家孟戏属于民间文学艺术作品范畴，是我国《著作权法》保护对象"是个错误攻防，代理人显然对我国《著作权法》不甚了解，但这也不妨碍中院法院从整个非遗的脉络去掌握问题的核心。首先，虽然民间文学艺术作品现况为"集体性质"，但原创起源却多有不同。曾家孟戏自始属于宗族"祭祀性质仪式性演出"，哪怕至今成为国家非遗名录，然其传承人仍由曾家子孙担任。其次，赤溪曾家孟戏唱腔曲谱、剧本原本再现完全或转录，完全是《著作权法》保障范围内的"修改权""保护作品完整权"及"复制权"，本案在上诉至发回重审这么长的程序中，各方有很多的沟通机会，怎么就未能捅破这层纸？立法的缺失，司法补充正义可谓正逢其时。立法与司法，不仅在一个指导另一个，而更在一个补充另一个。这样的执法才是有机的、良性互动的。

（三）创造为王：传统艺术的衍生与再生

在 2015 年贵州非遗扩展项目传统技艺衍生作品侵权案例①中，法院认为，原告洪福远创作的《和谐共生十二》画作属于非遗扩展项目传统蜡染艺术（黄平革家蜡染）作品的衍生作品，是对传统蜡染艺术作品的传承与创新，符合著作权法保护的作品特征，在洪福远具有"独创性的范围内"受著作权法的保护。被告不能在该"独创性的范围内"以自身同为黄平革家蜡染"衍生作品"搪塞。又，原告涉案作品已于 2009 年在《福远蜡染艺术》书中发表，且注明了创作期 2003 年，原告涉案作品创作确定发表在先，故法院认定被告有抄

① 2017 年 3 月 6 日最高法院"指导案例"80 号，《著作权法》第三条、《著作权法实施条例》第二条。

袭洪福远涉案作品的故意，判决责令被告停止使用涉案作品、销毁涉案产品、赔偿原告经济损失。该判决体现了知识产权保护非遗的两点：（1）当作品雷同性极高易造成大众混淆时，以发表在先者为原创作人；（2）衍生作品具创造性，亦当享受著作权法的保护。

图 5　黄平革家蜡染背扇

图 6　洪福远2009年作品发表在先

　　这个指导性案例体现了非物质文化遗产经过现代创作者的"衍生"使用后，创作者独立完成且有创作性的部分，便形成了新的保护标的，但同时，这并不阻碍其他人对同一传统艺术形式的其他创作。问题的关键在衍生作品的创造性，只要产生创造性，传统艺术无论被衍生再作多少次，都是鼓励的，有了知识产权的保护并不能限制非物质文化遗产的传承、传播。非遗传统艺术不论有无传承人，在所有后人的共同、分时使用时，都是在该非遗的内涵框架上"新增"，这个变化是一种"异化"，但同时也是一种"创新"，这是一个牵涉文化内容精细方式与程度的隐忧。然而，所有的文化本都是"活着的"，随着日新月异的时代风格与喜好而日益变迁，应属无伤大雅。

　　我们且做一个不太可能的假设：如果有关传统艺术的著作权保护条例一直未能出台，那么不管是"传承人"，或者一般对某传统艺术有兴趣的创作者，都可以通过"衍生"作品的概念，创造传统艺术老形式的新生命，仍旧依赖知识产权体制内的著作权予以保护。这也是知识产权法不可或缺的作用。

四　桃之夭夭，灼灼其华——代结语

　　从司法实践中近十五年来的案例观察，非遗或传统艺术相关争议的主要战场仍集中在知识产权规范体系内的调整。这很大一部分原因在于中国《非遗法》立法目的是为非物质文化遗产提供"行政保护"，并未对知识产权问题做出具体规定，仅在第四十四条作了知识产权保护的指示性规定。而《著作权法》对于民间文学艺术作品的著作权保障也就在第六条授权另订，因此，相关司法案例多游走在知识产权法有关规定上，而很多非遗或传统项目很难符合该体系里对创造性特征的要求。现行《非遗法》如没有既存的知识产权法律制度或者其他专门法律的补充适用，对非物质文化遗产的保护及争端解决难竟全功。

立法上，《著作权法》作为知识产权体系的核心法律，早在 1991 年出台时就在第六条授权国务院立法保护民间文学艺术作品。基于上述情况，自 2007 年开始，国务院将《民间文学艺术作品著作权保护条例》列入国务院年度立法计划，历年来数易其稿。而后，国家新闻出版广电总局终于在 2014 年形成《民间文学艺术作品著作权保护条例》（草案），并于 2014 年 9 月通过官网公开征求意见，尤其是定向征求了国务院相关部门和其他机构的意见。2017 年，国家版权局《关于印发〈版权工作"十三五"规划〉的通知》的重点任务中，"制定、修订有关著作权行政法规"部分明确规定：根据《著作权法》修订情况，研究制定《民间文学艺术作品著作权保护条例》，修订《著作权法实施条例》《信息网络传播权保护条例》《著作权集体管理条例》等配套行政法规，完善著作权法律法规体系。①

直到 2020 年两会结束，国务院知识产权战略实施工作部际联席会议办公室印发《2020 年深入实施国家知识产权战略加快建设知识产权强国推进计划》（以下简称"《推进计划》"），② 提出了五大重点工作和 100 项具体措施。其中，明确由文化和旅游部负责，依托中国非遗传承人群研修研习培训计划、传统工艺振兴计划等工作，继续加强对非遗传承人群的知识产权培训，提高其保护意识（第 37 项）；积极探索非物质文化遗产合理开发利用，推进文化创意、设计服务与相关产业融合发展（第 72 项）。尽管对于《著作权法》第六条授权国务院制定的《民间文学艺术作品著作权保护条例》（草案）是否该出台没有提及，2014 年该草案公布征求意见稿至今已经接近六年，且民间各方意见收集早已告一段落。所幸，在国务院知识产权战略《推进计划》的"完善法律法规"章的六项具体措施中，提及"配合做好《著作权法》修订工作"，而《民间文学艺术作品著作权保护条例》（草案）正是完善其第六条的工作内容。非物质文化遗产相关纠纷案日渐增多，恐将进入暴涨期，知识产权明显已经无法合理调整相关争议，期待万事具足的《民间文学艺术作品著作权保护条例》，在疫情过后能如约而至。

参考文献

［1］ 郭玉军、唐海清：《论非物质文化遗产知识产权保护制度的新突破——以地理标志为视角》，《海南大学学报（人文社会科学版）》2010 年第 3 期。

［2］ 朱祥贵：《非物质文化遗产保护立法的基本原则——生态法范式的视角》，《中南民族大学学报（人文社会科学版）》2006 年第 2 期。

---

① 2015 国家新闻出版广电总局对十二届全国人大三次会议第 5144 号建议的答复。
② 参见人民网知识产权频道，http：//ip. people. com. cn/n1/2020/0518/c136655 – 31713352. html，2020 年 5 月 18 日访问。

［3］唐继超、王景：《浅谈非物质文化遗产的知识产权保护——以山东省为例》，《价值工程》2016 年第 28 期。

［4］吴凡文、王千石：《非物质文化遗产知识产权保护的有限性原因探析》，《前沿》2015 年第 2 期。

［5］李涛：《非物质文化遗产知识产权保护新论》，中国民俗学网，2019 年 7 月 26 日访问。

［6］刘黎明：《运用知识产权保护制度对非物质文化遗产保护的完善建议》，中国法院网，2015 年 7 月 3 日访问。

［7］杨鸿：《民间文艺的特别知识产权保护》，法律出版社 2011 年版。

［8］赵方：《我国非物质文化遗产的法律保护研究》，中国社会科学出版社 2009 年版.

知识产权保护还是专门权利保护

——兼论非物质文化遗产产权制度的构建

田　艳[*]

摘要： 在实践中，通过何种模式对非物质文化遗产的私权进行有效的保护，已经成为当前非物质文化遗产保护的核心问题。目前，在非物质文化遗产保护领域存在两种不同模式的保护路径，一种为知识产权保护，另一种为专门权利保护。"杨丽萍模式"对于确立国内非物质文化遗产保护模式具有重要意义，但同时也显示出利益分配不均衡的弊端。通过国内外对非物质文化遗产保护的现状和机制的比较研究，当前知识产权保护模式对国内非物质文化遗产保护有明显不足，尤其在传统文化层面的保护具有显著缺陷。鉴于当前对非物质文化遗产模式存在的争论，构建我国非物质文化遗产产权制度应成为理性选择，具体路径包括采用"双重主体说"确定非物质文化遗产产权的主体；通过排除某些非物质文化遗产作为其产权的客体；建立以署名权、文化尊严权、文化发展权、使用权、获得收益权为核心的非物质文化遗产产权内容。

关键词： 非物质文化遗产；知识产权；专门权利；非物质文化遗产产权；路径

进入新世纪，非物质文化遗产保护的理念逐渐深入人心，对其保护方式的探讨更是学界的热点问题。特别是非物质文化遗产的私权保护路径该如何选择，一直是困扰保护实践的核心问题。本文从非物质文化遗产开发中的利益分配问题出发，试图对该问题做进一步的探讨。

一　非物质文化遗产开发的利益分配不均衡——以"杨丽萍模式"为例

（一）《云南映象》及其对传统舞蹈文化的保护

作为世界上最具特色的民族文化"集成块"的云南，人口达 7000 人以上的少数民族

---

* 田艳，中央民族大学法学院教授、博士生导师。主要研究方向为民族法学、文化遗产法学。

有 25 个，其中 22 个民族使用着 26 种语言和 23 种文字，非物质文化遗产的丰富令人惊叹。仅舞蹈一项，就有 1095 个舞蹈的品种，有 6718 个舞蹈的套路。因此，在现代化的进程中，非物质文化遗产保护的问题也格外重要。

在多年的采风中，杨丽萍看到了云南非物质文化遗产的变化：许多绝技因为失去了用途而濒于失传，新生的一代喜欢牛仔裤甚于传统服装。20 世纪 90 年代，一位专家在调查了基诺族巴卡村寨后指出，如果不加以重视和保护，这里的民族传统服饰有可能在 10 年左右消失；民族口碑文史及其风俗传承机制，有可能在 20 年内消失；民族传统歌舞有可能在 20 年内消失。而这种状况，在云南众多的村寨之中并不鲜见。绿春哈尼族有一种神鼓，能把从人的混沌状态到人的生老病死都用一套套鼓表示出来。90 年代末期的时候全云南还有三个老太太会跳，据说现在只剩下一个。

2003 年 8 月，由著名舞蹈家杨丽萍首次出任总编导和艺术总监并领衔主演的大型原生态民族歌舞集《云南映象》在昆明公演。至今，《云南映象》已在国内演出近千场，场场爆满。从获得中国舞蹈最高奖"荷花奖"，到现在凭借商业演出养活剧组，再到海外百余场演出的成功运营，《云南映象》从舞蹈创作到市场经营方面都名副其实地成为"中国民族舞蹈的再启蒙"。从它的策划到创作，再到市场化利用她在家乡云南多个民族地区采风得到的多种民族舞蹈元素，编排成大型民族歌舞作品《云南映象》。此作品由云、日、月、林、火、山、羽七场歌舞组成，歌舞素材基本取自云南山村的田间地头，服装道具也出自民间，参加演出者也大部分来自云南农村，是多个民族的原生态歌舞。该模式可概括为"坚持走本土艺术性与商业化相结合"的道路，在艺术与商业上取得的巨大成功。

作品从五个方面诠释了云南民族歌舞文化的本真面貌和精髓，具体包括：原汁原味的云南民族舞蹈元素、尊重各民族宗教信仰的舞台元素、70% 的演员来自本土的演员元素、来自生命本真吟唱的音乐元素、秉承原创宗旨的创作元素等；另一方面，为了适应现代旅游消费大众的审美趣味和市场需求，《云南映象》在市场化过程中，从以下三个方面进行了市场化的运作：一是在编导思想上体现了现代审美需求，经过现代舞美设计、音响效果包装后的舞台作品，适应了现代大众文化消费直观性、娱乐性的特点；二是采用了企业化的管理模式，市场化的运作模式，产业化的发展格局，建构了较为完善的文化产业生产模式；三是进行成功的营销策划与新颖的广告宣传。借鉴西方人类学家对旅游真实性的研究视角，高芳将《云南映象》的旅游真实性内容细化为客观真实性（演员、环境）；建构真实性（音乐、服装、编导、道具、传承、编导）；后现代真实性（布景），以及存在真实性（广告、表演）四种要素。①

---

① 高芳：《民族旅游开发中文化商品化与文化真实性关系辨析——以〈云南映象〉为例》，《保山师专学报》2008 年第 3 期。

例如，前述的绿春哈尼族的神鼓，因为《云南映象》的表演，使之得以避免消失的命运。同时，这一套神鼓舞不仅得以传承，而且因为《云南映象》对其艺术化的舞台加工，赋予了神鼓舞新的艺术内涵，使其实现了秉承民族文化内涵的艺术变迁。又如，《云南映象》中一段"烟盒舞"表演，真实的彝族烟盒舞表演中有击掌的动作，但是，杨丽萍将击掌动作丰富化，舞台化，加上了双手拍地、翻滚拍地等动作。彝族演员发现这样的改编使舞蹈更好看了，他们将会把这些动作带回村寨。这样一来，彝族烟盒舞因为商品化而发生了一些改变，而这些改变很可能成为未来彝族"烟盒舞"的真实内容。

（二）杨丽萍模式的积极意义

杨丽萍模式被认为是目前比较成功的保护非物质文化遗产，进而促进来源群体文化权益保障的模式，其积极意义主要有以下几个方面：

第一，本土居民或当地居民积极、广泛地参与。大胆启用非职业演员，使作品本身保留了原生态舞蹈的原汁原味，也因此显示了原生态舞蹈的美感和经济上的可回报性。

第二，通过采风记录下云南很多民族的原生态舞蹈，从中抽象出她认为能够表现当地非物质文化遗产的元素或特质部分，然后经过编排，使之成为一个服务于基本主题的舞蹈作品。既体现了文化发展和新陈代谢的规律，也因此创作出新作品，发展了非物质文化遗产。只要满足知识产权法的要求，就可以获得知识产权保护。

第三，坚持艺术应走市场化和产业化的道路，使之因而具有可持续发展性。杨丽萍坚信，高品位的艺术必然会有市场，该模式兼顾了非物质文化遗产的保护与开发，有利于这些文化的长远发展。

第四，从著作权法的角度看，《云南映象》是衍生作品。衍生作品是一种基于前作的基础而创作出来的作品，但其独立性比演绎作品等更为明显。基于立法的预见性和经济学的分析，虽然现有法律制度无法规范衍生作品，但法学理论界对衍生作品著作权的独立性是认可的，应该及时建立相应的制度保护其著作权。

（三）本文对杨丽萍模式的反思

第一，非物质文化遗产的价值在该模式中没有体现。这里所谓的非物质文化遗产是指《云南映象》所取材的原生态舞蹈本身，这些舞蹈根植于云南少数民族的传统社会生活之中，是它们成就了高品位的《云南映象》，它们的艺术价值在《云南映象》中得到了彰显，而它们的经济价值没有任何体现。试想，长此以往，云南的少数民族在杨丽萍以后再来采风时会心甘情愿地表演自己的民族舞蹈吗？不同的艺术家或剧团是否会出于商业竞争的目的，因为到同一个地方来采风而发生争夺非物质文化遗产的现象？民族地区群众日益增长的市场经济意识和权利意识也会促使他们提出针对非物质文化遗产的经济诉求，荔波瑶族村寨的猴鼓舞是瑶族民间流传的极有特色的舞蹈，以前只是在民间重大活动中演出，与经济毫不挨边。可现在，旅游者也好，电视台也好，要想拍摄这个舞蹈，对不起，要收费！谢彬如老师曾与中央电视台的摄影师到瑶麓拍摄猴鼓舞，拍一段，收费 700 元。类似的现象屡见不鲜，我们不能不说这是来源群体的合理利益诉求。①

　　第二，非物质文化遗产所有者②的意愿被忽视。非物质文化遗产属于所有资源中最富有开发潜力的资源，如果我们能在开发中利用好非物质文化遗产，对许多开发项目进行一种文化诠释和引导，这将使非物质文化遗产成为我们西部民族地区经济和社会发展的长项，西部的骄傲，西部的身份。③ 然而在《云南映象》中，我们却无法得知这些非物质文化遗产所有者对于该种开发模式的态度。我们完全可以借鉴《生物多样性公约》中的"事先自由知情同意"制度。④ 坦桑尼亚制定的国家层面保护民族民间文化的法案规定，到坦桑尼亚记录和使用民族民间文化，除了出于教育、艺术创作和新闻报道外，任何个人或机构复制、发行、播放或表演民族民间文化，都要得到坦桑尼亚国家艺术委员会的同意，任何时候使用民间文化表现形式，都要提到原创群体和原创地名称；此外，任何人或机构使用民族民间文化都要付费，征收的费用由国家艺术委员会用于保护和弘扬民族民间文化。⑤ 简单地讲，就是出于对非物质文化遗产尊严权的尊重，我们在开发非物质文化遗产时，能否考虑设计恰当的制度和相应程序来征求来源群体的意见，在事先要让他们知道，并获得他们的同意之后再来开发。即便如此，我们在非物质文化遗产开发过程中仍然要尊重来源群体的文化尊严。

---

① 谢彬如等：《文化艺术生态保护与民族地区社会发展》，贵州民族出版社 2004 年版，第 56 页。
② 关于文化资源所有者即少数民族文化权益的主体的具体分析请参见田艳：《传统文化产权制度研究》（中央民族大学出版社 2011 年版），在此以文化资源所有者一词来统指少数民族文化权益的各种主体。
③ 来仪等：《西部少数民族文化资源开发走向市场》，民族出版社 2007 年版，第 37 页。
④ 《生物多样性公约》第 15 条遗传资源的取得规定：
（1）确认各国对其自然资源拥有的主权权利，因而可否取得遗传资源的决定权属于国家政府，并依照国家法律行使。
（2）每一缔约国应致力创造条件，便利其他缔约国取得遗传资源用于无害环境的用途，不对这种取得施加违背本公约目标的限制。
（3）为本公约的目的，本条以及第 16 和第 19 条所指缔约国提供的遗传资源仅限于这种资源原产国的缔约国或按照本公约取得该资源的缔约国所提供的遗传资源。
（4）取得经批准后，应按照共同商定的条件并遵照本条的规定进行。
（5）遗传资源的取得须经提供这种资源的缔约国事先知情同意，除非该缔约国另有决定。
⑤ 谢彬如等：《文化艺术生态保护与民族地区社会发展》，贵州民族出版社 2004 年版，第 71 – 72 页。

二　中国法律对非物质文化遗产合理利用的规制

（一）立法规制非物质文化遗产的开发

加强中央立法，推动《文化产业促进法》尽快出台，是解决实践中面临的文化遗产，尤其是非物质文化遗产的保护与开发的矛盾问题的必由之路。《文化产业促进法》已经列入十三届全国人大常委会五年立法规划的第一类项目，即条件比较成熟、任期内拟提请审议的法律草案，可见，《文化产业促进法》已经被提上议事日程。如何在尊重文化尊严的前提下科学合理地开发各种非物质文化遗产资源，将国家促进文化产业的土地、财税、金融、人才、出口、创业等各项政策措施法治化，厘清文化产业的管理体制等都需要在《文化产业促进法》中加以明确。

在地方立法方面，西部民族地区的地方非物质文化遗产立法亟待加强。早在 2001 年，当时的云南省丽江纳西族自治县就制定了《云南省丽江纳西族自治县东巴文化保护条例》，后由于行政区划调整的原因，云南省于 2005 年重新通过了《云南省纳西族东巴文化保护条例》。实践证明，单独针对某一项具体的文化遗产进行相关立法，有利于该项文化遗产的保护和开发，安徽省淮南市于 2001 年制定了《淮南市保护和发展花鼓灯艺术条例》，贵州省也于 2011 年制定了《贵州省安顺屯堡文化遗产保护条例》。但这与西部民族地区丰富的非物质文化遗产以及蓬勃发展的文化产业相比，就显得非常不足了。在促进文化产业发展方面，深圳市早在 2008 年就制定了《深圳市文化产业促进条例》，目前西部民族地区还没有一部专门的文化产业促进条例。

《非物质文化遗产法》第五条规定，使用非物质文化遗产，应当尊重其形式和内涵。禁止以歪曲、贬损等方式使用非物质文化遗产。这是对多年以来少数民族传统文化开发过程中的"乱象"进行法律规制。可见，非物质文化遗产的利用应尊重其真实性、完整性、文化内涵和自然演变过程，保持其传统的文化生态和文化风貌。为此，最高人民法院也在相关的司法解释中做出了相关规定。具体而言，在非物质文化遗产开发过程中，应坚守以下一些基本原则：第一，坚持尊重原则，利用非物质文化遗产应尊重其形式和内涵，不得以歪曲、贬损、删减等方式使用非物质文化遗产。第二，坚持来源披露原则，利用非物质文化遗产应以适当方式说明项目名称及所在地、所属民族等相关信息。第三，鼓励知情同意和惠益分享原则，非物质文化遗产利用者应尽可能取得保存者、提供者、持有者或者相关保护部门的知情同意，并以适当方式与其分享使用利益。同时，综合运用著作权法、商标法、专利法、反不正当竞争等多种手段，积极保护非物质文化遗产的传承和商业开发利用。①

(二) 尊重来源群体对其非物质文化遗产的使用方式

尊重来源群体传统的对于其非物质文化遗产的使用方式，禁止未经许可的商业性使用和不正当使用。2005 年第 33 届联合国大会通过了《保护和促进文化表现形式多样性公约》，该公约强调文化传统保护与文化发展选择是国家文化主权的基本内容；保护文化多样性的权利和自由属于基本人权的范畴；知识产权对文化创造参与者的支持和激励具有重要意义。该公约以主权和人权作为文化多样性保护的基本举措，并以对艺术家的知识产权保护作为补充措施，由此构建了一个保护文化多样性的多元权利形态。简单地讲，该公约意在从三个视角来保护文化的多样性，即作为主权的文化（国际法意义上的）、作为人权的文化（公法意义上的）与作为私权的文化（私法意义上的）。传统文化产权指传统社区对其文化所享有的民法意义上的财产权，它是无形财产权的一种，是无形财产权家族的新成员。例如，包括苗族吊脚楼、苗族酸汤制作技艺、苗族锦鸡舞在内的整个苗族传统生活方式已经成为当地旅游开发的重要吸引物，它们本身是有价值的，但长期以来我们把这些传统文化作为公共产品随便加以利用，忽略了在此背后作为传统文化主人的当地苗族民众的文化利益。正如已故著名知识产权法专家郑成思教授所言："现有知识产权制度对生物技术等高技术成果的专利、商业秘密的保护，促进了发明创造；对计算机软件、文学作品

---

① 2011 年 12 月 16 日《最高人民法院关于充分发挥知识产权审判职能作用推动社会主义文化大发展大繁荣和促进经济自主协调发展若干问题的意见》又进一步规定：

　　"充分利用著作权保护手段，依法保护民间文学艺术作品。民间文学艺术作品的著作权保护，既要有利于民间文学艺术的传承，发挥其凝聚民族精神和维系民族精神家园的作用，又要有利于创新和利用，提高中华文化影响力。民间文学艺术作品可由产生和传承该作品的特定民族或者区域群体共同享有著作权，该特定民族或者区域的相关政府部门有权代表行使保护权利。对于民间文学艺术作品的保存人和整理人，应尊重其以适当方式署名的权利。利用民间文学艺术的元素或者素材进行后续创作，无需取得许可或者支付费用；形成具有独创性作品的，作者可依法获得完整的著作权保护，但应说明其作品的素材来源。不当利用民间文学艺术作品给特定民族或者区域群体精神权益造成损害的，人民法院可以判令不当利用人承担相应的民事责任。

　　"有效利用商标法、专利法等法律手段，保护非物质文化遗产的商业价值，促进具有地方特色的自然、人文资源优势转化为现实生产力。将非物质文化遗产的名称、标志等申请商标注册，构成对非物质文化遗产的歪曲、贬损、误导等不正当利用行为，损害特定民族或者区域群体的精神权益的，可以认定为具有其他不良影响，禁止作为商标使用；已经使用并造成不良影响的，人民法院可以根据具体案情，判决使用人承担停止使用、赔礼道歉，消除影响等民事责任。非物质文化遗产的名称、标志等构成地理标志的，可以视具体情况作为在先权利予以保护。非物质文化遗产中的传统知识和遗传资源构成商业秘密的，禁止他人窃取、非法披露和使用。违反法律、法规的规定获取或者利用遗传资源，依赖该遗传资源完成发明创造并获得专利授权，专利权人指控他人侵犯其专利权的，可以不予支持。"

的版权保护，促进了工业与文化领域的智力创作。但它在保护各种智力创作与创造之'流'时，在相当长的时间里忽视了对'源'的知识产权保护。这不能不说是一个缺陷。而传统知识，尤其是民间文学的表达成果，正是这个'源'的重要组成部分。"对传统文化的产权进行法律保护，就是对各种智力成果的"源"进行保护的一种方式。傣族传统建筑就是这种智力成果的"源"的一种，真的无法计算有多少摄影作品、美术作品、影视作品中含有傣族传统建筑的"影子"？

目前，在中国的民族地区，都是动员社会一切积极因素共同参与到非物质文化遗产保护与开发的事业中来，允许其他民族的成员来从事少数民族相关文化制品的经营与开发，而没有赋予少数民族以独占经营权。原因是多方面的，在目前的法律体系中，当非物质文化遗产成为一项文化产业的时候，我们只能遵守市场经济中的"经济自由"原则，而不能在市场进入方面给予特别的保护。但是，我们必须尊重作为文化创造主体的少数民族的文化尊严，在进行商业开发时应事先获得相关政府主管部门（或行业组织）的同意。

三　驳"非物质文化遗产知识产权保护"说

著作权法在非物质文化遗产保护方面的不足，主要集中在以下几个方面：

第一，著作权法意义上的作品有特定的作者，而非物质文化遗产的创作者通常是某一群体、社团或民族，而不是某一个或某几个特定的人，或者即便是曾经由某一个人所创作，但在代代相传的过程中，又加入了社区或民族中其他人的改造和创新，创作主体变得无法判断。这是非物质文化遗产与著作权法意义上的作品的最大区别，也正是这一区别，使得用著作权法保护非物质文化遗产制造了一个难题，简单地讲，非物质文化遗产的创作主体无法确定，或者说应视为集体创作。

第二，著作权法保护的作品是已经创作完成的作品；非物质文化遗产是由某一社区或民族的整体或部分人创作，并随着历史的演进而不断创新和发展，这也是非物质文化遗产的生命力之所在。这种永远处于变动之中的非物质文化遗产的创作可能永远都没有创作完成，对它的保护应是没有期限的，也就是永远保护。

第三，所有的非物质文化遗产都会反映一个群落的传统文化特征，反映其文化价值趋向，具有传统艺术遗产特征，而著作权法意义上的作品却未必如此。

在探讨了著作权制度与非物质文化遗产保护的关系之后，我们再探讨一下利用专利权制度保护非物质文化遗产存在的缺陷：

第一，专利权制度主要是对创新的激励机制，若将非物质文化遗产纳入专利权的保护范围，那么其必须满足专利权制度所要求的条件：有完成发明的日期、一个或多个发明人的身份、相关产品的限定参数及有限的保护期等。但是，非物质文化遗产是很难遵循上述原则的。

第二，专利权要求其客体具有新颖性和创造性，从历史的视角看，非物质文化遗产是具有创新性的，这些创新有的符合现代知识产权的要求，有的不符合现代知识产权的要求，尤其缺少专业的技术数据，因而多数非物质文化遗产是无法适用专利权来进行保护，更何况有些非物质文化遗产是排斥刻意的创新行为的，认为创新会破坏非物质文化遗产的真实性。

第三，专利权无法保护非物质文化遗产的原生环境。如果非物质文化遗产的拥有者不能保存他们的非物质文化遗产和生活方式，那么即使建立了保护非物质文化遗产的知识产权保护模式，仍然不足以防止非物质文化遗产的流失甚至消灭。

著名知识产权专家唐广良教授也认为，在讨论保护遗传资源与传统知识及其利益分享问题时，"正统的知识产权"保护制度显然已不合适；必须创建一种全新的制度，或者在知识产权制度中创建一个特殊的分支，以满足这些特殊资源保护的特别要求。① 其中"正统的知识产权"是唐教授自创的一个概念，指的就是我们在一般意义上理解的知识产权。因而，从权利的性质上看，知识产权的核心价值在于界定人们因智力成果及相关成就所产生的各种利益关系，保护知识产权人在确定时限内的私权。而非物质文化遗产权的无形要素已处于"公有领域"，它的保护对象是某民族或某社区集体创作的成果。

知识产权制度从来就不是，现在也不是保护智力产品及相关成果的唯一工具，之所以反对利用现行的知识产权体系或者建立新的知识产权制度来保护传统文化，是因为西方知识产权的概念与传统社区和土著居民的实践及文化不相容，将民间社区或少数民族引入市场经济的框架最终会导致传统文化的流失。美国网络激进主义者约翰·佩里·巴洛在说到数字化财产所带来的迫在眉睫的大难题时说，知识产权法不可能通过打补丁、翻新或者扩展就能包容数字化表达的这些东西……我们有必要开发出一套全新的方法，以适应这个全新的环境。法律家们正在采取行动，就当作旧法律还能够继续发挥作用，无论是通过奇怪的扩张，还是借助强制力。但他们错了。② 笔者赞同这种看法，历史上知识产权制度也是随着工业革命的发展为保护文学财产和鼓励创新而设立的，现在的知识经济时代是否发展到需要创立一种新的制度来保护传统文化？

四　非物质文化遗产私权保护的经验借鉴

自 20 世纪 50 年代开始，非洲和南美洲等地的一些不发达国家，也提出了保护民间

---

① 唐广良：《遗传资源、传统知识及民间文学艺术表达国际保护概述》，载郑成思主编：《知识产权文丛》（第 8 卷），中国方正出版社 2002 年版，第 16 页。

② ［澳］布拉德·谢尔曼、［英］莱昂内尔·本特利著，金海军译：《现代知识产权法的演进：1760 - 1911 英国的历程》，北京大学出版社 2006 年版，第 1 - 2 页。

文学艺术的主张，要求建立一种特殊制度以对抗对民间文学的任何不正当利用，尤其是坚决对抗那些域外机构、人士利用他国和地区的民间文学艺术赚钱，却不给予其发源地人民任何报酬的不义行为。20 世纪 60 年代至 80 年代初，这些不发达国家先后通过国内立法和区域性国际条约等形式，旗帜鲜明地确立了对这些民间文学艺术的法律保护，如《非洲知识产权组织班吉协定》和《阿拉伯国家著作权公约》，还有类似突尼斯等国的很多国内立法。

（一）社区知识产权模式

1998 年非统组织发布的《承认和保护地方社区、农民和育种者权利及生物资源获取规则示范法》中提出了"社区知识产权"（community intellectual rights）的概念。社区知识产权是指地方社区对其生物资源或者生物资源的部分或者生物资源的衍生物，对其经验、创新、知识和技术拥有知识产权。① 很多国家的宪法也都对社区知识产权模式进行了确认。菲律宾 1987 年《宪法》第 17 章 14 条规定："政府应当承认、尊重和保护土著文化社区保存和发展其文化、传统和制度的权利。"泰国 1997 年《宪法》第 46 章规定："业已形成传统社区的成员享有保存或恢复其自身风俗习惯，本土知识、艺术或该社群和民族的优良文化的权利，并有权按法律的规定，参与用平衡、持续的方式管理、保存、和使用自然资源和环境的工作。"巴西联邦共和国 1998 年《宪法》第 231 条规定："必须承认印第安人的社会组织、风俗习惯、语言和传统，以及他们对其依传统占有的土地的原始权利。联邦有责任区别它们、保护它们、并保证尊重他们的所有财产。"委内瑞拉共和国 1999 年《宪法》第 124 条规定："确认和保护土著知识、技术和革新的集体知识产权。任何有关基因资源以及与其相关的知识的工作都必须是为了集体的利益。禁止对这些资源和祖传知识登记专利。"② 各国宪法对于以文化为载体的社区知识产权的保护体现了国家对于少数人文化权利的重视，尊重和保护一国内少数人的文化权利是宪法的重要职能，可以有效地防止文化权利被滥用和不正当的利用。而以社区作为少数人文化权利的主体，是对社区文化权利作为一种集体权利的承认和尊重，也与少数人文化遗产权利可持续发展原则和共享原则相适应。

此外，还有一些国家和地区也对少数人文化权利的社区知识产权保护模式进行了确认。2000 年 6 月巴拿马颁布的《关于为原住民注册群体性权利以保护和防卫其文化身份和传统知识以及实施其他条款的特别制度的法律》中提到，其立法的目的是为了保护原住

---

① 田艳、艾克热木·阿力普、百秋：《少数民族"非遗"法律保护机制的域外比较及启示研究》，《中央民族大学学报》2019 年第 2 期。
② 田艳、王禄：《少数民族文化风险及其法律规制研究》，《贵州民族研究》2011 年第 4 期。

民社区的创造的权利。① 《1990 年美国原住民墓葬保护与归还法》重申了联邦政府基于信托责任原理对保存和保护印第安社区和部落权利的义务。中国台湾地区《原住民族传统智慧创作保护条例》中也以智慧创作专用权的形式规定了对传统文化的特别权利保护模式。② 各国通过各种方式保护少数人文化遗产，但是社会环境的改善、以经济建设为追求而不重视文化财产保护的粗暴式的发展也让少数人文化遗产正以一定的速度消亡，我们必须正视少数人文化在人类社会发展中的重要性，通过不断完善的立法保护少数人文化遗产。

（二）公有领域作品使用付费制度

公有领域作品使用付费制度，是指使用某些保护期已过的作品或者原先根本不受保护的作品，仍然要向著作权管理机关或者作者权利保障组织支付使用费。③ 因此公有领域作品使用付费制度是国家指定机关行使管理权和保护文化财产的重要方式，一些国家通过国家立法的形式确立了此种保护模式。如突尼斯 1994 年 2 月《文学艺术产权法》第 7 条规定，民间文艺构成国家遗产的一部分，任何为营利使用而抄录民间文艺，均应取得文化部授权，并向依本法成立的版权保护代理机构的福利基金会支付报酬。④

少数人传统文化因其形式多种多样、内容丰富庞杂，因此对于少数人传统文化的保护更多的是保护其传播和传承。UNESCO 将非遗视为"人类共同遗产"，将保护定义为"'保护'指确保非物质文化遗产生命力的各种措施，包括这种遗产各个方面的确认、立档、研究、保存、保护、宣传、弘扬、传承（特别是通过正规和非正规教育）和振兴"。⑤ WIPO 虽做出大量努力试图通过制定规则实现对非遗资源的知识产权保护，但未能形成共识性成果。⑥

1976 年 WIPO 和 UNESCO 共同制定《突尼斯发展中国家版权示范法》，该示范法将民间文学艺术定义为：在某一国家领土范围内可认定由该国国民或种族群落创作的、代代相传并构成其传统文化遗产之基本组成部分的全部文学、艺术与科学作品。从这一概念的界定上可以看出，民间文学艺术实际上指的是民间文学艺术作品，即包含民间文学这一特定要素的一种作品。基于此点，该示范法将其归入版权范畴进行保护。如前所述，WIPO 并无意区分这些术语，为开展工作，将民间文学艺术表达形式描述为：由具有传统艺术遗产

---

① 严永和：《论传统知识的知识产权保护》，法律出版社 2006 年版，第 197 页。
② 田艳、艾克热木·阿力普、百秋：《少数民族"非遗"法律保护机制的域外比较及启示研究》，《中央民族大学学报》2019 年第 2 期。
③ 田艳、王禄：《少数民族文化风险及其法律规制研究》，《贵州民族研究》2011 第 4 期。
④ 郑成思：《版权法》，中国人民大学出版社 1997 年版，第 133 – 134 页。
⑤ 信春鹰：《中华人民共和国非物质文化遗产法释义》，法律出版社 2011 年版，第 154 页。
⑥ 施爱东：《"非物质文化遗产保护"与"民间文艺作品著作权保护"的内在矛盾》，《中国人民大学学报》2018 年第 1 期。

特征要素构成的，并由某一社区或由反映该社区的传统艺术追求的个人所发展并维持的创作成果。这个概念宽泛而模糊，旨在传达无论是术语的称谓、概念的界定还是范围的覆盖程度都应当由一国或地区的政策自行予以决定的意图。可视艺术和工艺是澳大利亚土著艺人和社区的重要收入来源。据估计，澳大利亚原住民可视艺术产业营业额约为 1.3 亿美元，其中原住民得到近 3000 万美元。①

传统的知识产权被认为是一种私权，而涉及传统文化的非物质文化遗产领域却因为具有一定的公共性而具有公有财产的属性。那么在涉及传统文化和传统知识保护领域的"公有领域"的含义、边界、性质和内容等，都是需要我们搞清楚的问题。早期罗马法上的公共物理论被看作是知识产权"公共领域"赖以建立的思想基础。② 而"公有领域"一词，通常认为由法国在 1791 年制定的《著作权法》中率先采用，并明确规定超过著作权保护期限的作品进入公有领域，不能得到法律的保护。③ 其后美国 1790 年的《专利法》中也对"公有领域"作了规定，并不断发展并延续至今。国际社会中，1886 年指定的《保护文学和艺术作品伯尔尼公约》（简称《伯尔尼公约》）第 18 条规定"本公约适用于所有在本公约开始生效时尚未因保护期满而在其起源国进入公有领域的作品"。1955 年的《世界版权公约》也都有相关规定。由此可见，对传统文化的"公有领域"的规定得到世界很多国家和国际社会的普遍认同。

少数人的传统文化被认为是人类共同的文化，而进入"公有领域"的传统文化意味着任何人都可以无限制的使用、传播等，而不用得到原创者的同意。对于传统文化而言，其既具有知识产权的财产属性又具有公益性，属于全人类共享的文化财产，那么对于传统文化采取主动的"防御性保护"措施则被认为是最好的方式。由于一些专利和知识产权中，不正当地涉及由于非物质文化遗产的来源及其可以公开获得等特点而获得的本不属于专利保护资格的资料与信息，为预先防止或逆转对传统知识和传统文化表现形式（非物质文化遗产）进行专利和其他知识产权授权，而采取的法律和行政措施，这种保护方式就是"防御性保护"。④

五　非物质文化遗产产权构建的路径

如果我们能够从根源上解决当前困扰西部民族地区文化产业发展的前述主要瓶颈问

① 孙璐：《民间文学艺术的版权保护与经济发展》，http://data.chinaxwcb.com/zgcb/fayuanjingwei/200805/3838.html。
② 吴汉东：《古罗马法对知识产权的理论贡献》，《中国知识产权报》2004 年。
③ 胡开宗：《知识产权中公有领域的保护法学》，《法学》2008 年第 8 期。
④ 田艳、艾克热木·阿力普、百秋：《少数民族"非遗"法律保护机制的域外比较及启示研究》，《中央民族大学学报》2019 年第 2 期。

题，最根本的手段就是确定非物质文化遗产的产权，这个问题不仅在西部民族地区，在东部地区也同样存在，即包括少数民族文化遗产在内的传统文化归谁所有？谁有权决定对传统文化进行开发？应该采取什么方式进行开发？政府、开发商、传统文化所在社区的群众对传统文化的开发都享有哪些权利，承担哪些义务？……非物质文化遗产产权，通俗地讲，就是指传统社区对其非物质文化遗产所享有的私法意义上的"产权"，这里的传统文化既包括传统社区所拥有的物质文化遗产，也包括属于该社区的非物质文化遗产，但是以无形的非物质文化遗产为主。目前，非物质文化遗产被认为处于"公有领域"，恰恰缺少产权制度的保护，进而造成保护与开发中的混乱状态。根据中国的立法体制和《立法法》第八条"法律保留事项"第（八）项的规定，私法视角的非物质文化遗产法律保护只有在国家法律层面上才能确立。吴汉东、胡开忠两位教授在其《无形财产权制度研究》一书中主张中国的财产权体系包括以下三个部分，即以所有权为核心的有形财产权制度，以知识产权为主体的无形财产权制度，以债权、继承权等为内容的其他财产权制度。同时列举了一些重要的无形财产权，其中包括著作权、专利权、集成电路布图设计权等。这种对中国的财产权体系的划分，笔者是非常赞同的。但同时还认为，这些财产权体系的每一个分支都应该是开放的，随着社会实践的发展，随时容纳一些新的财产权类型，如非物质文化遗产产权。

（一）非物质文化遗产产权的主体

对于非物质文化遗产产权制度主体这一问题，学者们提出了不同的主张，主要的有国家说[1]、少数民族说[2]、专门机构说[3]、双重主体说等。我们认为，基于中国目前少数民族及民族地区政治、经济、文化以及整个社会的发展水平还比较低的现实，我们赞同双重主体说，非物质文化遗产产权的权利主体是少数民族或者传统社区，非物质文化遗产产权的管理主体是国家和传统社区。理由在于：

第一，设置双重主体可以克服前述"国家说"和"少数民族说"的缺陷，同时，随着民族的迁徙和交融以及少数民族传统文化的不断传承，一些非物质文化遗产的流传范围已不再限于某个地区，这时，应当规定国家作为少数民族文化权益的主体对其进行保护。

第二，非物质文化遗产产权的保护最终必须依靠少数民族或传统社区的参与，在条件成熟的情况下，国家作为管理主体也有可能从非物质文化遗产产权保障事务中逐渐淡出，

---

[1] 郭蓓薇：《民间文学艺术作品法律保护初探》，《新疆社会科学》1996 年第 4 期。

[2] 颜斐：《〈乌苏里船歌〉作者不是郭颂》，千龙新闻网，2002 年 12 月 29 日访问。

[3] 严永和：《论传统知识的知识产权保护》，法律出版社 2006 年版，第 117 页。

这是历史发展的必然。排除少数民族或传统社区的参与，由国家成立相应的机构或成立非政府的民间组织来代为行使包括非物质文化遗产产权在内的文化权益的做法有违这一基本宗旨，不利于树立少数民族民众的文化自信。

第三，早在1994年第三世界网络就主张把社区作为传统知识的权利主体。他们当时提出的《社区知识产权法》即宣示，作为所有人，社区将永远不放弃对创新或知识的排他权。① 此外，"双重主体说"也是落实民族区域自治法中"上级国家机关的职责"的一个具体体现。

目前的传统文化保护方面的主体是比较混乱的，各主体之间的职责与权限是非常不清楚的。在非物质文化遗产产权的具体行使方面，成立类似于"非物质文化遗产产权集体管理组织"的民间团体，明确各政府部门与民间团体的职责，有可能会为传统文化的保护探索出一条新路。"非物质文化遗产产权集体管理组织"设置若干专职工作人员专门从事传统文化保护，并由若干专家和所有少数民族或社区的代表共同组成，其中的重大事项由"非物质文化遗产产权集体管理组织"在充分听取该少数民族和社会各界的意见的基础上投票决定。对于精神性权益的行使，一般由少数民族或传统社区自己行使，无须代行，但当该类权益受到侵害时，则须由"非物质文化遗产产权集体管理组织"向司法机关请求救济；对于经济性权益，则由"非物质文化遗产产权集体管理组织"这样的民间团体行使，所得收益设立专项基金，用于保护、开发、推广、发扬本区域的传统文化。

（二）非物质文化遗产产权制度的客体

非物质文化遗产产权制度的客体就是非物质文化遗产，但不是非物质文化遗产的全部，有些非物质文化遗产需要从非物质文化遗产产权制度的客体中排除，这些需要排除的非物质文化遗产主要包括：

第一，进入公有领域的非物质义化遗产的排除规则。根据一般的法理，对进入公有领域的非物质文化遗产，已经成为人们的共同财富，不再成为非物质文化遗产产权的客体，不再受非物质文化遗产产权的保护。对于非物质文化遗产来讲，更为重要的是我们要判断一个非物质文化遗产是否真正地进入"公有领域"，还是仅仅在本民族或本社区内的特定领域的公开。如果是前者，可能真的进入了"公有领域"，比如，阿拉伯数字、珠算等，我们不再保护；如果是后者，则不是法律意义上"公有"，比如，贵州从江的瑶族药浴、各少数民族的民族舞蹈等，仍然是少数民族或传统社区整体的私有，需要通过非物质文化遗产产权制度来进行保护。

第二，信仰类非物质文化遗产的排除规则。信仰类非物质文化遗产，就是指那些在

---

① 杜瑞芳：《传统医药的知识产权保护》，人民法院出版社2004年版，第172页。

传统部族和传统社区内具有信仰意义的传统文化，包括象征或属于信仰实践和信仰习惯的传统知识以及与信仰有某种关联的传统知识。① 潘盛之教授将传统文化分为"显在文化"和"隐性文化"。② 根据潘教授的观点，寺院本身作为建筑精品，艺术和历史博物馆，是"显在文化"，可以作为传统文化产权的客体，可以成为旅游开发的对象；而主要作用于人们精神生活的信仰仪式与仪轨则属"隐性文化"，则不能成为非物质文化遗产产权的客体，也不应成为旅游开发的对象。

第三，合理使用的排除规则。合理使用是对非物质文化遗产产权的限制措施之一。有学者认为，对非物质文化遗产根据不同情况，在其权利内容方面应区分不同情况，做出不同规定，主要包括：既要得到许可又要支付使用费的情况：即在传统背景和习惯范围之外，复制、发行、出租、展览、表演、摄制以有线无线或其他方式向公众传播非物质文化遗产，享有专有许可权和收取使用费的权利；无须取得许可但要支付使用费的情况：改编、表演、转录、以有形方式固定后的再使用；无须取得许可也无须支付使用费的情况，主要是对非物质文化遗产的合理使用方面。③ 笔者认为，这种观点非常有道理，在进行非物质文化遗产产权制度的相关立法时可予以参考。

（三）非物质文化遗产产权制度的内容

第一，署名权。署名权即表明创作群体身份、证明该群体为非物质文化遗产主体的权利，也是精神性权益的核心内容之一。此项权益对于权益主体至关重要，它有利于对创作者声誉的提高，在中国的司法实践中也得到了确认，2004 年，北京市第二中级人民法院的《乌苏里船歌》案的判决中指出，郭颂、中央电视台以任何方式再使用音乐作品《乌苏里船歌》时，应当注明"根据赫哲族民间曲调改编"。这表明中国的司法实践对非物质文化遗产产权中的署名权的确认和保护。

第二，文化尊严权。该项权能在著作权法中被称为保护作品完整权，即保护非物质文化遗产的表现形式、表现场合、文化空间及本意完整、不受歪曲的权利。这种权利被有些学者称为"反丑化权"或"保真权"，这意味着应该按照非物质文化遗产来源群体特有的世界观、价值观并在特定文化或宗教背景中去诠释、理解和利用非物质文化遗产。④ 由于非物质文化遗产对外往往代表着该民族等群体，对非物质文化遗产的肆意滥用、破坏常会伤害民族自尊心，所以实有必要赋予权益主体此项权益，以保护非物质文化遗产不受

---

① 严永和：《论传统知识的知识产权保护》，法律出版社 2006 年版，第 30 页。
② 潘盛之：《旅游民族学》，贵州民族出版社 1997 年版，第 140 – 154 页。
③ 张辰：《论民间文学艺术的法律保护》，载郑成思主编：《知识产权文丛》（第 8 卷），中国方正出版社 2002 年版，第 119 – 121 页。
④ 张耕：《民间文学艺术的知识产权保护研究》，法律出版社 2007 年版，第 217 – 218 页。

歪曲。

第三，文化发展权。作为非物质文化遗产创作者的传统社区应当享有发展或授权他人发展其非物质文化遗产的权益，以利于非物质文化遗产的进步和发扬光大。非物质文化遗产产权制度可以借鉴《生物多样性公约》中的事先自由知情同意和利益分享原则，即对非物质文化遗产进行开发要获得所在国家及传统社区的事先自由知情同意，并对开发所获得的利益与其进行分享。

第四，使用权。我们认为，非物质文化遗产的使用权即非物质文化遗产主体以利用非物质文化遗产表现形式进行创作、娱乐等消费文化行为的权利，具体形式可包括通过记录、录音、录像、表演、展览、网上传播等方式展示、传播非物质文化遗产，也包括利用非物质文化遗产进行创作、娱乐，还包括进行商业性演出或其他商业性使用方式。使用权的实施方式包括自己使用和授权使用。

第五，获得收益权。即传统社区以外的其他个人和组织商业性使用非物质文化遗产时，传统社区有从中获得相应报酬的权利。多数国家规定，如果是为商业目的使用民间文学艺术，必须支付一定的费用，或者可以收取一定的费用。关于这个问题，澳大利亚学者卡迈尔·普里提出了"公有领域付费制度"，指对于进入公有领域的作品可以不受限制地加以使用，而只需从使用该作品或其改编所产生的收益中按某一百分比付费。[①] 无论采取哪种方式，传统社区从其非物质文化遗产中获益的权利是得到广泛认可的。

参考文献

［1］吴汉东：《论传统文化的法律保护——以非物质文化遗产和传统文化表现形式为对象》，《中国法学》2010 年第 1 期。

［2］黄玉烨：《论非物质文化遗产的私权保护》，《中国法学》2008 年第 5 期。

［3］王鹤云、高绍安：《中国非物质文化遗产保护法律机制研究》，知识产权出版社 2009 年版。

［4］苑利、顾军：《非物质文化遗产学》，高等教育出版社 2009 年版。

［5］严永和：《论传统知识的知识产权保护》，法律出版社 2006 年版。

［6］田艳：《传统文化产权制度研究》，中央民族大学出版社 2011 年版。

---

① 杨永胜：《民族民间文学艺术作品权利论》，《河南师范大学学报》2004 年第 1 期。

第二单元

城市建设、可持续发展与文化遗产法制更新

城市规划法和不可移动文化遗产开发利用之间的关系

——2016 年 7 月 7 日《关于创作自由、建筑和遗产的法律》实施以来的一些变化

皮埃尔·阿兰·克洛*

摘要： 2016 年 7 月 7 日颁布实施的《关于创作自由、建筑和遗产的法律》在 "简化程序以便更好保护" 的目标下对法国文化遗产保护区域制度进行了改革，以 "著名遗产地" 制度简化和统一了以往的各类文化遗产保护区域制度，体现了法国政府希望将城市规划作为文化遗产保护的常规工具的初衷。该法还设立了 20 世纪建筑遗产保护制度，也体现了当代城市规划的目标。然而，该法和其他相关立法在上述领域一系列法律制度和规则的设立，使得文化遗产保护利用成为城市规划目标的组成部分，文化遗产保护被纳入旧城改造和更新项目中，并导致法国建筑师在地方规划中的权威受到削弱、城市规划诉讼的提起受到限制，在一定程度上削弱了不可移动文化遗产保护和开发利用机制。

关键词：《关于创作自由、建筑和遗产的法律》；"著名遗产地" 制度；文化遗产保护规划

首先，本文所称的文化遗产指的是狭义上的文化遗产，也就是那些历史古迹、建筑遗产和城市遗产。因此，那些非建筑类的不可移动文化遗产、小型乡村遗产和景观遗产不属于本文的研究对象。在对文化遗产的概念加以定义之后，接下来要研究的问题是如何通过城市规划法和城市规划部门所采取的措施对文化遗产加以开发与利用。对此，可以从以下两点加以说明。

第一，尽管文化遗产的保护与其开发利用分别从通过《遗产法典》和《城市规划法典》这两个不同的法典加以规制，但是我们不难发现，《城市规划法典》中包含了的一些涉及不可移动文化遗产法的法律规范；与此同时，《遗产法典》中的一些法条也多次提及

---

* 皮埃尔·阿兰·克洛（Pierre-Alain COLLOT），法国国立商博良大学（Institut Universitaire National Champollion）教授。

城市规划法相关规定的适用问题。

第二，理解不可移动文化遗产与城市规划的关系可以从两种截然不同的逻辑出发：一方面，文化遗产保护或保存的核心逻辑在于遵守谨慎监督原则，法国建筑师、省长、文化部长等在其中发挥了重要作用，确保遗产得到保护；另一方面，对文化遗产进行开发利用可以改善城镇环境、提升城市和街区价值。因此就这一点而言，不可移动文化遗产的开发与利用与城市规划法存在紧密关联，不能忽视保护这一前提要求。但是，通过城市规划对文化遗产进行开发利用也都以保护为前提，如果没有行政和司法监督的保障，仅通过城市规划法对不可移动文化遗产进行开发利用，也可能带来诸多不利于遗产保护的风险。考虑到上述多方面因素，2016 年 7 月 7 日颁布实施的《关于创作自由、建筑和遗产的法律》的最初的宗旨和目的，在于对通过城市规划法对不可移动文物保护和开发利用的相关机制进行简化与协调（一）。但与此同时，该法律以及其他一些相关的法律却包含了一些"重视新建筑开发，轻视文化遗产保护"的条款，大大地削弱了文化遗产保护机制（二）。

一 不可移动文化遗产保护和开发利用机制的简化与统一

（一）《关于创作自由、建筑和遗产的法律》草案提出"简化程序以便更好保护"的目标，是我们研究历史古迹周边保护措施变革的基础

首先，历史古迹保护制度是由 1913 年 12 月 31 日的《历史古迹法》确立的，主要规定了历史古迹的列级和登录制度及程序。古迹列级由文化部部长负责，其登录则是大区区长的权力。

1943 年 2 月 25 日出台的一项法律在历史古迹列级和登录保护的基础上确立了一项历史古迹周边保护的新制度。所谓周边，指的就是以历史古迹为中心形成的周围的一定区域。依据 1943 年法律第 1 条的定义，周边具体指："在不超过 500 米的范围内，从列级古迹处可以看见或与之同见的任何其他空地或建筑物。"最初，周边保护制度保护范围的划定采取了地理界限（500 米半径）和视觉因素（可视或共视）的双重标准，十分严格，且只能依赖法国建筑师的评估意见加以划定。随着 2000 年 12 月 13 日《社会团结与城市更新法》和 2005 年 9 月 8 日《修改〈遗产法典〉法令》的出台，周边保护范围的划定没有以前规定的那么严苛了。这两个法律分别规定了新机制：可变更的保护范围和合适的保护范围。[①]

---

① 可变更的保护范围制度由 2000 年的法律加以规定，允许周边保护范围可根据文物环境、历史风貌和保存要求按实际情形划定，并允许在原划定 500 米保护范围的基础上更改。合适的保护范围机制源自 2005 年的法令，它与可变更的保护范围基本相似，但不同之处在于它的划定必须随着历史古迹的认定同时出台，不能像后者一样在原保护范围上更改。——译者注

新制度规定，周边保护范围的划定可以依据历史古迹周围的地形和城市规划设计的要求进行，既可超过 500 米的范围也可小于 500 米的范围。同时，新制度能更好地保障地方行政机构参与到周边保护范围的划定过程中。但是这两个制度也存在一定的弊病。首先就是保护机制从原来的一项制度变成了现在的两项制度，再者就是可视性和共视性规则的保留依旧使得法国建筑师的评估意见不可被忽视。

2016 年 7 月 7 日的《关于自由创作、建筑和遗产的法律》对周边保护范围做出了新的规定，将上述两种制度合成一种制度——周边限定范围。根据《遗产法典》第 L621-30-1 条的规定，周边限定范围包括与历史古迹构成一个连贯整体的，或者可能有助于历史古迹保护或便于历史古迹开发利用的所有不动产或不动产群。新制度更加的灵活，不仅废除的 500 米范围这一地理学因素的相关规定，而且可视性及共视性这一视觉因素上的规定也不再适用。另外，新制度更好地保障了地方行政机构能参与其中。地方城市规划机构不仅参与保护范围的划定，其同意也是该保护范围的划定的必要条件。

地方公共机构还有权在与历史古迹构成一个连贯整体的不动产或不动产群的认定过程中出具其是否同意的意见。地方公共机构给出否定意见的，只有国家才可以对它重新进行裁定。另外，没有任何先验可证实在划定周边保护范围时，地方行政机构或多市联合发展公共机构的意见必须要和法国建筑师的意见保持一致。换句话说，法国建筑师就遗产保护或开发利用提出的意见对地方行政机构而言可能是无须参考的次要建议，地方行政机构可以在遗产保护之外，将改善居住条件、商业发展或者实施其他的整治作为其更加优先的选择。仅在地方行政机构制定的城市规划包含文化遗产保护和开发利用目标时，法国建筑师和地方相关机构的意见趋同的情况才会出现。

（二）"著名遗产地"制度的设立简化和统一了文化遗产保护制度

随着"著名遗产地"这一新制度的设立，不可移动文化遗产保护与开发利用制度简化与统一的改革得到了进一步完善。根据《遗产法典》第 L631-1 的规定，"著名遗产地"指的是那些"因具有历史、建筑、考古、艺术和景观价值，其保存、修复、更新或开发利用承载公共利益的城镇、乡村或街区"，以及与前者融为一个整体的或者有助于它们保存或者开发利用的乡村空间和景观带。

"著名遗产地"这种新的保护模式取代了之前的三类保护机制：保护地带制度，建筑、城市和景观遗产保护区制度以及建筑和遗产开发区制度。后三种保护机制设立的最初目的指向一个共同目标，即通过城市规划的手段对不可移动文化遗产进行开发和利用。在保护地带范围内，法律规定用保护和开发利用规划取代城市规划；而建筑、城市和景观遗产保护区以及建筑和遗产开发区的划定与历史古迹及其周边保护范围一样，构成公共地役，附于地方城市规划之后。这些遗产保护机制不仅仅出于遗产及其美学价值的考虑，而是旨在促进城市总体规划和发展。

"著名遗产地"这一制度以两种不同的机制扩展了这种包容性逻辑：一是建筑和遗产开发利用规划。该规划自从通过之日起便构成公共地役，附于地方城市规划之后；二是保护和开发利用规划。与建筑和遗产开发利用规划不同的是，依据《城市规划法典》第L313-1条的规定，保护和开发利用规划在与地方城市规划共同覆盖的保护范围之内代替城市规划。这表明文化遗产的开发与利用已成为城市规划的组成部分。进一步而言，这也表明文化遗产的保护已完全纳入地方城市规划之中，构成地方行政机构的核心职责。

（三）《关于创作自由、建筑和遗产的法律》草案提出"简化程序以更好保护"的目标，体现了政府希望将城市规划作为文化遗产保护的常规工具的初衷

政府不仅希望将文化遗产的保护与城市规划的相关规定互相融合，而且还允许地方行政机构自由选择要采用的城市规划文件，以便在历史城镇及其周边地区设定遗产规则。政府还允许地方行政机构将历史城镇划分成不同的片区，且每个片区都可以采用不同的城市规划加以保护和改造。《关于创作自由、建筑和遗产的法律》最终仅规定可以在城市规划中加入一些涉及文化遗产保护的规则。该法律并未完全确认城市遗产规划的概念，但强化了这一概念。

根据2015年9月23日《关于〈城市规划法典〉立法部分第一卷的法令》（该法令重新采纳了《城市规划法典》中依据2014年《住房和更新城市规划法》相关条款制定的原L123-1-5条的内容），现行《城市规划法典》第L151-19条规定："地方城市规划可以确定和标明景观带，确定、标明和划定因文化、历史、建筑价值而需要保护、保存、开发利用或重新认定的街区、建筑、空地、公共空间、历史古迹、景区和保护区，并在必要情况下确定它们保存、保护或翻新的规则。"该法典第L111-22条又对上述条款加以补充，规定："在未划入地方城市规划范围内的土地上，市议会在进行公共调查后可以以决议的方式确定和标明一个或多个具有遗产、景观、生态价值的保护对象，并在必要时制定相关的保护规则。"

这些条款赋予了地方行政机构或者多市联合发展公共机构的城市规划部门将其想要保护和开发利用的文化遗产纳入地方城市规划，或者在缺少地方城市规划的情况下直接确认或划定这些文化遗产保护区域和对象的权力。另外，依据《城市规划法典》第R421-23条的规定，除普通的日常维护和维修工程外，那些不需要申请建筑许可证就可对现有建筑进行施工的工程，如具有改变《城市规划法典》第L151-9和L111-22条界定或保护的遗产的外貌或用途的效果，或者对其进行拆除的，必须提前向地方城市规划机构申报。这一规定与近几年出现的城市遗产规划概念遥相呼应。城市遗产规划的概念源自于将文化遗产的认定和保护并入城市规划之中的做法，由地方行政机构率先倡导实施。

为了明确确立地方城市遗产规划这一原则，《关于创作自由、建筑和遗产的法律》草案曾规定，对于历史城镇（后改称为"著名遗产地"）中那些没有划入保护和开发利用规划的部分，地方城市规划应对建筑和遗产的保护和开发利用加以规定（《关于创作自由、建筑和遗产的法律》草案中涉及《遗产法典》第 L631-3 条的规定）。虽然政府的意图在于将地方城市规划作为文化遗产保护的常规工具，将已经制定出来的保护和开发利用规划作为必要时的辅助措施，然而，不同政府部门博弈和平衡的结果使得正式出台的《关于创作自由、建筑和遗产的法律》的内容与上述理念与目标截然不同：现行的《遗产法典》第 L631-3 并未含任何关于地方城市规划的内容，而是规定对著名遗产地中那些未划入保护和开发利用规划的部分，应制定建筑和遗产开发利用规划。据此，保护和开发利用规划以及建筑和遗产开发利用规划，而非地方城市规划，被视为文化遗产保护的常规措施。因此，由于遗产保护地役（历史古迹列级和登录制度、古迹周边保护范围制度、著名遗产地制度）的普遍存在，除了保护和开发利用规划之外，法律赋予地方行政机构制定遗产保护规划权力不过是权宜之计而已，从严格意义上讲，地方遗产保护规划仅构成《城市规划法典》第 L151-9 和第 L11-22 条规定的不可移动文化遗产保护和开发利用制度外的次要或补充制度。

（四）20 世纪建筑遗产保护制度的设立体现了当代城市规划的目标

地方行政机构和多市联合发展公共机构的城市规划部门依据《城市规划法典》第 L101-2 的规定负责规划事务，满足城市规划和建筑质量的总体目标。建筑保护在城市规划文件和《遗产法典》中都有所涉及，例如之前设立的建筑、城市和景观遗产保护区制度以及建筑和遗产开发区制度，2016 年 7 月 7 日的法律也做出了相应的规定。依据《城市规划法典》第 L650-1 条的规定，那些不足百年的，但设计充分体现建筑或技术价值的不动产、建筑群整体、艺术作品以及城市布局，都属于建筑遗产保护的范围。

自此类建筑保护制度设立之日起，相关的产权人欲实施可能对其不动产造成改变的工程的，在提交建筑许可申请或事先声明前，必须向大区区长报备施工项目。这一事先报备制度的设立保障了 20 世纪不可移动文化遗产避免遭到拆除或者破坏。这一制度并非是一种全新的规定，因为在 2005 年 12 月 8 日《关于建筑许可证和城市规划许可的法令》出台后，《城市规划法典》第 L421-6 条就规定："实施的工程不利于建筑遗产、街区、历史古迹和景区的保护与开发利用的，除非存在其他特殊规定，否则相关部门可拒绝颁发拆除许可证。"依据这一规定，波尔多上诉行政法院于 2018 年 2 月 8 日撤销了海滨夏朗德省省长签署的关于拆迁位于奥莱龙岛的几座房屋的决定。法院综合考虑了城市遗产规划机制和适用于建筑保护的机制，判决一方面注意到："2011 年 12 月公布的城市规划依据《城市规划法典》第 L123-1-5 条（现行法典中变更为第 L151-19 条）关于海滨建筑的条款制定，确认了这些房屋的遗产价值。这些建筑因其飞檐、阳台、天窗和屋顶悬挑展现出海滨特色而值得保护。"另一方面，判决还补充指出："虽然将这些建筑作为住房使用存在危险，但不排除这些建筑能做他用。这些建筑看起来状态良好，它们的建筑价值，特别是山墙图案造型和每个带有雕刻装饰的天窗鳍片，都使其具有保护价值。"

波尔多上诉行政法院的判决和《城市规划法典》第 L650-1 条所体现出来的遗产保护和城市开发之间的平衡目标与欧洲理事会（Conseil de l'Europe）第 R-(91)13 号《保护 20 世纪遗产建议》相呼应。这无不见证了开发和利用不可移动文化遗产来代替拆除不可移动文化遗产的变化发展趋势。

二　削弱不可移动文化遗产保护和开发利用机制的法律规则

（一）文化遗产保护利用成为城市规划目标的组成部分

《城市规划法典》第 L101-2 条规定了主管规划事务的公共机构应实现的一系列目标，其中之一便是实现城市更新、控制城市发展、重建城市空间、复兴城市中心和乡村中心、遏制城市扩张，与保护、保存和修复文化遗产两个方面之间的平衡。另外，《城市规划法典》第 L101-2-2 条还在其他目标中增加了"塑造城市规划、建筑和景观品质"以及"发展城市及乡村功能多样性与居住区社会融合"两个方面。[①]

不难发现，不可移动文化遗产的保护和开发利用在这些规定的目标中占有不可或缺的重要地位。更重要的是，《城市规划法典》第 L101-2 条的规定也说明了不可移动文化遗产与城市规划机构目标之间的既存关系。公共机构的目标是遏制城市扩张、复兴城市中心和乡村中心、促进社会融合和城市多样性。而城市规划规则的重心主要在于改善和发展居住条件，同时还要在更新城市的过程中保护、保存和修复文化遗产，和塑造城市规划、建筑和景观品质。因此，不可移动文化遗产的保护与开发利与城市规划是密不可分的，不再作为两个独立的问题分别考虑。

依据《城市规划法典》第 L101-2-3 规定，我们还可以确定第三个目标，即城市功能多样性。这一目标体现在，以平等无歧视的方式，通过城市建筑容量和重建能力充分满足所有现在的和未来的住房需求，满足经济旅游体育文化公共事业以及公共设施和商业设施需求。同样，《城市规划法典》第 L151-14 至 L151-16 条也规定了"在城市化区域以及将要城市化的区域促进社会融合和城市功能多样"。可见，城市规划要实现的功能融合可以定义为对空间利用多样化的需求。它以空间专用化和并置化这样数据化的城市模型为参

---

① 值得指出的是，2016 年 7 月 7 日法律将"文化遗产的保护、保存和恢复"一词替换为《城市规划法典》第 L101-2-2 条的原有措施"著名建筑遗产"。

照，在不同的空间创建更多的联系、实现流动性、多样性和互相渗透。

综上，我们必须肯定地方行政机构在有关城市规划政策的框架下兼顾文化遗产保护的相关规定，同时积极推进丰富的文化遗产开发利用的必要性及其努力。街区或者城市整体吸引力的提升以及有利于商业和经济活动的环境中遗产要素的发展，也体现了城市行政机构运用城市规划机制对文化遗产进行开发和利用职能的扩展。举例来说，阿尔比市在介绍其 2010 年地方城市规划的报告中就提到了促进社会融合和城市功能多样性目标。报告指出："十年来，阿尔比市一直在实施复兴城市中心，开发利用其丰富的遗产项目活动，并因此赋予了自身社会和经济活力。"报告还强调："在制定历史和建筑文化遗产重新开发利用和城市复兴规划，以旅游促经济发展的方向和道路上，已做出了许多重要努力。"

（二）文化遗产保护融入旧城改造和更新项目中

地方行政机构利用城市规划开发和利用其文化遗产的意义，还扩展到了旧街区和古旧及退化建筑的重新开发利用领域。根据定义，重新开发利用旨在恢复某物并为其带来更大的价值。重新开发利用的概念应该和文化遗产保护保存的概念区分，后者指的是通过预防风险和维护修护等所有必要措施对文化财产予以保护。对于不可移动文化遗产而言，其重新开发和利用可以通过修复、翻新或更新、改造等方式实现。而这些方式在相关的城市和旧街区改造政策中都有所规定。

城市更新最初由 1958 年 10 月 23 日的《公共征用改革法令》和 1958 年 12 月 31 日的《城市更新条例》加以规定。根据 1958 年 10 月 23 日法令第 3 条的规定①，城市更新最初的基本逻辑通过拆旧建新加以实现。1962 年 8 月 4 日的"马尔罗法"对这一城市更新理念进行了纠正。1962 年"马尔罗法"除了确立了保护地带制度外，还设立了不动产修复制度，即将文化遗产的保存、修复和开发利用与建筑修复、现代化改造和拆除工程相结合。该法第 3 条规定："可以依据 1958 年 12 月 31 日《城市更新条例》所规定的条件来决定和实施上述工程。"

几年之后，国家通过了 1970 年《财政更新法》并依法设立了国家房屋改善局。随后国家又依据 1970 年法的精神，于 1977 年 6 月 1 日公布了《关于实施居住条件改善计划工程的通告》。该通告不仅在前言部分强调要通过更加严格的方式来保护、更新老城中心及城市中的老旧街区，以重新发现这些街区的价值，其 III. 3 部分还就城市美学、城市建筑、城市保护和开发利用等相关问题做出了规定。

---

① 1958 年 10 月 23 日条例第 3 条规定："负责城市更新的部门，可以通过市政府以协议的方式或者征用的方式购买那些必须要进行拆除的土地和建筑物，负责临时或完全安置居住于这些不动产的居民，以及实施拆除和重建工程。"

2000 年 12 月 13 日的《社会团结和城市更新法》颁布后，城市更新被纳入城市规划文件中具有约束力的一般原则中。根据法律，城市更新的概念可以被理解为城市的重建（原《城市规划法典》第 L121-1 条，现《城市规划法典》第 L101-2 条）。而自 2000 年法律之后，2003 年《城市和城镇更新方针法》将城市更新的理念重新置于城市规划法的核心内容中。

在这一新理念下，国家城市改造局实施了国家城市更新计划。该计划旨在实现城市整治，住房修复，房屋的住宅化、拆建和翻新，公共和集体设施的建设、修复和拆除，经济和商业空间的重组以及其他有助于城市更新的投资活动（第 6 条）。国家城市更新计划也涉及不可移动文化遗产保护的内容，这是因为这种类型的改造也涉及老旧街区的改造。这一点也在依据 2009 年 3 月 25 日《保障住宅，反流离失所动员法》制定的改善老旧街区国家计划中有所体现。《保障住宅，反无住宅动员法》第 25 条的规定：“对这些街区的整体改造应采用必要的行动，同时还应注意采用的行动和居住之间平衡的问题，特别是经济和商业活动重组和建设与居住之间的平衡问题。”如今，旧街区的改造和城市更新依旧与不动产修复并存。因此，2018 年 11 月 23 日《住宅、整治和数字化改革法》对《城市规划法典》第 L313-4 条进行了修改。该条规定，不动产的翻新指的是“修复、改善居住条件的工程，既包括整治，也包括以改变建筑或建筑群居住条件为目的或效果的现代化改造或拆除工程”。这些工程即可以由公共机构发起实施，也可由不动产所有权人或者几个共同的所有人发起实施，或者以他们构成的协会之名义实施。由于这是一些可能在保护和利用规划所划定的范围内实施的工程，所以保护和利用规划必须确定哪些是禁止全部拆除、部分拆除或更改外貌用途的不动产，以及确定哪些是在翻新时被强制要求拆除或者改变外貌及用途的不动产。在未制定保护和利用规划的区域，或者保护与利用规划未对此类翻新工程加以规定的情况下，不动产的翻新工程只有在被认定为符合公共用途并符合《公共征用法典》规定的条件时才能实施。

老旧街区改造、城市更新或不动产翻修等工程已不再是只针对老旧街区进行的施工，它们可以在包括矿区，老花园村这样一个更大的区域里开展。无论施工的区域在哪里，所有这些工程都是为了让老旧街区更加具有吸引力和发展活力，它们都无法避开不可移动文化遗产的开发利用的问题。

通过城市改造和城市更新促进不可移动文化遗产周边社会和经济发展的例子不胜枚举。最具代表性的是蔚蓝海岸尼斯的旧街区重建国家计划。该计划所覆盖的范围包括从马塞纳广场到戴高乐广场的区域，特别是依据这一规划所实施的普罗旺斯火车站修复和重新利用工程。普罗旺斯火车站于 1892 年初建，1991 年退役挪作他用，随后被废弃。此后，它的进站口和月台分别在 2002 年和 2005 年被登录为历史古迹。依据这一改造计划，金属月台修复后最终成为有棚市场，而火车站改造后成为图书馆。与此同时，还在古迹周围建造了一座含有 9 个放映室的电影院、3 所住宅、一些商店和饭店、一个健身馆和一个地下停车场。另外，虽然新的罗尔·弥勒图书馆于 2014 年 1 月 6 日正式向公众开放，但在其周边进行的街区更新项目仅以发展经济为目，最终被行政法院判决叫停。

（三）法国建筑师在地方规划中的权威受到削弱

有关老旧街区重新开发的安排实际上是地方行政机构选择规划并加以实施的结果，离不开更新、整治和拆除工程的实施。如果待更新的老旧街区中包含了列级或登录的历史古迹，或者该老旧街区的一部分或者整体都被认定为"著名遗产地"，那么上述工程的批准将受到一定的限制。

依据《遗产法典》第 L621-9 和 R621-13 条的规定，列级不可移动文物古迹相关的工程，除文化部部长提审相关材料外，需要获得大区区长颁发的许可。对于登录历史古迹而言，依据《遗产法典》第 L621-27 和第 R621-60 条以及《城市规划法典》第 R421-16 条的规定，其维护工程无须办理任何手续，但是对该古迹造成改变的工程则要事先告知大区的区长；需获得建筑许可、拆除许可或整治许可的工程，则还需获得法国建筑师的同意。

有关历史古迹周边保护制度和著名遗产地制度，《遗产法典》第 L632-1 规定，所有在保护范围内进行的改变建筑或空地外貌的工程都需要获得省长的许可。《关于创作自由、建筑和遗产的法律》扩大了需提前获得许可的工程的范围。根据该法规定，对于不动产或者永久附着于不动产的动产而言，只要这些建筑的内部或外部元素受到保护和利用规划的保护，有可能造成该建筑或装饰元素现状更改的工程，都需获得省长的事先许可。

省长在授予上述许可前，还需要得到法国建筑师的同意。依据《遗产法典》第 L632-2 条的规定，法国建筑师必须确保遗产、建筑、自然景观或城市景观的价值、建筑质量，以及这些不动产与周围环境的和谐融合所体现的公共利益得到尊重。在必要的情况下，法国建筑师还必须确保保护和利用规划以及建筑遗产开发利用规划所包含的保护规则得到遵守。

然而，2018 年 11 月 23 日颁行的《住宅、治理和数字化改革法》却大大削减了法国建筑师的权限。《遗产法典》第 L632-1 和第 L632-2 规定，省长在授予上述许可之前，必须征得法国建筑师的同意；在必要情况下，法国建筑师还需对其意见加以详细说明。如果法国建筑师给出的意见是否定的，城市规划部门只能提请大区区长进行裁夺。大区区长在咨询大区遗产和建筑委员会意见后做出裁定。相反，在法国建筑师依据有关规定出具简单意见的情况下，城市规划机构则有权采用或不采用法国建筑师的意见或者指示。

2018 年 11 月 23 日《住宅、治理和数字化改革法》出台之后，《遗产法典》第 L632-1 和第 L632-2 条在不违反该法典第 L632-2-1 条规定的情况下被加以修改。《遗产法典》第 L632-2-1 条规定，对于下列规定 4 类工程，法国建筑师无须给出同意意见，只需给出简单的意见：（1）用于移动无线电话、高清电视的中继天线及悬挂它们的系统、房屋和技术设施；（2）改造不适宜居住房屋的工程；（3）针对被永久认定为卫生不达标的不动产做出的措施；（4）针对那些依据危险房屋令、拆除令或永久禁止居住令划定的危宅做出的措施。

依据《住宅、治理和数字化改革法》立法说明，这样规定的目的是为了确保有权颁发城市规划许可的部门在不需要征得法国建筑师同意的情况下可以更自由地决定是否对其应审批的项目颁发许可证。城市规划许可权是国家权力下放改革的组成部分，这一权力主要下放转移给了市长，因此市长应该可以通过更优化和快速的程序来颁布许可证。这样做的好处在于，在市长在和法国建筑师的意见存在分歧时，市长能更好地考虑其自己的立场、履行自己在城市规划领域所担负的职责。

但是，在位于著名遗产地和历史古迹周边保护范围内的不可移动文化遗产上进行的有关工程中，地方行政机构无视法国建筑师出具的否定的简单意见存在很大风险，特别是这些施工建筑是那些不适宜居住的住宅、危房或者卫生不达标的住房时尤为如此。对于旧城区而言，这样的风险更显著，因为地方行政机构可以从解决住房问题的角度考虑，选择一个不利于文化遗产保护，但却最经济最有效的短期解决方案。在法国建筑师意见的权威性被弱化之后，可以说《遗产法典》第 L632-2-1 条对以下两种行为进行了划分：一是遗产改造（对于地方行政机构而言不太经济而且强制性规定也多），一是通过拆除和重建的方式对旧城区进行改善和改造。

另外，为了简化法国建筑师对在位于历史古迹周边和著名遗产地保护范围内进行的施工所出具建议的复议程序，立法者对《遗产法典》第 L632-2 条进行了修改。在城市规划机构对法国建筑师给出的建议提出复议的情况下，省长应在工程申请提出之日起两个月内做出裁决。在 2016 年 7 月 7 日《关于创作自由、建筑和遗产的法律》生效实施以前，裁决机关未在规定时间予以答复，视为该复议被驳回，这也是立法者最初的期望。然而，随着《住宅、治理和数字化改革法》的颁布，裁决机关在复议程序期间保持沉默，则视为批准了城市规划机构提出的复议。这一新的平衡弱化了法国建筑师的同意意见的权威，对地方政府而言更加有利。

（四）城市规划诉讼的提起受到限制

2018 年 11 月 23 日《住宅、整治和数字化改革法》还规定了进一步限制城市规划决定诉讼的规则。

立法者特别限制了协会和第三人对有关公共土地占有和使用的决定提出诉讼的权利。就协会提起诉讼而言，《城市规划法典》第 L600-1-1 条规定，协会对占用或使用公共土地的决定提起诉讼需满足两个条件：第一，有关主体提出并在市政府张贴了请求；协会必须在该请求提起的一年前已向省政府提交了章程。就第三人起诉问题,《城市规划法典》第 L600-1-2 条规定:"除了国家、地方行政机构或者它们联盟或者协会之外的其他人,只有在持有或合法占有不动产,或对该不动产享有买卖、租赁,或按照《建设和居住法典》第 L261-15 条规定对其享有缔结预备合同的权利时,在建设、整治工程或经批准的相关规划直接影响了其占用或使用该不动产的权利的情况下,才有权对本法典规定的公共土地占用或使用的决定越权起诉。"另外,立法者还加强了在城市规划事务中滥用诉权的救济措施。《城市规划法典》第 L600-7 条规定:"无权起诉的主体对建筑、拆除或者整治许可提起诉讼,且对许可证持有人造成损失的情况下,许可证持有人可向审理本案的行政法官提出,要求起诉主体赔偿其损失和利息。"

上述规定并非最早出现于 2018 年的《住宅、整治和数字化改革法》,而是 2006 年《国家保障住房法》和 2013 年《城市规划诉讼法》规定的。前者规定了《城市规划法典》第 L600-1-1 条的内容,而后者规定了《城市规划法典》第 L600-1-2 和 L600-7 条的内容。然而,《住宅、整治和数字化改革法》对上文提及的城市规划诉讼施加了限制。首先,《住宅、整治和数字化改革法》修改了《城市规划法典》第 L600-1-1 条,在其中增加了"该协会在市政府张贴请求至少一年以前向省政府提交了组织章程"的条件。其次,该法对《城市规划法典》第 L600-7 条进行了两点修改:即以"建筑、拆除或者整治许可体现出权力滥用的不合理性,且对许可证持有人造成损失"的规定,取代了之前的"超出了请求人合法利益的范围,并导致对许可证受益人的过度损害"的规定。该法还删除了《城市规划法典》第 L600-7 条第 2 款的规定。该款规定,以保护环境为主要目的的协会提出的起诉,应始终被认定为是在捍卫其合法利益。显然,该制度对 2013 年《城市规划诉讼法令》确立的城市规划诉讼制度进行了修改和限制,严重损害了不可移动文化遗产的保护。从此,住房建设和商业项目成为地方公共行动的必要组成部分。《住宅、整治和数字化改革法》对城市规划诉讼的改革不仅限制了有间接利益的个人及专门协会提起此类诉讼,包括以保护文化遗产为目的对城市规划提起诉讼,而且导致建造新住房或发展经济的目标自此与不可移动文化遗产的保护与开发利用目标相互抵触。

城市建设与建筑遗产保护相关立法更新要点

李玉雪*

摘要：建设性破坏是我国建筑遗产面临的严重危机，导致这一问题的根源在于相关制度建设滞后，不能有效提供防止城市建设破坏建筑遗产的制度供给。应以建立预防机制为重点进行立法更新，其中要以建筑遗产认定制度以及城乡规划和房屋征收制度为核心，并寻求它们之间的制度衔接点为重点，尤其应着重对《文物保护法》《城乡规划法》和《国有土地上房屋征收与补偿条例》进行立法完善。一是以尚未核定公布为文物保护单位的不可移动文物保护为重点补充和完善建筑遗产认定标准；二是在涉及旧城区改建的城乡规划和房屋征收环节引入对建筑遗产进行评估的前置程序；三是对以文物保护为目的房屋征收进行必要的限定。

关键词：城市建设；建筑遗产保护；文物和历史建筑认定；城乡规划；房屋征收；旧城区改建；文物保护

建筑遗产泛指具有历史、艺术、科学等价值的单个（或多个）建筑或连接的建筑群，主要包括古建筑、近现代建筑以及遗址类建筑及其构筑物等，它们是我国物质文化遗产中非常重要且数量最多的一类遗产。建筑遗产作为一种脆弱的物质存在，面临自然损耗与人为破坏的两大危机，其中又以人为破坏尤其是建设性破坏为剧，即在城市建设过程中，大量的传统建筑、街区、村镇、城市以及地下建筑遗迹、考古现场等被拆毁。导致这一问题的原因固然与人们在城市建设与建筑遗产保护关系上普遍存在着"重建设、轻保护"的观念有关，相关制度建设滞后更是其主要原因。近年来，随着文化遗产保护观念的更新，处理好城市建设与文化遗产保护的关系已经成为共识，国家也推出了一些亡羊补牢的举措。但是从总体上说，相关制度建设仍然跟不上现实的需要，突出地表现为现行主要相关法律规则比较匮乏且模糊，致使其不仅不能对城市建设进行符合建筑遗产保护目标的法律规制，有时甚至还助长了城市建设对建筑遗产的破坏，迫切需要进行立法更新。

---

* 李玉雪，重庆社会科学院法学与社会学研究所研究员。

本文并不打算事无巨细地讨论城市建设与建筑遗产保护有关的立法更新问题，而是力图以回应现实最迫切的需要为核心，着重就古建筑和近现代建筑这两类重要的建筑遗产的保护并试图选择优化的立法更新路径为目标展开论述。① 基于此，笔者认为，我国应该从以下三个大的方面为重点进行立法更新。

一　以建立预防机制为重点进行立法更新

依据我国现行法律，建筑遗产保护不仅包括单个或多个建筑乃至建筑群的保护，也涉及城市、村镇、街区的传统格局和历史风貌的保护。因此，从法律意义上说，我国的建筑遗产保护是一个相对宽泛的范畴，由于建筑遗产的类型多种多样、价值各有不同，保护方式也有所差异。其中，对那些具有重要的历史、艺术、科学价值的建筑遗产是依据《文物保护法》将其作为"不可移动文物"加以保护的，其中又包括两大类，一类是"文物保护单位"，另一类是"尚未核定公布为文物保护单位的不可移动文物"（实践中一般称为"登记文物点"），这也是我国建筑遗产保护最主要和最重要的方式；除此之外，那些虽然未被认定为文物、却有一定保护价值并能够反映历史风貌和地方特色的建筑，主要依据《历史文化名城名镇名村保护条例》认定为"历史建筑"给予保护；另外，保存文物和历史建筑特别丰富的地区还会被作为"历史文化名城、村镇、街区"加以保护。

从总体上说，我国的建筑遗产保护制度是以事前预防性机制为主、事后惩罚性机制为辅为其基本制度安排的，这一方面是由建筑遗产本身所具有的不可替代性特征所决定的，另一方面也由于在我国现实条件下采取惩罚性措施来解决建筑遗产的建设性破坏问题具有很大局限性。因此，我国应该以建立预防机制为重点进行立法更新。

（一）事后制裁性机制的局限性

有一种观点认为，由于建筑遗产破坏大多是由地方政府主导的城市建设带来的，因此主要应通过追究破坏者或责任人的责任，诸如遗产所在地的规划、土地、房屋等主管部门的法律责任的方式来进行。但是从我国的现实考察，试图主要依赖制裁性或惩罚性方式来保护建筑遗产过于理想化和简单化，其效果非常有限。

首先，我国建筑遗产的破坏主要是由于大规模的城市建设或城乡危旧房改造而导致的，而城市建设或城乡危旧房改造又是与改善民生及人居环境、提升人民生活质量等政府目标联系在一起的，也是地方政府竭力追求的政绩，在这种情况下，建筑遗产的保护更多地被视为次要的目标而被忽视，因此常常出现城市建设的政绩与建筑遗产的破坏并存，这

---

① 本文中的建筑遗产主要是指古建筑和近现代建筑遗产，不包括遗址类建筑及其构筑物。

也导致政绩与责任不容易区分，因而难以追责。

其次，作为我国文物保护核心立法的《文物保护法》对建筑遗产保护对象类型和范围列举太窄，没有涵盖更多的建筑遗产形态，使得地方政府在执行该法时拥有太大的选择性执法的空间，事实上给地方政府随意拆除旧有传统建筑留下了较大的制度空间，导致在现实中出现追责法律依据不足或缺乏的情况，甚至出现"合法性破坏"而无法追责的情况。

再次，虽然我国法律也有为数不多的涉及政府破坏建筑遗产的责任条款，但是它们通常只是一些概括性的规定，而对哪些行为需要追责、依据什么追究、追究谁的责任等却缺乏明确的规定，这不仅带来了执法和司法上的困境，也导致追责条款虚置。事实上，现实中也很少有因为破坏建筑遗产或怠于行使建筑遗产保护职责而被追责的政府机构或其人员，例如《文物保护法》第六十九条规定，对历史文化名城、村镇、街区保护不力的，应给予"列入濒危名单"或"撤销称号"，或对直接责任人予以行政处分的处罚，然而有关主体因保护不力而承担责任的情形却很少；采取"撤销称号"的方式反而会加剧其状况的恶化，可见，这种事后惩罚机制并不能对历史文化名城、村镇、街区进行有效保护。

（二）事前预防性机制的重要性

鉴于事后制裁性机制在城市建设中的建筑遗产保护方面具有局限性，建立事前预防机制防止城市建设破坏建筑遗产具有重要意义，这是由建筑遗产本身及其保护方式的特点所决定。

首先，建筑遗产与普通房屋是不同的，普通房屋具有可替代性，其被破坏或拆除后对房屋所有人造成的损失可以通过异地安置或经济补偿方式加以弥补，这是一种通过"恢复原状"或"赔偿损失"等民事赔偿方式就可以弥补的损失；而建筑遗产包含其所处时代的历史信息且具有不可替代性，一旦被破坏或者拆除，它所包含的文化价值将永远无法"恢复"，或者说其损失是"不可挽回"的，因此，建筑遗产因具有真实性才具有价值性，这一特性决定了必须在其没有被破坏以前加以保护。

其次，通过追究责任的方式固然能够在一定程度上对破坏建筑遗产的人起到一定的警示作用，但这只是一种消极的事后惩罚措施，并不能弥补建筑遗产破坏带来的损失。依赖这种放任破坏行为的发生，然后再对责任人进行制裁的方式来保护建筑遗产，其效果等同于放弃导致建筑遗产保护不利的近因而去寻找远因加以规制。一种更优化的制度设计显然应该是规则前移，以建立积极的事前预防的机制为重点进行制度建构，所谓防患于未然。

二　以两大关键制度为重点进行立法更新

制度建设滞后是建设性破坏屡禁不止的根本原因。我国应以与城市建设和建筑遗产保护密切关联的两大关键制度，即建筑遗产认定制度以及城乡规划和房屋征收制度为重点，进行立法更新。

（一）建筑遗产认定制度对建筑遗产保护的重要性

按照我国现行法律的规定，建筑遗产认定是指在对建筑进行价值判断的基础上，将具有重要的历史、艺术、科学等价值的建筑依据一定的法律程序确定为"文物保护单位""尚未核定公布为文物保护单位的不可移动文物"或者"历史建筑"，它是我国建筑遗产保护最基础和最重要的制度安排，具有重要的意义。

首先，对建筑遗产进行认定是对其进行法律保护的前提。这是因为，建筑遗产认定能够产生特定的法律效果，即将建筑遗产与普通房屋或建筑区别开来，并在此基础上依据这两类房屋不同的特性对它们做出不同的法律调整：普通房屋只具有物质性、价值性和可支配性等一般的"物"的特征，因此是一种普通的物，它们通常只受《物权法》等普通法的调整，并被作为"不动产"加以对待；政府在必要的时候，诸如"公共利益的需要"的情况下，可以在给予房屋所有人补偿之后予以征收或拆除。而当房屋被认定为具有特殊价值的建筑遗产时，从法律上说就成为特别物，它们就要受到《文物保护法》《历史文化名城名镇名村保护条例》等特别法的规制，并被作为"不可移动文物"或"历史建筑"加以对待和保护，其目标在于将它们"真实而完整地保留下来乃至传至后代"，一般不得拆除，因此，对建筑遗产及时进行认定是使其得到法律保护的前提。

其次，建筑遗产认定在防止城市建设破坏建筑遗产中发挥着基础性的作用。建筑遗产认定制度由认定标准、认定主体、认定程序等等一系列制度构成；认定标准又是其中的重中之重，它决定了受保护的建筑遗产类型的范围，也是正确判断、评估和确认建筑遗产保护对象的基础制度，保护对象范围过窄会使得有保护价值的房屋不能纳入保护范围而被作为普通房屋对待，进而被拆除。因此，合理的建筑遗产认定标准对于建筑遗产的保护起着基础性或决定性的作用，它既是地方政府在执行与城市建设密切相关的法律法规包括《文物保护法》《历史文化名城名镇名村保护条例》《城乡规划法》《国有土地上房屋征收与补偿条例》时，履行建筑遗产保护职责正确评估和确认建筑遗产的主要法律依据，也限制着地方政府在城市建设中随意拆除房屋或建筑的边界。

然而，我国现行法律在建筑遗产认定标准和认定程序上存在着很大的缺陷，这也是大量的传统建筑成为城市建设的牺牲品的主要原因之一，需要进行立法更新。

（二）城乡规划和房屋征收制度对建筑遗产保护的重要性

在我国，城乡规划和房屋征收制度是与城市建设密切关联的制度，其中《城乡规划法》和《国有土地上房屋征收与补偿条例》作为规范城市建设的主要法律或行政法规，不仅规范着政府的房屋拆除行为，也赋予了政府保护建筑遗产的职责，它们与《文物保护法》和《历史文化名城名镇名村保护条例》一起，对我国城市建设中的建筑遗产保护做出了一些制度安排：一是《文物保护法》明确规定，政府应根据文物保护的需要制定保护措施并纳入城乡规划，历史文化名城、街区和村镇还要求编制专门的保护规划并纳入城市总体规划；① 二是《城乡规划法》提出了在制定和实施城乡规划中应当"保护历史文化遗产，保护地方特色、民族特色和传统风貌"总的指导思想，并针对旧城区改建相应做出了规定，即"旧城区的改建，应当保护历史文化遗产和传统风貌，合理确定拆迁和建设规模，有计划地对危房集中、基础设施落后等地段进行改建"；② 三是《国有土地上房屋征收与补偿条例》明确旧城改造中的房屋征收需遵守《城乡规划法》的上述规定。③

综上，在我国城市建设中的建筑遗产保护机法律制度是以《文物保护法》《历史文化名城名镇名村保护条例》《城乡规划法》以及《国有土地上房屋征收与补偿条例》为核心建立起来的相互衔接和相互制约的运行机制，从中我们可以读出如下含义：第一，《城乡规划法》采用了广义的"历史文化遗产和传统风貌"而不是狭义的"文物"的表述，表明其对于那些即使没有被认定为文物保护单位、尚未核定公布为文物保护单位的不可移动文物、历史建筑或者未被公布为"历史文化名城、城镇和街区"的建筑遗产，只要其有利于"保护地方特色、民族特色和传统风貌"，也应该保留；第二，在旧城区改建时，要"合理确定拆迁和建设规模"，即不应简单地大拆大建，而是应该保留具有历史、科学和艺术价值的房屋，对不具有保留价值房屋才应该予以拆除。这一制度设计对于建筑遗产保护尤其是那些成片存在且数量较多、宜作为整体加以保护的传统村落、街区、以及城市的保护具有重要的意义。

然而，从我国的现实来看，在城市建设中常常出现对城市面貌过度求新求洋的追求，因而在旧城改造中许多具有地方特色和本土气派的传统建筑被当作"破破烂烂"而拆毁。我国大量的传统建筑、村镇、街区、城市、地下遗址以及具有时代特征的近现代建筑等毁灭于大规模的城市改造和扩张，主要有四种情形：一是不加区别地"大拆大建"；二是为发展旅游经济兴建仿古街、仿古城而拆除旧有建筑，然后在原址上按照原来的样式用现代材料进行"重建"，或者根据臆想进行"重建"；三是将分散于各地的传统或近现代建筑进行拆迁并移至他处进行集中"重建"；四是违背"修旧如旧"和"最小干预"原则对建筑遗产进行不当"修复"，搞所谓的"旧貌换新颜"。按照当今国际文化遗产保护理念，上述做法是不符合建筑遗产保护的原真性原则和整体性原则的。

---

① 《文物保护法》第十三、十四、十六条。
② 《城乡规划法》第四、三十一条。
③ 《国有土地上房屋征收与补偿条例》第八条。

　　综上所述，我国城市建设中的建筑遗产保护存在着立法理想与现实困境交织的局面，导致这一问题原因除了我国建筑遗产认定制度存在较大的缺陷外，也与我国城乡规划和房屋征收制度存在的缺陷有很大关系，需要进行立法更新。

三　城市建设与建筑遗产保护相关立法的主要缺陷及其完善

　　在我国，建筑遗产认定制度以及城乡规划和房屋征收制度都存在着较大的缺陷，这两大因素的叠加是导致建设性破坏的主要原因，反映在立法上则表现为主要相关立法存在疏漏，不能有效提供防止建设性破坏建筑遗产的制度供给。为此，应以建筑遗产认定制度以及城乡规划和房屋征收制度这两大关键制度为重点，并寻求它们之间的制度衔接点为核心进行立法更新，其中着重就《文物保护法》《城乡规划法》和《国有土地上房屋征收与补偿条例》进行立法完善。

（一）关于建筑遗产认定制度

　　建筑遗产认定标准是建筑遗产认定制度的重中之重。我国《文物保护法》第二条关于文物应具备的条件和文物类别的规定，是对文物保护对象进行认定的主要法律依据，既是确立文物认定标准的核心条款，也是《文物保护法》的核心条款。然而，该条款却存在较大的缺陷，需要进一步完善。

1. 文物认定标准之立法缺陷

　　第一，所列举的建筑遗产类型范围较窄。《文物保护法》第二条（二）和（三）对两大类需要保护的建筑遗产类型给予了明确列举，总体来说包括传统建筑和近现代建筑两大类，前者为"古墓葬、古建筑"，后者为"与重大历史事件、革命运动，或者著名人物有关的以及具有重要纪念意义、教育意义或者史料价值的近代现代重要史迹、代表性建筑"。从本条的规定来看，《文物保护法》对传统建筑主要强调的是对古迹的保护，对近现代建筑强调的是对革命历史建筑和官方重要建筑的保护。然而，它们只是我国多样化的建筑遗产的一个重要类型，不能涵盖我国多样化的建筑遗产，存在着较大的遗漏。

　　首先，对于传统建筑来说，除了重要的古建筑、古墓葬诸如皇宫、寺庙、地下遗迹以外，我国还有更加多样化的重要的公用和民用建筑遗产，诸如乡土建筑、工业建筑、农业建筑、商业建筑、传统村落、传统名居、军事建筑等，这类建筑不仅遍布我国城乡，同时也是我国数量最多的一类建筑遗产，文化多样性特征突出，它们同样是我国文化遗产的瑰宝，需要加以特别保护。

　　其次，对于近现代代表性建筑，除了革命历史建筑和官方重要建筑外，我国还有不少特征突出的公共或私人建筑。而按照当代国际文化遗产保护的理念，具有代表性的现代建筑、独具特色的城市、布局合理的大学校园、著名艺术流派诞生地以及工业厂房和景观等，都可以作为"现代遗产""20 世界遗产"加以保护，而我国在较长的一段时间内都忽略了对这类建筑遗产的保护。

综上，《文物保护法》第二条所列举的建筑遗产类型范围较窄，这不仅给地方政府选择性执法提供了空间，也未能很好地发挥文物保护核心立法所应有的指引功能，引导全社会树立正确的建筑遗产保护观念，需要进一步立法完善。

第二，缺乏对"文物"进行概括性界定的条款。《文物保护法》第二条所列举的建筑遗产类型范围比较窄，它实际上只提供了一个低标准的保护。正是由于这个原因，在我国，通常只有那些被当作"艺术杰作"的皇宫、寺庙、杰出古村落和古民居等会被认定为"文物保护单位"加以保护，而大量的不够起眼或不够著名的传统建筑，以及近现代乃至当代代表性建筑，都未被作为文物加以对待，因而遭到建设性破坏。这类建筑中有不少都有较高的历史、艺术和科学价值，应该作为"尚未核定公布为文物保护单位的不可移动文物"加以保护，然而，由于《文物保护法》第二条没有对这类建筑遗产类型给予明示，与此同时又缺乏一个概括性的条款对"文物"这一概念给予界定，在实际执法中，地方政府可以选择不将这类建筑遗产涵盖进去，这就给地方政府选择性执法提供了空间，致使它们在城市建设中难逃被拆除的命运。

2. 文物认定标准之立法完善

近几年来，为了顺应时代对文化遗产保护提出的更高要求，我国也开始主张以更多元、更宽泛的文化视角来看待建筑遗产，力图加强对那些过去被忽视的各种类型的建筑遗产的保护。例如，2014 年开始启动"中国 20 世纪建筑遗产项目"的认定工作，2016 年国家住房和城建设部印发了《历史文化街区划定和历史建筑确定工作方案》，相关部门也针对我国现实中存在的建筑遗产认定标准问题陆续出台了一些指导措施，2017 年国家文物局发布《关于加强尚未公布为文物保护单位不可移动文物保护保护工作的通知》，2018 年国家文物局印发《不可移动文物认定导则（试行）》等，为了适应这一保护需要，有必要对《文物保护法》第二条进行如下完善：

第一，以"尚未核定公布为文物保护单位的不可移动文物"为重点补充和完善建筑遗产类别。《文物保护法》第二条应增加"具有代表性的乡土建筑、工业遗产、农业遗产、商业老字号、传统村落、宗教建筑、军事遗产以及近现代乃至当代各个特定历史时期的代表性和纪念性建筑"等建筑遗产类型，主要基于以下四点理由：

首先，在我国，特别重要的古建筑和近现代建筑主要是通过将其认定为"文物保护单位"来加以保护的，而上述较为普通的建筑遗产则应该将其认定为"尚未核定公布为文物保护单位的不可移动文物"加以保护，然而在现实中，对前者保护做得好一些，而对后者的保护却一直是薄弱环节，其原因在于《文物保护法》第二条没有对这些建筑遗产类型加以明示，致使其被拆除的风险比"文物保护单位"要高得多。有鉴于此，有必要对"尚未核定公布为文物保护单位的不可移动文物"的建筑遗产类型的范围作一个基本界定，这样可以为上述建筑遗产认定为文物提供《文物保护法》上的依据，以避免在本条款的执行中时因法律依据欠缺或不足而导致本条款的虚置，起不到应有的规范作用。

其次，属于"尚未核定公布为文物保护单位的不可移动文物"的建筑遗产占了我国不可移动文物的很大一部分，过去没有将它们作为文物的重要类别在《文物保护法》的核心条款中明确列举，事实上导致地方政府在执法中拥有太大的自由裁量权，致使选择性执法空间太大，这也是地方政府主导的城市建设容易忽视建筑遗产保护的一个原因。因此，该关键条款的设置宜细不宜粗，有必要将这类建筑遗产的主要类型加以明示，这样可以对政府拆除旧有历史建筑的范围予以限定。

再次，针对《文物保护法》第二条的不足给建筑遗产保护带来的不利影响，我国主要是通过政府规章或规范性文件对建筑遗产的类型进行扩张或细化来强调对它们的保护的：例如2009年文化部颁布的《文物认定暂行管理办法》明确规定应将乡土建筑、工业遗产、农业遗产、商业老字号作为"特殊类型文物"对待，2018年国家文物局发布的《不可移动文物认定导则（试行）》更是对各种类型的地下和水下遗存、古遗址、古墓葬、古建筑、近现代代表性建筑进行了更详细和全面的界定，并明确规定其为"一般不可移动文物"。然而，这些政府规章或规范性文件的法律效力层级毕竟比较低，影响力及其效力有限，有必要借《文物保护法》修订的契机，将此类建筑遗产的主要具体形态加予明确规定，这样也可以提升建筑遗产认定标准的法律层级。

最后，我国建筑遗产认定标准由不同时期、不同层级的法律、行政法规、地方性法规、政府规章等加以规范，而《文物保护法》作为我国文物保护的核心立法，具有基础性的地位，是行政法规、地方性法规、行政规章等在制定建筑遗产认定标准时的上位法依据，在本条款中补充和完善建筑遗产的具体类别，可以为上述各类规范在确定建筑遗产保护范围时提供依据和参考。

第二，增加对"文物"进行一般性定义的条款。仅采取列举的方式来规定具体的文物类别，会导致本条的适用受到局限。为了扩大本条款的适应性和灵活性，有必要增加对文物进行一般性定义的条款，即采取"一般性定义 + 列举规定"的方式来规定文物应具备的条件和具体的文物类别，这主要是基于以下四点理由：

首先，仅采取列举规定的方式并不能涵盖所有的建筑遗产类别。这主要包括以下三方面原因：（1）建筑遗产的类型很多，很难或无法做到完全列举，遗漏在所难免，且列举太多既烦琐也没有必要；（2）有些建筑还未被人们知晓而无法列举，例如还未被发现的地下建筑遗迹；（3）有的建筑目前不被认为是文物，但将来可能被认为是文物，因为人们的文化遗产观念是不断变化和拓展的。以联合国教科文组织《保护世界文化和自然遗产公约》

对建筑遗产的保护为例，最开始列入《世界遗产名录》的主要是一些古建筑，后来，一些历史城镇、历史中心、乡土建筑、工业遗产等也逐渐被纳入进去；再后来，19 世纪以后的建筑也被作为"现代遗产"或"20 世纪遗产"，成为世界遗产中的重要类型。

其次，仅采取列举规定的方式并不能涵盖所有的建筑遗产类别，会使部分建筑遗产的保护处于无法可依的状态。为了改变这种情况，从立法技术上讲，可以在本条增加一个抽象性的条款对"文物"的内涵进行概括界定，即对文物进行一般性的定义，明确"文物是具有重要的历史、艺术和科学价值的实物"。有了这样一个定义，即使某种建筑不属于本条所列举的任何一种类型，只要其具有重要的历史、艺术、科学价值中的其中一项或几项，都可以依据本条款将其认定为文物，这样可以使本条的适用具有更大的灵活性和更广的适应性。

再次，《文物保护法》作为我国文物保护的核心立法，有必要对"文物"这一重要的基础概念进行定义，也有利于为与文物密切相关的概念，诸如"一般不可移动文物""水下文物""地下文物""出土文物""未发现的文物"等，提供一个统一的理解和解释的基础，例如"水下文物"就是位于水下的"具有重要历史、艺术、科学价值的实物"，"地下文物"就是位于地下"具有重要历史、艺术、科学"的实物，以此类推，这样也可以强化《文物保护法》在我国文物保护法律体系中的基础和核心地位。

最后，采取"一般性定义 + 列举规定"的方式对文物的种类进行界定不仅符合国际惯例，也符合当今国际文化遗产保护的立法趋势，例如联合国教科文组织 1970 年《关于禁止和防止非法进出口文化财产和非法转让其所有权的方法的公约》将"文化财产"定义为"具有重要考古、史前史、历史、文学、艺术或科学价值的财产并属于下列各类者"；国际统一私法协会 1995 年《关于被盗或者非法出口文物的公约》也有类似规定。近年来，联合国教科文组织在指导各国打击非法贩卖文化财产的法律涉及措施中，建议各国应考虑在国内立法中对文物做一个明确的定义，这样可以保障国内立法与上述两个主要追索流失文物的国际公约的法律术语的统一，有利于涉外流失文物纠纷的解决。我国是文物流失大国，其中尤以地下古墓葬、古建筑及其构筑物的盗窃及其非法出口为甚，对文物进行明确定义，也有利于我国追索这类流失文物。

（二）关于城乡规划制度和房屋征收制度

1. 城乡规划制度和房屋征收制度之立法缺陷

（1）关于城乡规划制度

《城乡规划法》虽然提出了在制定和实施城乡规划中应当"保护历史文化遗产，保护地方特色、民族特色和传统风貌"的指导思想，同时专门针对旧城区改建的建筑遗产保护提出了目标，即旧城区改建"应当保护历史文化遗产和传统风貌，合理确定拆迁和建设规模，有计划地对危房集中、基础设施落后等地段进行改建"，但是在如何保障这些目标实现方面却缺乏相应的制度设计，致使这一立法目标在现实中未能得到很好地实现。而按照国际文化遗产保护理念，城市建设中建筑遗产保护的关键，就是要制定历史建筑物或建筑群的保护计划，明确"哪些应予以精心保护、哪些应在某种条件下予以保存、哪些应在极例外的情况下经全面记录后予以拆毁"①，以及哪些因没有保留价值应予以拆除并将其纳入城乡规划。其中的核心其实是建筑遗产的甄别问题，因为只有在对建筑遗产甄别基础上才能实现"合理确定拆迁和建设规模"这一立法目标。建筑遗产甄别从法律上说实质上涉及对"文物"或者"历史建筑"的评估和认定，然而，《城乡规划法》对此却没有做出必要的制度安排，没有将建筑遗产保护的相关内容纳入城乡规划的具体要求，这是城市建设中建筑遗产保护的一个制度漏洞，需要加以完善。

（2）关于房屋征收制度

考察我国房屋征收制度发展和变迁的历史，不论是《宪法》《物权法》乃至《民法典》还是《国有土地上房屋征收与补偿条例》，主要都是以应对现实中存在的因房屋征收拆迁损害被征收人合法权益而引发的问题为基本路径的，相关立法完善也主要是围绕着"公共利益"的范围的界定、重新定位征收拆迁主体、规范和完善征收拆迁程序、提高拆迁补偿标准、建立有利于被征收人的纠纷解决机制等进行的，显然，这些制度安排主要是针对普通房屋的征收、拆迁及其补偿来设计的。

然而，法律对涉及建筑遗产保护的房屋征收的调整与对普通房屋征收的调整在目的上却有着根本的不同，前者的核心是如何"防止乱拆"房屋的问题，而后者是要解决如何合法"拆"房屋的问题，其核心是拆迁补偿。《国有土地上房屋征收与补偿条例》作为最重要的规范执行房屋征收拆迁的行政法规，与建筑遗产保护有着密切的关联，然而，由于它主要是针对普通房屋的征收的，因此在制度设计上存在着"重拆除、轻保护"的特点，尤其是该法第八条对房屋征收的依据即"旧城区改建"和"文物保护"这两种公共利益的界定缺乏限定，在实际执法过程中很可能会对建筑遗产构成潜在的巨大威胁。

为了防止地方政府借"公共利益"之名随意征收房屋，《国有土地上房屋征收与补偿条例》第八条对六种属于"公共利益"情形进行了列举规定，其中就有两种与建筑遗产保护密切关联：一是第八条（五）所指的依据《城乡规划法》对"对危房集中、基础设施落后等地段进行旧城区改建"，二是第八条（三）所指的"文物保护"。这意味着法律赋予了政府基于"旧城区改建"或"文物保护"的目的对房屋实施征收的权力。然而，不论是以"旧城区改建"还是以"文物保护"为依据的房屋征收，它们的内涵也具有不确定性，可能存在多种理解，如果不对这些条款的解释予以限定，"旧城区改建"和"文

① 《关于历史地区的保护及其当代作用的建议》第19段。

物保护"很可能会成为地方政府通过房屋征收拆毁建筑遗产的"依据",甚至导致大拆大建的"合法化"。因此,迫切需要通过立法完善以便对它们的适用加以限制。

第一,关于"旧城区改建"。"旧城区改建"是改善民生的重要步骤,这也是该条例将其明确为"公共利益"的初衷,然而从语义上讲,"旧城区改建"既可以理解为"拆旧房建新房",也可以理解为"对危旧房屋进行修缮",在前一种情形下通常需要对旧房屋实施征收拆除,而后一种情形常常涉及建筑遗产保护,通常不应对房屋实施征收拆除,而"基于旧城区改建可以征收拆迁房屋"这一规定,显然是针对前一种情形的。因此,当旧城区改建仅涉及普通危房的改建时,征收拆迁房屋是符合"公共利益"的需要的,但是当旧城区改建涉及建筑遗产时,征收拆迁房屋就可能对其造成破坏。这是因为,旧城区常常也是建筑遗产保留最多的地区,如果不加区分地"拆旧房建新房",搞大拆大建,必然会造成对建筑遗产的破坏,因此"基于旧城区改建可以实施房屋征收拆迁"这一制度安排,在现实中很可能会出现这样的情况,即以改善民生为目的的"旧城区改建"这一公共利益对另一种"文化遗产保护"的公共利益构成侵害,在这种情况下,这两种公共利益之间就存在着冲突。

《国有土地上房屋征收与补偿条例》第八条(五)明确"基于旧城区改建可以实施房屋征收拆迁",不仅强化了地方政府在旧城区改建中对房屋实施征收的正当性,也强化了其通过"拆旧房建新房"来进行旧城改造的惯性思维。虽然条例也强调了旧城区改建应依据《城乡规划法》第三十一条关于"保护历史文化遗产和传统风貌,合理确定拆迁和建设规模"要求进行,但是如前所述,由于该法缺乏保障这一目标实现的对建筑遗产进行甄别的制度设计,这一制度缺陷延伸至《国有土地上房屋征收与补偿条例》第八条(五),以致出现对以旧城区改建为目的的房屋征收缺乏必要的限定的情况,地方政府很可能基于"拆旧房建新房"的动机而做出不利于建筑遗产保护的房屋征收决策。事实上,我国许多历史建筑、街区、村镇正是在"旧城区改建"中与普通危房一起被不加甄别地拆毁的。

第二,关于"文物保护"。《国有土地上房屋征收与补偿条例》将"文物保护"界定为"公共利益"本身并没有什么问题,但是"基于文物保护的需要可以征收房屋"这一规定则有可能对建筑遗产造成破坏。这是因为,从语义上说它可能存在多种解释,既可以理解为为了保护文物而对其周边或地面上的普通房屋实施征收,也可以理解为了保护文物建筑本身而对其进行征收。[1] 然而,通常前一种情形的房屋征收是符合"文物保护"这一公共利益的需要的,比如为了地下考古发掘需要拆除地面建筑等;而后一种情形的房屋征收在很多情况不仅不利于文物保护,反而会对文物造成破坏。比如,为兴建"假文物"而征收拆除文物建筑,或者为集中异地重建而征收拆除文物建筑,或者对普通民居文物建

---

① 这里对"文物"采狭义的理解,即仅指依据《文物保护法》认定为"文物"的房屋。

筑实施征收拆除，或者以"文物保护"为名将普通民居文物建筑收归国有侵犯房屋所有人权益等等。

而《国有土地上房屋征收与补偿条例》第八条（三）在明确了可以基于文物保护的需要征收房屋的同时，又没有对该条款的执行加以必要的限定，在这种情况下，不排除有的地方政府打着"文物保护"的名义随意征收房屋，从而对建筑遗产造成破坏。事实上，我国许多历史建筑尤其是那些具有一定保护价值，但尚未被认定为文物或历史建筑的建筑遗产，正是在地方政府美其名曰的"保护性拆除"或"维修性拆除"中被破坏的。

2. 城乡规划制度和房屋征收制度之立法完善

（1）对"旧城区改建"引入文物尤其是"尚未核定公布为文物保护单位的不可移动文物"或"历史建筑"认定的前置程序

旧城区是我国传统建筑保留最多的区域，这些区域的传统建筑也最容易成为旧城改造的牺牲品，鉴于它们中的大多数都因未被认定为文物或历史建筑而无法受到任何法律保护，因此有必要对《城乡规划法》第三十一条或《国有土地上房屋征收与补偿条例》第八条（五）进行完善，在涉及旧城区改建的城乡规划或房屋征收中引入公众参与文物尤其是"尚未核定公布为文物保护单位的不可移动文物"或历史建筑认定的前置程序；也就是说，为政府决策设置一个前置程序，即未经公众参与建筑遗产评估的认定，不得以旧城区改造为由对旧房实施拆除。当然，对所有区域的旧城改造都适用上述前置程序也许不现实，但我国至少应该在历史文化名城、名镇、名村的区域内的旧城区改建中引入上述前置程序，这主要是基于以下四点理由：

首先，对"尚未核定公布为文物保护单位的不可移动文物"和"历史建筑"的保护是我国文化遗产保护的一个薄弱环节，① 在城乡规划、房屋征收中引入文物或历史建筑认定的前置程序，一是可以在建筑遗产认定制度以及城乡规划和房屋征收制度之间建立起制度衔接点，二是可以回应《文物保护法》修订对文物认定标准范围扩张而带来的对城市建设中的建筑遗产保护的新要求，三是可以弥补《城乡规划法》缺乏对旧城区改建进行建筑遗产评估和认定予以规范的缺陷，四是可以对《国有土地上房屋征收与补偿条例》关于基于"旧城区改建"以及"文物保护"征收房屋时不利于建筑遗产保护的规定构成制约。

其次，历史文化名城、名镇、名村是我国保留建筑遗产最多的地区，其保护现状却堪忧，许多传统民居、历史街区因"旧城改造"致使文化空间被破坏，历史文脉被割裂，其中重要的原因在于过去没有把这些建筑视为遗产加以保护，引入文物或历史建筑评估认定

---

① 2020 年《文物保护法（修订草案）》（征求意见稿）特别加强了对"未核定为文物保护单位的不可移动文物"的保护，它实际上指的就是现行《文物保护法》中的"尚未核定公布为文物保护单位的不可移动文物"，只是在提法上稍有精简而已。

程序可以从制度上保障这些区域的建筑遗产纳入保护范围。

再次，结合引入文物或历史建筑认定机制，我国还可以在历史文化名城、名镇、名村中建立"假文物"的退出机制和禁止机制。这是因为，在我国现实中大量存在着打着保护之名、实则破坏建筑遗产的做法。诸如为了重建仿古建筑、仿古城、仿古街而拆真建假，甚至许多地方出现了"古城重建"的热潮；有的地方甚至通过这类重建的假文物来申报文物保护单位或历史文化名城、名镇、名村。为了遏制这类重建，也为了维护文物保护单位或历史文化名城、名镇、名村的可信度，有必要建立"假文物"的退出机制和禁止机制：一是凡因上述各种重建对文物建筑造成破坏的，或者对历史文化名城、名镇、名村内的传统风貌造成损坏，应给予撤销文物保护单位或者历史文化名城、名镇、名村的称号；二是对于"重建"的仿古建筑、仿古街或仿古城，不得认定为文物保护单位或授予历史文化名城、名镇、名村的称号。如已经认定或授予称号的应予以撤销，且不宜冠以"老街""古城"的名称。

最后，公众参与文化遗产保护权利保障机制不足一直是我国文物保护立法的弱点，因此，对旧城改造中文物或历史建筑认定的公众参与做出制度安排具有必要性。第一，近年来《文物保护法》修订的一个亮点就是强调公众参与，因此从具体制度层面拓展公众参与的渠道既是对《文物保护法》修订的回应，也有利于建立政府主导和公众参与良性互动的甄别建筑遗产的法律机制。第二，建筑遗产的甄别是一项具有相当专业性的工作，尤其是属于"尚未核定公布为文物保护单位的不可移动文物"或"历史建筑"的建筑遗产通常不够起眼，对其进行价值判断不比确定"文物保护单位"容易，更需要专业人士的参与，因此有必要通过听证会、论证会等形式就建筑是否具有保护价值征求房屋所有人、专家学者等的意见。第三，从我国的现实来看，仅仅依赖地方政府的主动性来保护这类建筑遗产的效果并不好，因为这类建筑所遭受建设性破坏恰恰来自于由地方政府主导的城市建设。因此，有必要在文物或历史建筑认定中引入公众参与，这样不仅可以使公众对与其关系密切的"旧城区改建"中的建筑遗产保护有表达意见的机会，同时也可以对地方政府的随意拆除行为形成制约。

（2）对以"文物保护"为目的房屋征收进行必要的限定

为了防止地方政府以"文物保护"为由随意征收房屋，有必要对《国有土地上房屋征收与补偿条例》第八条（三）基于"文物保护"可以征收房屋的情形做出限定，即对于这种情况的房屋征收，应遵循"例外情况下允许，一般情况下禁止"的原则，具体如下：

一方面，可以征收的情形。只有在符合《文物保护法》规定或立法精神的情形下才能以"文物保护"为由对房屋实施征收，一般限于四种情况：一是当文物周围的房屋对其安全造成危害或破坏其历史风貌时，为了保护文物及其周围的环境，可以对其周边的普通房屋实行征收并拆除；二是基于考古发掘的需要可以对考古区域地面上的普通房屋实施征收拆除；三是当房屋所有人怠于行使对文物建筑的保护职责而使文物面临损毁，诸如对文物建筑的外观和内部实施重大改变甚至欲拆毁文物建筑时，国家基于保护该文物建筑的目的可以对其进行征收，并给予妥善保护；四是当文物建筑是涉及国家重大事件、重要人物的纪念建筑物时，国家可以对其实施征收使之成为国有，其目的是为了更好地对其进行保护和对公众开放，但这种征收必须严格限制，一般只限于重大事件发生地、重要事件纪念地、重要名人故居等。

另一方面，禁止征收的情形。尤其是要禁止现实中普遍存在的以"文物保护"为名，实则破坏建筑遗产和损害所有人权益的房屋征收，这类房屋征收大多是针对"尚未核定公布为文物保护单位的不可移动文物"这类传统建筑的，主要包括四种情形：一是为了"重建"仿古建筑、仿古街或仿古城而征收拆除原有文物建筑；二是将散处于各处的文物建筑征收拆迁并移至他处集中重建；三是对属于普通民居的文物建筑实施征收拆除，四是以"文物保护"之名将属于普通民居的文物建筑收归国有。

可持续发展理念下完善文物利用法律制度的思考[*]

——基于中法文化遗产法制发展的比较研究

胡姗辰[**]

摘要："文物利用"通过一定方式发挥文物的价值，与主体对文物价值体系的认知和理解密切相关。传统的"以物为本"的遗产保护理念下"原状保护＋公众展示"的文物利用法制结构割裂了文物保护与利用的关系，制约了文物价值的发挥。可持续发展理念将文化遗产保护与改善人居环境与推动城市建设发展的需求紧密结合，扩展和深化了文化遗产形态及其价值叙事的层次和内涵，推动了中法两国法制中的文物利用规则在以规划促进利用、鼓励和引导公众行动和人权与其他正当权利保障等方面不断丰富。然而，中国文物事业发展和《文物保护法》制定的特殊历史背景导致了当前《文物保护法》对于文物利用问题的明确规定过于模糊。我国应在可持续发展目标下，借鉴法国《遗产法典》文物利用相关法律规则的经验，以《文物保护法》为基础和抓手，在明确法律原则与共识的基础上，采取"底线规则＋适度'放权'"的方式，同时发挥文物立法与其他相关立法的协调配合关系，完善当代文物利用法律体系，使文物的当代价值得到充分发挥。

关键词：文物利用；文物法制；法国《遗产法典》；中国《文物保护法》

文物利用伴随着现代文化遗产保护运动发展的全过程，随着全球化发展趋势和可持续发展目标的提出而日益受到广泛关注，与文物利用相关的法律规则和制度体系的构建与完善也日益得到各国的共同关注。如法国 2016 年《遗产法典》的全面修订即大幅丰富和完善文物利用相关规定，进一步促进文化遗产成为社会可持续发展的要素和动力。在中国，随着"让文物活起来"的呼声日益高涨，各地如火如荼开展了形式多样的文物活化利用实践探索，也对《文物保护法》有关法律规则和制度的更新提出了新的要求。如何在文物保

---

* 本文为国家自然科学基金面上项目"中国文物古迹保护思想史"（课题编号：51778316）阶段性成果。

** 胡姗辰，中央民族大学法学院讲师，中国人民大学法学博士，清华大学国家遗产中心博士后。主要研究方向为文化遗产法制与管理。

护基本立法层面构建起符合时代要求的文物利用法律制度，成为当前《文物保护法》修订过程中最备受争议的热点问题之一。

法律规则和制度是社会发展中产生的新的理念和实践日益凝结成为社会共识并最终成为具有广泛和强制约束力的社会规则的过程。在"让文物活起来"日益成为全社会共识的今天，文物利用法律制度的构建与完善，应适应我国文物事业发展现状并针对当前文物利用实践中的突出问题，更应促进可持续发展目标的实现。作为文物事业的核心立法，《文物保护法》在文物利用法制构建中应发挥基础性作用。本文通过对中法两国在可持续发展理念和要求下建设或完善文物利用相关法律规则和制度的比较分析，总结法国法制经验对中国以《文物保护法》为核心构建文物利用法制体系的借鉴意义，在此基础上就现行《文物保护法》的修改提出建议。

一 "以物为本"的保护理念和文物利用法律规则的传统结构

文物泛指一切具有物质形态的文化遗产，包括一切具有历史、艺术、科学等方面价值可移动和不可移动的物的形态。"利用"即使事物发挥其功用和效能，指主体基于某一事物客观存在的价值属性使其服务于一定目的的过程。"文物利用"即在一定目的指导下，通过一定方式使文物的价值和功能施展出来，为一定的主体服务，在西方语境中表述为文物价值的发挥（la mise en valeur）。因此，文物利用之具体内涵和方式，与主体对文物价值体系的认知和理解密切相关。

从法律视角看，文物作为一切具有历史、艺术、科学等方面价值可移动和不可移动的物的形态，其本质属性包括两个方面：作为受法律规制的"物"的一种特殊类型，文物亦无法回避财产权问题。然而，对于文物这一类承载重要公共利益的物，"公物"规则通过在这些物品上成立"公共役权"，即要求所有权人或使用权人遵守诸如限定权属主体或者特殊的使用、管理、处分方式等特别法律制度或规则的方式，促进其公益价值得到发挥，这既是现代国家文物保护立法的逻辑起点，也是文物利用法律规则的传统结构。在此逻辑下，早期文化遗产立法对文物利用法律关系的规范，主要通过以下两方面措施进行。

一方面，通过将文物向公众开放或展示等方式，使公众通过近距离接触、感受和学习其背后所隐藏历史文化信息，促进文物公共价值的发挥。将原服务于皇权的古迹艺术品集中于博物馆或者独立的艺术空间进行保护和陈列，是摧毁这些古迹与旧制度联系的皇权意义、通过展示其文化艺术价值来彰显其公共属性的重要方式，[1] 公共博物馆建设不仅是中

---

[1] See Annie Héritier, *Genèse de la nation juridique de patrimoine culturel 1750 – 1816*, L'Harmattan, 2003, pp. 46 – 47.

法两国追求独立自由之民族精神的有力诠释，更是两国在现代文化遗产保护实践和法制形成初期确立和彰显文化遗产之公共价值的重要方式，两国早期也都采取逐一颁行单行法令的方式对公共博物馆的成立和运行加以规范。自 1793 年通过特别法令设立卢浮宫艺术博物馆等第一批现代公共博物馆伊始，法国第一部从宏观上规范全国博物馆事业发展的《博物馆组织法》至 1945 年得以出台，将博物馆机构定义为"永久收藏具有艺术、历史或考古价值的艺术品并向公众开放的机构"[1]。在中国，清末第一部具有现代意义的遗产保护法规《古迹保存推广办法》即明确提出"拟由督抚在省城创设博物馆……庶世间珍品，共之众人，既免幽闭之害，兼得保存之益"，民国时期通过单行法规确立机构章程的方式设立了历史博物馆、故宫博物院等一系列公共博物馆。新中国亦着力推进博物馆事业发展，一方面对国民党政府遗留下来的博物馆、图书馆进行改造，另一方面新建中国历史博物馆、中国革命博物馆等一些重要的博物馆，依照"以实物（历代文物）配合着模型和图画，把整个中国历史的进展，依据社会发展的规律陈列出来"[2]，以发挥新民主主义的，即科学的、民族的、大众的文化教育作用，同时也为改进相关工业技术和创造历史题材的文艺作品提供重要参考资料[3]。向公众开放展示同样是两国法律规定的利用不可移动文物的基本方式。实践中，两国都倡导通过改造不可移动文物的方式进行博物馆建设，将本身即具有文物价值的不可移动文物辟为博物馆或其他的文物展示陈列场所，使得可移动和不可移动文物整体的历史内涵和文化艺术价值同时得到彰显。

另一方面，在"原状保护"原则下设置底线规则，最大限度地尊重文物保护利用的现状和私人的合法财产权利。"公物"制度以促进物之公共价值发挥、维护和增进公共利益为核心，限于物之财产权权能中与公益或公用目的直接相关的部分。文物立法对于文物上的"物权"的限制性干预亦须以有利于实现文物承载的公共利益为限。此外，现实中许多文物和历史建筑依然发挥着作为主要生产或生活场所的重要功能，通过由国家征收实现所有权转移、再重新统筹安排对这些文物进行利用与价值发挥的方式，不论从原状保护原则的要求来看还是从征收补偿安置压力来看，都既无必要，也不可行。有鉴于此，以"不改变现状"为原则，为文物所有人或当前使用人设置底线规则，是为两国文物立法规范文物利用的另一种重要方式。法国对文物保护利用行为的底线规范主要通过列级和登录两种严格程度不同的制度进行。列级文物未经行政机关许可不得部分或整体毁坏、移位或进行其他任何形式的改变。[4] 若干可移动文物藏品作为一个整体被列级保护的，该整体成为不可

---

① *Ordonnance n°45 – 1546 du 13 juillet 1945 portant organisation provisoire des musées des beaux – arts*，art. 2.

② 郑振铎：《给"古董"以新的生命》，原载《文汇报》1950 年 10 月 1 日，本文引自国家文物局编：《郑振铎文博文集》，文物出版社 1998 年版，第 80 页。

③ 参见郑振铎：《给"古董"以新的生命》，第 77 – 78 页。

④ *Code du Patrimoine*（2016），art. L621 – 16.

分割的一部分，除非得到列级部门的许可，开发利用时也不能将其中的一部分或者构成要素与该整体相分隔。① 登录文物开发利用所受限制则明显宽松：所有权人改造只需在改造之前向文物部门或其他有权机关预先声明，并在施工之前获得经古迹部门同意的建设许可或拆除许可。② 新中国成立后，1950 年《中央人民政府政务院关于保护古文物建筑的指示》明确指出"凡因事实需要不得不暂时利用者，应尽量保持旧观，经常加以保护；如确有必要拆除或改建时，必须经由当地人民政府逐级呈报各大行政区文教主管机关后始得动工"，是为通过底线规则规范文物利用行为的开端。1961 年第一部综合性文物保护法规《文物保护管理暂行条例》第 12 条对核定为文物保护单位的纪念建筑物或者古建筑，经有关部门批准用于除建立博物馆、保管所或者辟为参观游览场所之外功能的，应由使用单位严格遵守不改变原状原则且负责保证建筑物及附属文物之安全的规定，也在 1982 年首部《文物保护法》中得到明确并沿用至今。对于未核定为文物保护单位的一般不可移动文物，特别是数量众多的非国有不可移动文物，《文物保护法》除明确"不改变原状"原则之外，亦未对利用方式提出具体要求。

"原状保护 + 公众展示"的文物利用法律制度传统结构，是与彼时传统的"以物为本"的遗产保护观念相适应的。该理念认为，文化遗产保护"本质上基于它的物质属性和组成成分"，保护目的为"发现并保存物质对象的真实特性或真实状况"。因此，遗产保护仅与作为其保护对象的物质实体本身有关，一切与遗产保护有关的活动，需要通过科学原则和科学方法进行，基于客观事实和数据做出判断，"避免主观印象、品味或喜好的影响"。③ 在这种理念下，通过保存并研究这些物质遗存，挖掘并向社会公众展示其背后的蕴含的客观的历史、文化和科学技术等方面的信息，从而发挥文物在凝聚民族认同、增进科学文化知识等方面积极意义的首要方式，也是上述文物利用法律规则逻辑结构的基本立足点。

然而，传统的"以物为本"的遗产保护理念否认不同主体对文物价值的差别化理解，"把一个我们生活、相爱并且消亡在其中的质的可感世界，替换成了一个量化的、几何实体化了的世界……唯独人失去了位置"④，也从理论上割裂了遗产保护与利用的关系，甚至使遗产在构筑当代社会文化中的重要作用被蒙蔽⑤，形成了文化遗产工作中保护与利用相互矛盾对立、主体在不同立场下做出"顾此失彼"的选择、并最终陷入保护或利用可持

---

① *Code du Patrimoine*（*2016*），art. L622 – 1 – 1.

② *Code du Patrimoine*（*2016*），art. L621-27，art. L622 – 22.

③ 参见马庆凯、程乐：《从"以物为本"到"以人为本"的回归：国际遗产学界新趋势》，《东南文化》2019 年第 2 期。

④ 陈嘉映：《哲学科学常识》，东方出版社 2006 年版，第 106 页。

⑤ Laurajane Smith，*Uses of Heritage*，London：Routledge，2006，p. 4，p. 10.

续性困境的尴尬局面。

二   可持续发展理念下文物利用内涵的更新和法制结构的丰富

20 世纪后半叶，可持续发展理念作为一种反思工业社会发展中的资源过度消耗和生态环境破坏等突出现实问题的新的发展理论和模式被提出。可持续发展理念突出发展的主题，倡导人与自然资源、人与环境的协调共生，是一种注重人的主体性和需求的发展理念。可持续发展目标兼顾和贯通经济、社会、文化和生态与自然环境等不同领域，并将文化和自然遗产保护作为"建设包容、安全、有抵御灾害能力和可持续的城市和人类住区"的重要组成部分。此外，可持续发展强调发展的可持续性和代际公平属性，不仅强调当代城市建设和社会发展的需要，亦包含对后代人生存和发展正当权利和需求的关注。这一种发展模式通过对资源和环境的有节制、可持续的利用，真正将人类的当前利益与长远利益有机结合，既满足当代人的需要，又不损害后代的发展能力，保障各国、各地区的人、世世代代的人以平等的发展，对文物价值发挥的科学性、正当性和可持续性提出了更严格的要求。

（一）   文物利用内涵和意义的新叙事

可持续发展理念极大地扩展和深化了文化遗产形态及其价值叙事的层次和内涵，对过去被忽略的与遗产相关的群体的多样化需求加以关注，并将文化遗产置于它所处的社会关系中，将其保护与改善人居环境与推动城市建设发展的需求紧密联系起来，推动了当代遗产保护从"以物为本"向"以人为本"迈进。该理念一方面倡导以生产生活和社会发展的需求为导向，从更广阔的维度和视角认识和发掘文物的多元价值和当代功能，并通过创新和可持续的方式使这些价值和功能得到发挥；另一方面也将文物保护利用本身作为社会全面协调和持续发展的重要元素和推动力，突破了将文物利用简单地视为发挥文物之物质载体所承载的公共价值的视角，使得文物利用的方式得到了极大的丰富。

可持续发展理念的提出，还从理论上解决了文物保护与利用的对立与矛盾。一方面，在可持续发展理念下，文化遗产不再仅表现为作为其价值载体的物质遗存，更是与民众生活密切相关的文化实践，是一个动态的利用过去影响当下的文化过程①，文化遗产的保护、传承和发展本身，亦构成构筑当代社会结构及基本价值共识的文化实践。与保存文化遗产的物理形态本身相比，一代代人保护文化遗产并传承其文化内涵的行为，以及在此过程中构筑价值和身份共识的过程，才是真正赋予文化遗产以"遗产"价值的原因。由此，

---

① See Rao K, A new paradigm for the identification, nomination and inscription of properties on the World Heritage List, *International Journal of Heritage Studies*, 2010, vol. 16, Iss. 3, p. 164.

遗产保护和传承过程，实际上也是一种利用文化遗产构筑当代文化，凝结当代价值共识的过程。① 换句话说，遗产保护本身，即发挥文化遗产价值和意义的过程，文化遗产的合理利用是为遗产保护的最终目的。另一方面，可持续发展的持续性和代际公平原则，又将当代文物利用限制在一定程度内，是为一种更符合社会发展需求的文化遗产保护的重要方式，即通过优化文物利用结构、改进利用方式，实现对作为文化实践的文化遗产的动态和永续性保护。总之，在重视并保障人类整体——包括当代人和后代人的作为推动社会和文明进步的主体的生存和发展的需求和正当权益的可持续发展模式下，文物的合理利用既是文物保护的目的，同时也是符合社会发展需要的文物保护的方式，保护和利用作为一个硬币的两面，相辅相成、相互促进的共生关系得到确立。

（二）文物利用法制结构的丰富

围绕"发展"的主题，以"需求"的导向，可持续发展理念在扩展文物利用的内涵和方式的同时，也对有关法律规范提出了更高的要求，带动了其内容的日益丰富。在上述传统的法律规范结构合方式外，文物利用法制在以下几方面不断丰富。

1. 以规划手段统筹和促进文物利用

在可持续发展理念下，文化遗产是为社会发展的重要资源，其保护利用和多元价值的发挥，不仅为创新和改善发展方式提供了有力抓手，也是改善文化、人居等社会环境不可或缺的组成部分，是为发展的全面性、协调性和持续性的有益推动力和重要保障。发挥文物这一类特殊的稀缺资源的多元价值，使之成为社会全面可持续发展的重要环节和有机组成部分，不仅要求聚焦文物单体本身所客观存在的历史、艺术和科学等方面的属性，更要求将文物资源置于当代社会发展的总体愿景之中，在政治、经济、社会、文化、生态等各方面协调和持续发展的总体目标导向下，与其他各类发展资源的价值发挥相结合。为此，将文物保护利用纳入社会建设和发展规划，以规划手段和促进文物价值和当代功能的发挥，是可持续发展的重要内容。

法国自 1943 年修改 1913 年《历史古迹法》的立法确立的"历史古迹周边环境"制度②

---

① Laurajane Smith, *Uses of Heritage*, London: Routledge, 2006, pp. 2 – 7.
② 该制度规定，一旦文物建筑被列级，其周边便自动形成 500 米半径、约 78.5 公顷面积的保护范围，其中的建设活动都受到严格控制，包括：不能有任何未经特殊许可的建设、保护与历史建筑息息相关的自然元素、保护围绕历史古迹的建筑物、保护基地上或街道上的特征（如城市家具、铺地材料、公众照明等）。该范围在认定历史古迹的同时自动生成，毋需再进任何附加的划定程序，执行的是空间或视觉的双重条件：凡位于历史古迹可视范围内（从历史古迹可看到该建筑），或者从某个重要景观点可同时看到二者，且距该历史古迹不超过 500 米的区域或建筑，都在受该法规制的"历史古迹周边环境"的范围内。参见邵甬：《法国建筑·城市·景观遗产保护与价值重现》，同济大学出版社 2010 年版，第 61 – 62 页。

明确对文物周边环境要素的控制要求开始，为将规划控制作为遗产保护利用和价值发挥的手段奠定了基础。二战后，1962 年"马尔罗法"确立的"保护地带"（Secteur sauvegardé）制度要求每个保护区编制专门保护与利用规划（Plan de sauvegarde et de mise en valeur，PSMV），为通过合理利用古迹遗产促进城市改造中的历史街区更新提供了法制保障。该规划突出了由丰富的文化遗产元素构成的历史街区的保护与发展在城市建设中的作用，与城市规划中的土地整治与可持续发展计划（projet d'aménagement et de développement durable，PADD）保持一致，且具有优先于所在地城市规划的法律效力。1983 年，法国通过《地方分权法》将城市规划编制管理权移交给各地方，同时赋予地方政府在"历史古迹""景观地"和"保护区"等"精品遗产"之外的更广泛意义上具有遗产价值的文化遗产和历史景观区域设立建筑、城市与景观保护区（Zone de Protection du Patrimoine Architectural，Urbain et Paysager，ZPPAUP）的自主权，充分发挥遗产地市镇在国家帮助下管理和利用其景观遗产带动社会发展的积极性。该规划通常附于所在地城市规划文本之后，可就划定区域范围内的建筑和景观保护、户外广告的张贴等事宜做出具体指示或提出具体建议，实质上是通过赋予地方政府规划权力的方式，将低级别文化遗产保护利用的规范和管理权交由地方政府，以便其因地制宜出台更有现实针对性的规范和措施。2011 年起，旨在促进建筑遗产和空间的利用的建筑和遗产开发区（Aires de mise en valeur de l'architecture et du patrimoine，AVAP）制度取代建筑、城市与景观保护区制度（ZPPAUP），在保留其基本性质和原则的基础上，通过规划的"框架性"内容，赋予法国建筑师更大的自由裁量权，进一步强化地方行政区的自主性与责任。2016 年法国在修订《遗产法典》时，又设立"著名遗产地"制度（sites patrimoniaux remarquables）取代建筑、遗产和景观保护区（ZPPAUP）与建筑和遗产开发区（AVAP）制度。除区域内"保护区"的保护和利用规划（PSMV）等的制定和实施仍依《城市规划法典》有关规定进行外，未划入保护和利用规划的部分应制定建筑和遗产利用规划（plan de valorisation de l'architecture et du patrimoine，PVAP）附于城市规划之后，其内容包含与建筑遗产、自然和规划保护区的保护和利用相关的规则和具体要求，更加强调对文物的利用和价值发挥。

　　将文物建筑保护纳入城市发展规划自新中国成立之初也被提出。[①] 1961 年《文物保护管理暂行条例》第六条即明确规定"各级人民委员会在制定生产建设规划和城市建设规划

[①]　时任文化部文物局局长郑振铎公开提出，通过科学规划，避免城市建设在古迹和地面文物所在地点兴工动土，也使这些文物建筑本身成为彰显城市文化的靓丽风景。对于古建筑数量最多、最完整且自成体系的北京等古都或历史城镇，应仔细地研究一个具体的保护、保存计划，把古建筑组织在新的都市计划之内，研究如何利用古建筑来丰富城市的新计划和内容，而非使他们成为新计划的障碍物。参见郑振铎著：《基本建设与古文物保护工作》，中华全国科学技术普及协会 1954 年版，第20 - 22 页。

的时候，应当将所辖地区内的各级文物保护单位纳入规划，加以保护"。1982 年第一部《文物保护法》颁行时，再次重申"各级人民政府制定城乡建设规划时，事先要由城乡规划部门会同文化行政管理部门商定对本行政区域内各级文物保护单位的保护措施，纳入规划"。至 2002 年《文物保护法》全面修改时，除上述规定之外进一步要求"县级以上人民政府应当将文物保护事业纳入本级国民经济和社会发展规划"，确立了整个文物保护事业在经济、文化和社会发展中的重要地位。此外，以文物遗存特别丰富、具有重大历史价值或者纪念意义，且正在延续使用的历史城市为保护对象的历史文化名城、名镇、名村保护制度，也主要依托历史文化名城、名镇、名村保护规划进行。

"文物保护单位制度"是新中国成立之初为处理大规模基本建设与文物保护的矛盾所提出的"重点发掘、重点保护"方针的法制化体现。历史文化名城、名镇、名村制度在一定程度上借鉴了西方历史城镇保护制度，要求尊重城市文化的独特价值内涵对其进行传承传播，并充分利用该地区文化资源禀赋和特色优势创新发展方式，使传统要素和现代功能有机结合，在延续传承传统文化的同时丰富和发展当代城市文化，提高城市治理水平，改善居民生活环境，实现城市的全面协调发展。然而，由于文物保护与利用的关系以及如何定义"合理利用"等问题，自改革开放之初伴随着文物工作是否应进行市场化转型问题一起，引发广泛争议和讨论至今；以及在这一争论产生之初，决策者因缺乏足够的在市场化环境下进行文物利用的经验，对文物利用采取了相对模糊和保守的态度，无论是文物保护单位保护规划制度，还是历史文化名城、名镇、名村保护规划制度，在当前《文物保护法》的语义中，主要是城乡建设规划体系的组成部分，强调在城乡建设和发展中对文物和历史建筑本体及其整体环境风貌的原状保护。如何通过对这些建筑的再利用发挥其在当代社会的多元价值和功能，并非这些规划关注的重点。现行《文物保护法》有关"将文物保护事业纳入本级国民经济和社会发展规划"的规定，主要为保证文物工作的地方财政保障，亦未突出文物利用问题。总之，结合我国文物保护事业发展历史，当前《文物保护法》确立的各项规划制度，并未实际发挥促进文物合理利用和当代价值发挥的功能，作为文物合理利用的措施，与法国各类保护和利用规划制度尚存在较大差别，

2. 引导和激励有关主体和社会公众积极行动

可持续发展注重社会发展中人的主体性，要求主体充分发挥主观能动性，创新资源利用方式，优化资源利用结构，从而提高资源利用效力。与公众的日常生产生活日益密切的文化遗产资源的利用也是如此，政府职能和行政成本的有限性，决定了与文化遗产直接相关的民众才是文化遗产保护利用的主要力量。因此，在国家对数量有限、具有极其重大的文物价值的"精品"遗产进行直接干预之外，通过适当的法律和政策引导和激励有关注主体对与其有密切关联的文化遗产进行科学合理的利用，同时鼓励更广大社会公众积极参与到文化遗产价值发挥的过程中，是当代立法规范和促进文物合理利用的又一重要方式。

从文艺复兴到资产阶级大革命和自由、平等核心价值原则的确立，法国现代文化遗产保护作为一种追求个性与自由社会运动，自始便在很大程度上表现出显著的公众运动的特点，并在长期的实践中积累了较为成熟的由社会主体进行遗产保护和经营的专业经验，许多公众组织经过百余年的发展，在专业性和影响力等方面甚至较政府机构更为完善，成为当代遗产保护的中坚力量，甚至能引导国家和政府有关决策的发展方向。另一方面，法国文物艺术品市场在大革命之前就已繁荣与成熟，现代秩序建立后，文化遗产保护与利用更是一开始就被纳入市场化环境中。诸如委托经营、特许经营等市场体制下的公共事业经营管理方式，在文物经营与利用领域也大量出现，成为保障并进一步促进文物保护利用水平专业化的重要方式。在上述社会基础下，法国《遗产法典》和其他相关立法，一方面通过税收优惠和资金补贴等激励性法规和政策，鼓励和引导文物的所有权人、使用人以及一般社会公众积极依照规划要求，开展或参与文物利用活动，另一方面也日益拓展文物委托经营和文物利用领域的公私合作，充分发挥社会主体在文物利用中的多元优势力量。如根据《遗产法典》规定，有权主体依法对坐落于保护区保护与利用规划（PSMV）或者建筑和遗产开发规划（PVAP）所覆盖的列级的"著名遗产地"范围内，或者位于依法定义的老旧退化地区或城市和规划更新项目目标所在老旧退化住房高度集中居住区范围的历史建筑进行修缮，且修缮工程依据《城市规划法典》宣布为公用事业或因对该地区的住房动员和改造更新而被宣布为公用事业时，可享受最高达支出总额30%的税收减免。① 非国有文物建筑的修缮利用工程除依据《遗产法典》享受国家财政补贴之外，地方政府也会提供一定的资金支持。许多暂未受列级或登录保护的非国有文物建筑的保护和利用项目还可依法受到遗产基金会的资金补助。② 经许可的列级或登录不可移动文物修缮工程，还可经有权机关的许可安装遮盖施工脚手架的篷布，并利用该空间进行展示宣传。文物所有权人因该展示宣传所获收入，经展示宣传项目负责人同意，可用于支持文物修复相关工程。③ 文物委托经营作为文化遗产保护利用发展到专业化程度较高阶段出现的一种兼具公益性与私益性目的的文物利用方式，更是社会主体在成熟的市场环境下通过发挥文物在当代社会的教育和休闲功能，亦使其经济价值得到发挥的典型模式，在法国法上通过"公共服务委托"（délégation de service public）④ 实现，通过作为受托经营者主体的资质，委托经营范围、

---

① See *Code du Patrimoine*（2016），art. L633 - 1（2）；*Code général des impôts*，art. 199tervicies.

② 参见邵甬著：《法国建筑·城市·景观遗产保护与价值重现》，同济大学出版社 2010 年版，第 178 - 18 页。

③ *Code du Patrimoine*（2016），art. L622 - 29 - 8.

④ "公共服务委托"的概念规定于法国《地方行政区普通法典》第 L1411 - 1 条，指的是根据 2016 年 1 月 29 日第 2016 年第 69 号命令（ordonnance），由作为委托方的行政机构以书面的形式和特许经营合同的方式，将某项公共服务委托给一个或多个市场主体进行管理，由该主体承担与经营该服务相关的风险，由此换取对特许合同所涉服务以适当价格进行开发运营的权利。

时间、条件，委托的形式，文物保护的要求及其监管和违反上述标准或合同条款应承担的法律责任等一系列明确具体的标准和限制，优化文物利用的结构和效率，防止文物被受托主体不当利用。

在中国，有关"文物利用"的争议自改革开放和计划经济体制向市场经济体制转型时期被提出，与当时日益涌现的试图通过商业经营的方式实现文物创收的实践密切相关，本质上是对承载公共利益的文物是否可交由市场主体及进行商业化经营的争论。然而，由于市场化文物保护管理经验不足，具有"逐利性"的企业在对文物资源进行市场化利用的过程中流失或遭到破坏的现象频发，特别是 2001 年的"水洗三孔"事件①，引发全社会对于文物所有权是否可与经营权分离、是否可进行商业化利用的热议。有鉴于此，2002 年《文物保护法》修改时，在确立"保护为主，合理利用"和以保障文物安全的首要导向明确文物保护与旅游发展、文物保护与城市建设和发展关系的同时，明确提出国有不可移动文物不得转让、抵押，建立博物馆、保管所或者辟为参观场所的国有文物保护单位不得作为企业资产经营。近年来，文化遗产保护利用领域的公众参与日益受到重视，在国家政策和许多地方性法律政策层面得到大力支持和倡导。一个典型的例子是，"文物认养"作为一种对保护级别较低的文物建筑进行保护利用的创新模式，已在广东、山西、安徽、江苏、浙江等越来越多的省市得到推广。此外，《文化产业促进法》的立法工作也正在稳步推进，有关内容将为通过文化（创意）产业以创新而可持续的方式利用可移动和不可移动文物提供明确的法律规范和行为引导。

然而，当前《文物保护法》有关文物所有权人、使用权人之保护责任的规定，仍遵循"强制要求 + 消极处罚"的方式，即笼统地规定所有权、使用权人负有文物保护义务，除故意破坏和损毁文物的行为可能受到追责外，缺乏保证或激励这些主体积极履行保护义务的有力措施，更勿论引导其在科学保护的基础上加以合理利用。为越来越多地方所尝试的文物认养，也因现行《文物保护法》缺乏对文物市场化利用的明确态度和对丁文物建筑改造过于严格的要求，在实践中时而陷入被要求停业整改的尴尬局面，未知的法律风险严重影响市场主体参与"认养"利用的积极性。2015 年，在《文物保护法（修订草案)》（征求意见稿）中新增"文物利用"章节的尝试，更是因为饱受公众争议而搁浅。

3. 强化人权和其他正当权利保障

与可持续发展密切相关的人权理论和制度体系的发展，也推动了文物利用法律制度向着"以人为本"的方向日益发展，人权保障日益成为有关法律规则和制度设计和完善的核心价值导向。

---

① 《国家文物局首次公开表态"水洗三孔"属实》，http://news.eastday.com/epublish/gb/paper148/20010217/class014800018/hwz313811.htm，2019 年 7 月 14 日访问。

　　在欧洲,《文化遗产社会价值框架公约》和《弗里堡文化权利宣言》已经明确了文化遗产权作为人权的权利属性,包括选择自己的文化身份,并且使这种身份获得尊重的权利,也包括了解自己的文化以及组成人类共同遗产的其他文化、接触文化遗产、与所选择的文化遗产密切结合在一起的权利和从文化遗产中获益和为丰富文化遗产做出贡献的权利。① 为充分保障公众的文化遗产权利,法国在有关立法和《遗产法典》编撰和修改的过程中以促进公众对文化遗产的接触和享用、为公众提供更好的公共文化服务为宗旨,完善了文物利用相关规则。1959 年戴高乐在设立法国第一个“文化事务部”(Ministère d'État chargé des Affaires culturelles) 时,即以“让尽可能多的法国人看到人类的杰出作品,特别是法国的作品;保证让最多的人欣赏到我们的文化遗产,鼓励使我们的文化遗产更有力地丰富艺术创作和精神创造”为宗旨。往后历届政府也在这一宗旨指导下力促“文化民主”工作,并把享受文化的权利作为一种公民意识来培养,努力使每个公民都能平等地参与文化活动。2002 年,法国颁布了新的《法国博物馆法》,明确了法国博物馆在通过公众开放以及开展有关教育传播活动等方式向公众进行文化遗产推广方面的职责,极大地扩展了博物馆作为公共文化服务机构的业务范围。该法被纳入《遗产法典》“博物馆卷”有关内容后,《遗产法典》又进一步明确法国博物馆应通过提供必要信息和讲解等方式,为公众游览参观提供必要信息及便利服务措施。不可移动文物的开放利用也是如此。《遗产法典》不仅对专门负责重要公有历史古迹之开放经营的“国家古迹中心”(Centre nationale des monuments historiques) 和“建筑和遗产局”(Cité de l'architecture et du patrimoine) 的公众教育和服务职能进行了明确具体的规定,还遵循“私有文物古迹鼓励开放,接受公共资助的文物应当开放”的原则,设置了一系列促进私有文物古迹进行开放展示的具体规则。如古迹遗产维修和保护工程受遗产基金会资助的,在所有权人与遗产基金会签订的资助合同中应约定受资助的文物建筑应在修缮工程完成之日起十年内,以法令规定的方式和条件向公众开放。文物展示和开放的方式,则根据文物价值的重要性程度、其保存和使用状况以及管理机构等具体情况的不同,采取辟为专门的开放经营景点、用作专门的公共文化场所,或者定时开放、预约开放、部分开放等灵活的形式。此外,对于档案馆、图书馆等机构保存的文献遗产,《遗产法典》也明确了公众进行查阅的权利及其具体方式。除文化遗产的接触和参与权之外,2016 年全面修订《遗产法典》的《关于创作自由、建筑和遗产的法律》即以加强政府的公共文化职能、加强与地方行政区及其他社会主体的合作,促进文化艺术创作自由,更好地保护和利用文化遗产,改善公民生活质量,从而使文化在国家社会发展,以及实现人权保障等方面的作用得到更加充分的发挥为宗旨,不仅设立“当代艺术区域基金会”(Fonds régionaux d'art contemporain) 拓展国家参与当代艺术保护和促进

---

① 胡姗辰:《从财产权到人权:文化遗产权的理念变迁与范畴重构》,《政法论丛》2015 年第 4 期。

的渠道，促进此类遗产的传播、利用与发展，① 还新增"建筑质量"专编，就许多不足百年且不满足列级保护条件但具有一定建筑价值、依旧在当代社会发挥重要功能的近现代建筑遗产的保护和利用事宜进行规范，② 通过科学的保护和利用方式，促进公众住房条件和人居环境的改善。

　　近年来，中国公共文化服务和文化产业发展领域的法制建设和发展取得显著进步。2015 年，《博物馆条例》取代了原《博物馆管理办法》，除从原则上明确"博物馆开展社会服务应当坚持为人民服务、为社会主义服务的方向和贴近实际、贴近生活、贴近群众的原则，丰富人民群众精神文化生活"外，还新设"博物馆社会服务"专章，就博物馆向公众开放相关具体事宜进行规范，内容包括展品陈列与展示方式、公众特别是中小学生等特殊群体可享有的优惠与权利等，还包括博物馆进校园、博物馆进社区等方面的内容，并鼓励博物馆"挖掘藏品内涵，与文化创意、旅游等产业相结合，开发衍生产品规定"，突出彰显了该法要求作为公共文化服务机构的博物馆在文物藏品展示利用过程中应坚持保障公众文化权利、满足公众文化生活需求的价值导向。2017 年，《公共文化服务保障法》正式实施，使得博物馆和其他公共文化服务机构在"促进基本公共文化服务标准化均等化、提升服务效能，切实保障人民群众基本文化权益"的基本职责法定化。然而，作为文物保护核心立法的《文物保护法》，却因"只发红牌、不发红包"的公私利益失衡的制度设计而受到诟病；文物流通方面一些严格的限制和僵化而烦琐的审批程序，一直也都是历次修法的主要争议点之一。

三　以《文物保护法》为核心构建文物利用法制的思考：法国启示

　　当前我国《文物保护法》是一部典型的问题导向型立法，深深地镶嵌于长期以来注重经验和实用的治理实践之中③，即使在思路上借鉴了一些国家的先进模式，实际上都根源于历史实践，根源于针对一定时期特定国国情或者突出问题的实践探索④。此外，《文物保护法》的修订历程也鲜明地反映出中国长期以来的社会治理方式中行政—政策手段对于法律制定产生的显著影响，具有显著的行业立法和行政立法的特征，虽具有措施直接专业、资源相对集中的优势，但"行业型立法"着眼于规范行业行为，与文物工作密切相关的社会公众更多地被视为行政管理的相对人而非文物保护主体，其正当需求和权利保障的

---

① *Code du Patrimoine* (2016), art. L116 - 1, art. L116 - 2. .
② *Code du Patrimoine* (2016), art. L650 - 1 to art. L650 - 3.
③ 张伟明：《中国文物保护法实施效果研究》，文物出版社 2017 年版，第 27 页。
④ ［美］黄宗智：《经验与理论：中国社会、经济与法律的实践历史研究》，中国人民大学出版社 2007 年版，第 446 页。

关注相对不足；此外，"各起草者主要考虑自己的行政管理任务，缺乏普遍的全社会调整的眼光"①，更缺乏将文化遗产事业纳入社会发展之全局、将该法作为各类主体携手合作，相互配合推进文化遗产事业、从而促进之行为指引的广阔格局。

具体到文物利用方面，我国文化遗产公共利益观形成于近代民族危机和救亡图存的实践之中。与西方从个体自由和权利保障到民族和国家发展的公共利益观念的形成不同。新中国成立之初的文物管理和立法实践呈现出较为明显的与"国家利益"相关联甚至相混同的特点。高度集中的体制与政府在各项社会事务中的主导权，也导致了我国缺乏与当前市场经济体制相适应的文物利用及其宏观监管等方面的足够土壤。首部《文物保护法》制定时，新中国刚进入改革转型时期，不论是思维方式还是已有经验，都还停留在"以封闭性保护和技术管理为主要方式，在公有制基础上的行政部门与层级相结合的属地化委托管理"的阶段，对于如何应对市场经济环境下的文物利用问题，缺乏足够的经验。因此，从一定意义上说，当前我国《文物保护法》对这一问题三缄其口，具有现实的历史原因。此外，现行《文物保护法》作为行业立法的定位，导致当前我国文物工作的相对封闭、与其他政府部门的联动和协调不足，这反过来又构成文物利用改革与立法受到阻碍与制约的重要原因。另外，作为一个幅员辽阔的多民族国家，我国各地发展程度和社会文化观念方面的巨大差距，也是在国家立法层面出台放之全国而皆准、而又具有可行性和良好社会效果的文物利用法律制度的现实制约因素。

然而，从更广阔的视角来看，尽管《文物保护法》对文物利用问题保持缄默，但一套由文物开放与公众服务制度、文化遗产保护规划制度、文物保护利用的公众参与制度与文物保护底线规则共同组成的，基本与可持续发展目标相适应的文物利用法律体系，已初具框架。实践中日益发展的公众参与文物利用的实践及由此产生的诸多法律问题，也亟待一部具有足够影响力和法律效力的文物事业核心立法对此加以规范和回应。在《文物保护法》修订的过程中对文物利用问题做出明确规定，势在必行。

（一）构建文物利用法律制度构建的原则与共识

法律规则和制度修订有赖于全社会在一个共同的目标下形成的共识凝结。当前我国《文物保护法》修改过程中有关文物利用相关规则的争论，其原因包括不同主体有关文物利用目的主张和对文物多元价值结构之认知两方面的分歧。可持续发展目标的提出，在厘清了当代文物利用的终极目标的同时，也强调充分发挥主体的主观能动性，通过整体的统筹规划，因地制宜地实现各类资源互补和结构优化，使不同资源的价值在整体结构中得到最优发挥，为当前《文物保护法》从宏观层面规范文物保护利用提供了共识性基础。

---

① 郑永流：《转型中国的实践法律观——法社会学论集》，中国法制出版社 2009 年版，第 69 页。

在可持续发展目标下，《文物保护法》文物利用规则与制度体系的构建，应坚持以下共识性原则：第一，确立符合当代可持续发展目标和要求的文化遗产的范畴和价值体系。承认文物价值的多元性，正视包括经济价值、科学文化价值和社会价值等不同价值在社会建设和发展中的不同意义和相互影响，相互依存的关系，以及符合时代精神和发展需求的文化遗产价值体系，使其当代意义和功能在可持续发展目标下得到充分发挥。第二，尊重地方在文化遗产保护具体工作思路方面的自主性，加强不同政府部门之间的联动与协作。为减少各地区文物资源分布及保护利用现状的差异性导致的文物利用方式和具体问题的不同，作为文物保护核心立法的《文物保护法》在规范文物利用时，应尊重地区差异性，通过为各级政府及其不同职能部门密切配合提供明确的法律依据和指引，同时设立相关职能或活动设置底线规则的方式，适当赋予和充分尊重地方在遗产保护利用中的自主权，充分发挥地方政府和群众在文物利用中的智慧和创新能力，以适宜地区发展的创新方式促进文物价值的最优发挥。第三，注重公民和法人正当利益保障。在文化遗产与公众日常生活的关系日益密切的今天，文物利用离不开公众参与氛围和格局的形成。文化遗产利用中的公众参与和公私协作，本质上即公共利益和私人利益不断博弈和协调达到平衡、实现"共赢"的过程。因此，厘清文物利用中的利益结构，依法保障或补偿公民和法人的合法权益，是通过公众参与推动文物利用的坚实保障。

（二）以《文物保护法》为抓手完善我国文物利用法制体系

依据可持续发展的目标和要求，借鉴法国《遗产法典》文物利用相关法律规则的经验，结合我国法律规范体系的结构与方式，我国当代文物利用法律体系的完善，应以文物保护领域的核心立法《文物保护法》为基础。《文物保护法》在确立上述文物利用法律原则的同时，还应采取"底线规则＋适度'放权'"的方式，在明确界定基本方向、划定法律"红线"的同时，厘清和正视文物立法与其他相关立法的关系，注重《文物保护法》与其配套下位立法，如《文物保护法实施条例》《博物馆条例》《历史文化名城名镇名村保护条例》，以及与其他相关立法，如建设规划立法、公共文化服务和文化产业立法、旅游法及知识产权立法等领域法律法规的协调配合，从以下几个方面构建完善的文物利用法治体系。

第一，与《公共文化服务保障法》协调配合，参照法国"公有或受公共财政资助的文物应当开放，私有文物建筑鼓励开放"的原则，明确将文物公众开放和提供公众服务的基本要求。在此基础上，通过相应地修改完善下位配套法规，如修改《博物馆条例》，或制定《不可移动文物开放利用办法》等，将文物开放和公众服务的要求和规则具体化。

第二，以可持续发展的理念看待文物保护和利用的关系问题，适当放宽国家对低级别或者未定级文物修缮改造过于严格的底线规则和烦琐的标准，允许对其进行合理改造。同时赋予行业标准、技术导则等以明确的法律意义，通过这些更为细致和专业的文件，进一步规范文物改造利用。

第三，在《文物保护法》法律规范层面明确各类文物保护专项规划与城市建设与社会经济发展规划的效力关系，并明确规定，各类保护规划应包含与所在地建设规划和社会经济发展规划相适应的文物活化利用的可能方式。

最后，在《文物保护法》中明确规定通过税费减免、贷款利息减免等多样化方式鼓励社会主体参与文物利用。对于非国有文物和保护级别较低的国有文物，应允许利用主体在遵守文物部门和其他有关部门监督管理的前提下，开展适度商业经营；鼓励社会主体应用新科技，采取不对文物本体造成影响和损害的创新利用方式；与正在制定的《文化产业促进法》的有关规定协调配合，鼓励在深入发掘文物内涵与价值的基础上，发展依托文物的文化（创意）产业，并依法保障有权主体应享有的知识产权。

参考文献

[1] 郑振铎著：《基本建设与古文物保护工作》，中华全国科学技术普及协会 1954 年版。

[2] 张伟明：《中国文物保护法实施效果研究》，文物出版社 2017 年版。

[3] 邵甬著：《法国建筑·城市·景观遗产保护与价值重现》，同济大学出版社 2010 年版。

[4] 马庆凯、程乐：《从"以物为本"到"以人为本"的回归：国际遗产学界新趋势》，《东南文化》2019 年第 2 期。

[5] 郑振铎：《给"古董"以新的生命》，载国家文物局编：《郑振铎文博文集》，文物出版社 1998 年版。

[6] Rao K, A new paradigm for the identification, nomination and inscription of properties on the World Heritage List, *International Journal of Heritage Studies*, 2010, vol. 16, Iss. 3.

[7] Laurajane Smith, *Uses of Heritage*, London：Routledge, 2006.

我国不可移动文物保护利用法制的问题与对策

王　毅*

摘要：本文对文物认定制度、区划和规划保护制度、历史文化名城保护制度等有关我国不可移动文物保护利用的政策现状进行梳理，并对其中存在的不足进行了分析，主要包括"重限制、轻补偿"的立法特点，低等级不可移动文物保护力度偏弱，历史文化名城体系与不可移动文物的关系不清晰、保护效果不理想，文物保护单位保护规划的法律地位不明确等问题。通过借鉴其他行业以及国外的相关做法，文章对不可移动文物保护利用政策的改进提出建议，主要包括推动确权登记法制化、建立文物保护单位的"紧急认定"或"临时认定"制度、理顺传统类型文物与名城体系间关系等。

关键词：不可移动文物；保护利用；政策建议

不可移动文物是我国文化遗产的重要组成部分。一方面，不可移动文物所受的关注度较高，所能够得到的保护管理资源也较多，但另一方面，不可移动文物所面临的社会发展和旅游等方面的压力也要比一般的文化遗产更大。因此，有必要对于现行的不可移动文物保护制度进行梳理，研究其中的不足，并期望在今后的《文物保护法》修订及其他相关法律制度建设工作中予以完善。

一　中国不可移动文物保护利用制度现状

（一）不可移动文物的所有权制度

我国《宪法》中对于文物所有权没有具体规定，而是主要从保护的角度出发，规定"国家保护名胜古迹、珍贵文物和其他重要历史文化遗产"，文物所有权的具体内容由《文物保护法》加以细化。

---

* 　王毅，西北大学文化遗产学院博士研究生，浙江大学艺术与考古博物馆馆员。

《文物保护法》第五条规定了属于国家所有的文物类型。此外,《民法通则》第七十九条规定,"所有人不明的埋藏物、隐藏物,归国家所有";《物权法》第五十一条规定,"法律规定属于国家所有的文物,属于国家所有"。这些都是我国所实行的国家所有权在不可移动文物中的具体体现。

我国现行的文物所有权制度是由我国的国家性质决定的,也是文物保护利用工作开展的基石。

(二) 历史文化名城和街区制度

我国对不可移动文物实行分类分级的登记和保护管理制度,根据不可移动文物的历史、艺术、科学价值,将其分别确定为全国重点文物保护单位,省级文物保护单位,市、县级文物保护单位以及尚未核定公布为文物保护单位的不可移动文物。与此同时,《文物保护法》规定,将保存文物特别丰富并且具有重大历史价值或者革命纪念意义的城市、村镇和街道分别公布为历史文化名城、村镇和街区。截至2019年年底,国务院共公布国家历史文化名城135座。

(三) 区划和规划保护制度

《文物保护法》指出,应为各级文物保护单位划定必要的保护范围,并可以在文物保护单位的周围划出一定的建设控制地带,同时对保护范围和建设控制地带内的保护要求做出了规定。《文物保护法》还规定,应当将各级文物保护单位的保护措施纳入各级城乡建设规划,同时应当组织编制专门的历史文化名城和历史文化街区、村镇保护规划,并纳入城市总体规划。此外,《城乡规划法》规定,城乡规划要保护历史文化遗产,历史文化遗产的保护应当作为城市总体规划、镇总体规划的强制性内容之一。建设部则于2003年发布了《城市紫线管理办法》,要求划定城市紫线和对城市紫线范围内的建设活动实施监督、管理。①

国务院于2008年颁布的《历史文化名城名镇名村保护条例》对历史文化名城名镇名村保护规划的编制时间、内容、审批和实施等做出了规定。此后,为了加强名城名镇名村保护规划的编制,住建部和国家文物局于2013年颁布了《历史文化名城名镇名村保护规划编制要求》(试行),住建部于2014年颁布了《历史文化名城名镇名村街区保护规划编制审批办法》。

---

① 城市紫线是指国家历史文化名城内的历史文化街区和省、自治区、直辖市人民政府公布的历史文化街区的保护范围界线,以及历史文化街区外经县级以上人民政府公布保护的历史建筑的保护范围界线。

　　为加强对文物保护单位保护规划编制和审批的管理，国家文物局于 2004 年颁布了《全国重点文物保护单位保护规划编制审批办法》和《全国重点文物保护单位保护规划编制要求》。《中国文物古迹保护准则》（2015 年版）也将制订和实施文物保护规划作为文物古迹保护和管理工作的重要程序。

　　多年来，不可移动文物的区划和规划保护制度对于不可移动文物的科学保护、抵御发展压力起到了积极作用。

（四）不可移动文物利用制度

　　我国不可移动文物的利用需遵循一定的法律规定。《文物保护法》规定使用不可移动文物保护利用必须遵守不改变文物原状的原则，并要负责保护建筑物及其附属文物的安全，不得损毁、改建、添建或者拆除不可移动文物。《文物保护法》同时规定，核定为文物保护单位的属于国家所有的纪念建筑物或者古建筑，除可以建立博物馆、保管所或者辟为参观游览场所外，作其他用途的，应履行相应的报批程序，而对建立博物馆、保管所或者辟为参观游览场所的国有文物保护单位，不得作为企业资产经营。

　　国家文物局也就不可移动文物的经营、开放等利用工作印发了一系列的文件，其中包括：2011 年颁布的《国有文物保护单位经营性活动管理规定（试行）》，对国有文物保护单位开展经营活动的主体、形式、报批程序等予以了规定；于 2016 年印发的《关于促进文物合理利用的若干意见》，对文物利用的基本原则予以了具体的表述，要求坚持把社会效益放在首位、坚持依法合规、坚持合理适度，并指出了让文物活起来的具体举措；2017年印发的《文物建筑开放导则（试行）》，对文物建筑的开放条件、使用的功能类型、开放方式和要求、日常管理和维护等予以了规定；2019 年印发的《革命旧址保护利用导则(2019)》，对革命旧址的管理、保护、展示、教育等方面的工作给予了指导和规范。

二　现行制度中存在的不足

（一）所有权制度待完善

　　随着文物类型的丰富、对于文物价值理解的深入，以及文物保护利用手段的多样化，目前我国以国家所有权为主导的文物所有权制度在现实中也暴露出一些问题。由于关于文物的权利、义务和责任无法归属到一个明确的主体，导致民众无法充分行使对于国有文物的保护义务或分享由其产生的各种价值，文物部门难以充分行使对于文物的保护责任，部分文物也遭到了不合理的利用。

　　此外，由于我国现行的文物所有权制度延续了计划经济时期"重集体利益，轻个人利益"的风格，立法取向具有"重限制，轻补偿"的特点，对处于不应补偿的"合理限制"与应予补偿的"征收与征用"之间的模糊地带——"文物所有权过度限制"视而不见。①以城市中的非国有不可移动文物为例，《文物保护法》主要规定了其保护义务，② 虽然其中也规定当非国有不可移动文物有损毁危险而所有人不具备修缮能力的，当地人民政府应当给予帮助，但由于现实中这种修缮能力很难客观加以界定，对于政府所给予帮助的方式和标准等也没有明确规定，外加上文物保护经费的总体有限，主要向国有文物倾斜，非国有文物的保护很少能够得到政府补助。这种限制远大于补偿的现状严重影响了非国有不可移动文物所有人对于文物保护的认同和积极性，需要有所改观。

(二) 低等级不可移动文物保护力度偏弱，保护情况堪忧

对于尚未核定公布为文物保护单位的不可移动文物，现行《文物保护法》要求县级以上地方人民政府文物行政部门应当根据不同文物的保护需要，制定具体保护措施并公告施行，但并未对其保护范围和档案等做出强制要求。与此同时，虽然《文物保护法》第二十条规定"建设工程选址，应当尽可能避开不可移动文物"，但该条款之后关于原址保护、迁移或拆除的审批规定，都是针对文物保护单位，对于建设工程无法避开的未核定公布为文物保护单位的不可移动文物的情况，并未做出有效规定。

法律保护的缺失，加上各地文物保护力量的有限，导致了低等级的不可移动文物（包括非文物保护单位和部分市县级文物保护单位）的保护状况堪忧。根据第三次全国文物普查的结果，在我国已登记的 766722 处不可移动文物中，保存状况较差的占 17.77%，保存状况差的占 8.43%，约 4.4 万处不可移动文物登记消失。其中，国家重点文物保护单位和省级文物保护单位消失的情况几乎没有，大量消失的是没有任何定级、只是被区县登记公布的不可移动文物。

针对这一情况，虽然国家文物局于 2017 年 2 月颁布了《关于加强尚未核定公布为文物保护单位的不可移动文物保护工作的通知》，但文件层级低，难以使这一问题得到根本性改观。

(三) 历史文化名城体系与不可移动文物的关系不清晰，保护效果不理想

在《文物保护法》中，历史文化名城、村镇和街区的内容出现在第二章"不可移动文物"中，但前者既不属于文物保护单位，又不属于尚未核定公布为文物保护单位的不可

---

① 张国超：《我国私人不可移动文物所有权限制与补偿研究》，《东南文化》2018 年第 4 期。
② 根据《文物保护法》第二十一条的规定，非国有不可移动文物的修缮、保养由所有人负责，须遵守不改变文物原状的原则，文物修缮须等由取得文物保护工程资质证书的单位承担，并报相应的文物行政部门批准。

移动文物，也没有出现在第二条所列受国家保护的文物中。实践中，历史文化名城保护和管理工作也并非由文物部门主要负责。由此可见，名城体系与不可移动文物的关系，从立法逻辑到现实管理，都需要进一步梳理。

此外，在《文物保护法》中，"历史文化街区"与"历史文化名城"是并列的概念，但在《历史文化名城名镇名村保护条例》中，"历史文化街区"却是从属于"历史文化名城"的，这些概念也需要进一步的厘清和相互衔接。

与此同时，由于历史文化名城体系的法律地位由《文物保护法》赋予，其保护也采用了文物保护的模式，过于专注保护历史文化名城的空间形态与实物形态。[①] 由于未能认清名城保护与城市发展的有机联系，当下我国历史文化名城保护还存在不少问题，如割裂历史建筑与周边环境关系的孤岛式保护、忽视城市动态过程的静态式保护、"见物不见人"的腾退式保护、破坏差异和特色的统一规划式保护等，[②] 导致历史文化名城的特色不突出，风貌不彰显，整体保护状况不理想。

而现阶段对于历史文化街区主要以划定保护范围、限制建筑高度和保护传统风貌为主要管控手段，由于对街区资源价值和文化内涵的认识并不全面，许多地方片面追求城市土地经济价值，将传统建筑拆除，或搬用其他城市的商业街开发模式，统一建造仿古建筑，对街区的真实性、完整性和生活延续性造成破坏。[③]

（四）文物保护单位保护规划的法律地位不明确，实施效果有待加强

《文物保护法》规定，各级政府应当组织编制专门的历史文化名城和历史文化街区、村镇保护规划，并纳入城市总体规划，但对文物保护单位的保护规划未做硬性要求。《全国重点文物保护单位保护规划编制审批办法》《全国重点文物保护单位保护规划编制要求》和《中国文物古迹保护准则》则层级过低，难以为文物保护规划提供足够的法律依据。此外，文物保护单位的保护规划如何与《城乡规划法》中规定的规划体系相衔接，目前的法律规定也并不明确。

与此同时，不同法规中对于保护区划的表述和要求不同。《文物保护法》中将文物保护单位的保护区划分为保护范围和建设控制地带，要求为各级文物保护单位划定必要的保护范围，对建设控制地带的划定未做硬性要求，[④] 对未核定为文物保护单位的不可移动文物的保护区划未做要求。而在《历史文化名城名镇名村保护条例》中，要求划定历史文化

---

① 卢济威、曹昌智、张凡、胡燕：《历史文化名城保护与现代城市设计》，《中国名城》2019 年第 1 期。

② 晏晨：《历史文化名城保护的困境与思考》，《宁夏社会科学》2018 年第 6 期。

③ 欣玥：《成都历史文化名城保护规划编制创新探索》，《规划师》2017 年第 11 期。

④ 《文物保护法》第十八条规定："根据保护文物的实际需要，经省、自治区、直辖市人民政府批准，可以在文物保护单位的周围划出一定的建设控制地带，并予以公布。"

名城、名镇、名村的保护范围，其中历史文化名镇、名村和名城中的历史文化街区需要划定核心保护范围和建设控制地带。

此外，经过多年来的努力，规划先行已成为文物保护领域的普遍共识，名城、名镇、名村和国家重点文物保护单位普遍编制了文物保护规划，但规划实施的效果并不十分理想。一方面，文物保护单位的保护规划在经文物主管部门批准后，经常出现各地政府未予以及时公布实施的情况，导致保护规划不能为文物保护单位的保护管理提供支撑。而即使是经过地方政府公布实施的保护规划，由于缺乏有效的监管手段，规划的实施效果也往往不如人意。

（五）遗产利用与社会参与制度不完善

根据上一部分的梳理可见，总的来说，我国现行法有关文化遗产利用的制度尚不完善，尤其对于"合理利用"的界定缺位，使得实践中社会各界对如何合理利用不可移动文物有较大的分歧，影响了文物利用工作的科学开展。国家文物局在《关于促进文物合理利用的若干意见》中也指出，"文物利用仍然存在着义物资源开放程度不高、利用手段不多、社会参与不够以及过度利用、不当利用等问题"。

三　完善不可移动文物保护利用制度的建议

（一）推动确权登记法治化

对于文物所有权缺乏足够认识的问题在第三次文物普查工作中有所表现，如对其所有权的重视程度不够，所登记的所有权是文物所有权还是文物所附土地的所有权并不明晰等，一些普查点登记或者被公布为文保单位事先并没有告知业主等情况；一些文物的所有权登记也并不准确，给后期的保护工作带来了隐患。因此，在文物登录过程中，应对确认文物资源的所有权提出明确要求，并规定对于私有文物的登记和认定，需要征求所有权人的意见。中共中央办公厅和国务院办公厅于 2019 年 4 月印发的《关于统筹推进自然资源资产产权制度改革的指导意见》，提出要明确自然资源资产产权主体，也为国有文物的确权提供了思路。

基于这一思路，本文认为，面对国有文物保护权责不清的现状，也应由国务院授权国家文物主管部门代表国家统一行使国有文物资源资产的所有权权能，并建立国家文物主管部门委托省级和地市级政府代理行使文物资源资产所有权的资源清单和监督管理制度。

（二）建立不可移动文物的"紧急认定"制度与降级撤销和"警示名录"制度

对于新发现的文物资源，尤其是新发现的地下文物，由于面临城市建设等压力急需保护，又来不及履行常规文物定级程序的，应在登录制度中设置"紧急认定"或"临时认定"制度，赋予各级文物行政主管部门以紧急或临时认定和公布相应级别文物保护单位的权力，并在经同级人民政府根据常规程序公布相应的保护级别后取消其紧急或临时保护的称号。

此外，可以考虑参照世界遗产的"濒危名录"制度，将保护管理情况堪忧、存在较大降级或撤销风险的不可移动文物列入"警示名录"，以加强对于文物管理机构和所在地政府的警示作用。

（三）改革历史文化名城保护体系

从前文指出的问题可以看出，如果继续目前的保护机制，名城体系名不副实的现象将愈演愈烈。本文认为，改革历史文化名城保护体系，一方面要将名城体系的保护规划纳入空间规划体系；更为重要的是，应将名城体系从现阶段的"风貌"式保护转向以不可移动文物价值研究和保护为核心、文物保护单位保护为主要手段的保护方式，并研究提出将历史文化名城体系纳入文物行政管理领域的方案。

（四）健全区划与规划制度

针对上文提到的保护规划中存在的问题，本文认为，应进一步明确"规划先行"的保护原则，将编制文物保护规划作为省级以上文物保护单位的强制性要求纳入文物保护法。

在此基础上，应结合国土空间规划管理职能的统一调整和推进"多规合一"的改革要求，推动将文物，包括保护历史文化名城、名镇、名村的保护管理需求作为常项，全面纳入各级国土空间规划编制和实施，[①]同时健全文物本体与周边环境、文化生态的整体保护机制。

而为了顺应多规合一与空间规划的大趋势，本文建议，应调整保护规划的编制要求，分类、分层次编制、实施保护规划，不要求每处文物保护单位有专门的保护规划，但要求每处都有保护规划。例如，像世界遗产以及特别复杂的文物保护单位需要单独编制保护规划，其他文物保护单位可按照地市、县为单位统一编制。由国家文物局制定单独编制规划的文物名录，组织编制；各市、县政府组织编制的本市、县的保护规划由省级以上文物主管部门负责审批，同时将规划编制、公布和实施情况纳入政府工作考核体系。

（五）探索建立不可移动文物保护利用的补偿制度

有学者指出，按照特别牺牲理论，立法机关虽然可以基于社会义务性对私人文物所有

---

① 刘玉珠：《谱写新时代文物保护利用改革新篇章》，《求是》2018 年第 24 期。

权的内容和界限加以限定，但应符合正义的理性价值。而《文物保护法》对我国私人文物所有权的限制已超过了所有权人所应负担的社会义务，呈明显的限制过度状态，使所有权人享有的权利和承担的义务出现失衡，背负了文物保护的沉重负担，为文物保护做出了特别牺牲，应当受到补偿。[1]

现行《文物保护法》中补偿的内容主要是关于国有馆藏文物的调拨、交换、借用和移交的。与之形成对照的是，在我国的生态和自然资源领域，补偿制度已较为成熟。如 2009 年 11 月，财政部与国家林业局印发了修订后的《中央财政森林生态效益补偿基金管理办法》，规定了中央财政森林生态效益补偿基金的补偿范围、补偿标准、补偿对象以及补助的用途等内容。

与此同时，目前也已有一些城市开始实施文物保护的补偿制度，如从 2019 年 3 月起施行的《南京市地下文物保护条例》首次明确了地下文物保护损失补偿机制，[2] 苏州市则出台了《苏州市古建筑抢修保护实施细则》和《苏州市古建筑抢修贷款贴息和奖励办法》，对自筹资金维修古建筑的，政府依申请给予贷款贴息或按一定比例给予奖励。[3]

（六）构建不可移动文物的利用与社会参与制度

本文认为，应在工作中逐步开展对于不可移动文物多种形式的利用试点。如在文物保护单位修缮过程中严格遵照《文物保护法》要求，突出修缮措施的科学性和艺术性，并在保持建筑原有格局、形制，且不破坏建筑结构的前提下，适当地按功能需求对内部进行现代化改造，鼓励对文物建筑进行科学活化利用。

与此同时，应进一步明确公众在不可移动文物保护利用中依法享有的权利。公众参与制度在环境保护领域已得到较好的确立。于 2015 年 1 月实施的新《环境保护法》除将"公众参与"确定为环境保护的五原则之一外，还专设"信息公开与公众参与"章节（第五章），其中规定，公民、法人和其他组织依法享有获取环境信息、参与和监督环境保护的权利。

本文认为，应进一步明确公众在不可移动文物登录、规划编制和实施、文物安全监督等方面的知情权和参与权，并在相关规范性文件中予以细化，且进一步完善文物保护利用社会组织的培育和管理制度，给予税收、贷款等方面的优惠；与此同时，要完善对于社会力量参与文物保护利用工作的监管和评估机制，确保社会力量依法依规参与不可移动文物的保护利用工作。

---

[1]　张国超：《我国私人不可移动文物所有权限制与补偿研究》，《东南文化》2018 年第 4 期。
[2]　该条例二十四条规定，因地下文物保护给单位和个人造成损失的，市、区人民政府和江北新区管理机构应当予以合理补偿。
[3]　杨丽霞：《民居类建筑遗产保护管理的思考》，《中国文物科学研究》2017 年第 2 期。

鉴于我国文物保护利用方面的社会组织力量整体较弱，以及目前我国社会组织自治的制度环境总体欠佳，① 本文认为，可以借鉴英国、法国等国文化遗产社会组织再组成联合体的方式，围绕力量相对较强、社会认知度相对较高的全国性行业组织或基金会，诸如中国古迹遗址保护协会、中国博物馆协会及中国文物保护基金会等形成伞状组织，由这些机构牵头举办行业社会组织年会，并在其理事会中安排社会组织的代表参与，从而加强对社会组织的管理，并拓宽社会组织与文物主管部门间的信息沟通渠道。

此外，应完善文物保护利用领域购买社会服务制度。目前，受到中央财政支持的社会组织参与社会服务项目中并没有包括文物保护利用方面的服务，应通过制度安排扩大中央财政的支持范围。与此同时，应通过更多的政府采购或委托方式，使文物保护的社会力量参与者享受到与国有文化事业单位的同等待遇，获得同等竞争机会。

参考文献

［1］李晓东：《文物法学：理论与实践》，紫禁城出版社 1996 年版。

［2］王军：《日本的文化财保护》，文物出版社 1997 年版。

［3］李晓东：《文物保护法概论》，学苑出版社 2002 年版。

［4］范敬宜等主编：《文物保护法律指南》，中国城市出版社 2003 年版。

［5］刘晓霞等：《文物保护法通论》，中国城市出版社 2005 年版。

［6］王明强：《我国依法行政的基本制度》，西南交通大学出版社 2005 年版。

［7］韩广：《中国环境保护法的基本制度研究》，中国法制出版社 2007 年版。

［8］朱晓明：《当代英国建筑遗产保护》，同济大学出版社 2007 年版。

［9］周卫：《历史建筑保护与再利用：新旧空间关联理论及模式研究》，中国建筑工业出版社 2009 年版。

［10］干云霄·《文化遗产法教程》，商务印书馆 2012 年版。

［11］王云霞：《文化遗产法：概念、体系与视角》，中国人民大学出版社 2012 年版。

［12］彭跃辉主编：《中国文物法制研究报告》，文物出版社 2012 年版。

［13］李晓东：《文物保护理论与方法》，故宫出版社 2012 年版。

［14］陈理娟：《中国大遗址保护与利用制度研究》，科学出版社 2013 年版。

［15］《文物保护法研究专辑》编辑组编：《文物保护法研究专辑 III》，文物出版社 2014 年版。

［16］王云霞主编：《社会参与文化遗产保护的法律机制》，文物出版社 2014 年版。

［17］刘曙光、柴晓明主编：《文物工作研究——聚焦 2012》，文物出版社 2015 年版。

［18］艾其来、高海静主编：《文物法律知识读本》，中国民主法治出版社 2016 年版。

［19］励小捷主编：《文物保护法修订研究（一）》，文物出版社 2016 年版。

---

① 伍治良：《社会管理法治化的基础性制度建设》，《经济社会体制比较》2013 年第 4 期。

［20］刘越:《我国社会主义基本经济制度研究》,经济科学出版社 2016 年版。

［21］吴东风主编:《文物影响评估》,科学出版社 2016 年版。

［22］国家文物局编:《文物工作调研报告汇编（2015）》,文物出版社 2016 年版。

［23］国家文物局编:《文物工作调研报告汇编（2016）》,文物出版社 2017 年版。

［24］国家文物局编:《文物政策理论研究辑要》,文物出版社 2017 年版。

［25］刘曙光、柴晓明主编:《文物工作研究——聚焦 2015》,文物出版社 2017 年版。

［26］周超:《日本文化遗产保护法律制度及中日比较研究》,中国社会科学出版社 2017 年版。

［27］张伟明:《中国文物保护法实施效果研究》,文物出版社 2017 年版。

［28］中国文物学会法律专业委员会、中国博物馆协会法律专业委员会编:《文物、博物馆与遗产》,译林出版社 2018 年版。

［29］李春玲:《全国重点文物保护单位制度研究》,文物出版社 2018 年版。

［30］刘爱河等:《保护遗产　永续根脉——社会力量参与文物保护利用实践研究》,文物出版社 2018 年版。

上海市历史建筑保护法律评析

——以《上海市历史风貌区和优秀历史建筑保护条例》为例

刘　珊*

摘要： 上海市在保护优秀历史建筑方面走在全国前列。其中，《上海市历史风貌区和优秀历史建筑保护条例》是最重要的地方性法规之一，从出台至今十八年，历经三次修改，日趋完善，尤其是在确立文化遗产保护理念、加强对优秀历史建筑的利用、维护私人所有权人利益等方面，具有较为明显的可操作性，值得各地乃至全国立法借鉴。当然，由于国家层面的法律对历史建筑尤其是私人所有建筑的保护力度不足，上海的地方性立法也存在一定的与上位法不匹配的问题，需要在未来进一步改进和发展。

关键词： 上海　优秀历史建筑　历史风貌区　所有权

上海是国家第二批历史文化名城，不可移动文物尤其是近现代具有代表性的历史建筑规模庞大，在保护方面也走在全国的前列。从 20 世纪 80 年代开始，上海就已经开始通过地方性立法保护具有历史文化特色的建筑及区域，经过 30 多年的努力，取得了巨大的成就。在国家文物立法的指引下，上海市制定了一系列的地方性文物保护法律文件，其中最有特色的地方性法规就是《上海市历史文化风貌区和优秀历史建筑保护条例》（2019 年第三次修改后名称改为《上海市历史风貌区和优秀历史建筑保护条例》）（若无特别说明，修改前的条例简称"《风貌区条例》"，2019 年修改的条例则简称"新《风貌区条例》"），同时为单体历史建筑和成片的风貌区保护提供了法律依据。

一　《风貌区条例》：上海独有的历史建筑保护法规

1843 年，依据《中英南京条约》规定，上海正式开放为通商口岸。欧美列强的大批涌入，近代建筑业开始在上海形成发展，直到 1937 年抗战爆发几近停滞，近一百年的时

---

* 刘珊，华东政法大学 2018 级国际法博士研究生。

间内，上海出现了大量西方式建筑，数量繁多，风格多样。① 各色建筑的稀缺性和精美性促使上海历史建筑的法律保护迅速发展。

（一）上海市历史建筑法律保护体系

从 20 世纪 80 年代起，上海正式迈出历史建筑保护的步伐。保护范围包括单体建筑和建筑群及历史风貌区两大方面。1988 年 11 月 10 日建设部和文化部发出《关于重点调查、保护优秀近代建筑物的通知》，要求按《中华人民共和国文物保护法》（以下简称《文物保护法》）有关规定，申报和公布各级文物保护单位。经过调研和征求意见，1989 年，上海市政府公布了第一批优秀近代建筑（1993 年进行了增补）。② 接下来，又分别于 1994 年、1999 年③、2005 年④和 2015 年⑤公布了第二批至第五批的保护建筑名单。

1991 年，上海市颁布了第一个与历史建筑保护相关的地方性法规——《上海市优秀近代建筑保护管理办法》（1997 年修正并重新发布，以下简称"《建筑保护管理办法》"），为优秀建筑的保护提供了法律依据。⑥

在建筑群保护方面，1991 年，上海市规划局开始着手组织编制上海市历史文化名城保护规划，外滩等 11 片区域被列为历史文化风貌保护区。1999 年，上海市规划局又组织编制了《上海市中心区历史风貌保护规划（历史建筑与街区）》，对 1999 年划定的历史文化风貌保护区明确了保护范围和要求，确定了 234 个街坊，440 处历史建筑群。⑦

由于上海市优秀历史建筑不断在更新和发展，为了适应形势的变更，2002 年 7 月 25

---

① 上海近代建筑发展历史参见上海市地方志办公室：《上海名建筑志》，前言部分，http：//www. sh-shtong. gov. cn/Newsite/node2/node71994/node81772/index. html，2019 年 10 月 31 日访问。

② 上海市地方志办公室：1989 年、1993 年以优秀近代建筑列入上海市文物保护单位共 61 处，http：//www. shtong. gov. cn/Newsite/node2/node71994/node81772/node81779/node81794/userobject1ai108894. html。2019 年 10 月 31 日访问。

③ 上海市地方志办公室：上海市人民政府 1994、1999 年公布的 337 处上海市优秀历史建筑（其中，第二批 175 处，第三批 162 处），http：//www. shtong. gov. cn/Newsite/node2/node71994/node81772/node81779/node81794/userobject1ai108895. html，2019 年 10 月 31 日访问。

④ 上海市地方志办公室：上海市第四批（公示）优秀历史建筑，共 230 处，http：//www. shtong. gov. cn/Newsite/node2/node71994/node81772/node81779/node81794/userobject1ai108896. html，2019 年 10 月 31 日访问。

⑤ 上海市规划和自然资源局：上海市第五批优秀历史建筑名单，共 426 处，http：//ghzyj. sh. gov. cn/bxzc/zsc/lsfm/lsjz/201509/t20150922_666292. html，2019 年 10 月 31 日访问。

⑥ 《建筑保护管理办法》规定，将 1840－1949 年期间建造的，具有历史、艺术和科学价值的建筑和建筑群根据其历史、艺术、科学的价值，分为全国重点文物保护单位、上海市文物保护单位、上海市建筑保护单位进行分级保护。

⑦ 参见伍江、王林：《上海城市历史文化遗产保护制度概述》，《时代建筑》2006 年第 2 期。

日，上海市颁布《风貌区条例》。根据该条例，2003 年，上海市划定了 12 处历史风貌区,[①] 并对其进行了整体保护规划。2004 年上海市成立了保护委员会，在分管副市长的领导下，由市政府的各级部门组成小组，协同保护优秀建筑和风貌区。

由于上海市缺少文物保护地方性法规，2014 年上海市人大常委会通过了《文物保护条例》，对《文物保护法》做了细化规定。

（二）《风貌区条例》的重要特点

《风貌区条例》生效后，在 2010 年和 2011 年经过两次微调，主要修改了管理部门名称，增加了行政强制执行相关规定，后又于 2019 年进行了幅度较大的修改。条例除了贯彻实施国家关于文物保护的法律理念外，还有一些值得注意的地方。

第一，《风貌区条例》确定了优秀历史建筑和历史风貌区的概念，但它们并不是国家法律层面的概念。《风貌区条例》规定，优秀历史建筑被依法确定为文物的，其保护管理依照文物保护法律、法规的有关规定执行。[②] 由此可见，优秀历史建筑的范围要大于文物的范围，因此，不属于文物的优秀历史建筑只能依靠《风貌区条例》来保护。属于文物范围的建筑物，在不同法律条文中也并不一致。《文物保护条例》中不可移动文物的概念和《风貌区条例》中优秀历史建筑的概念不一致，前者特别规定：既是不可移动文物又是优秀历史建筑的，由市人民政府相关行政管理部门依照文物保护的相关法律、法规和本市有关法规规定，共同做好保护工作。[③]

第二，私人所有的优秀历史建筑是《风貌区条例》保护与规范的重要对象。正如第一条所指出的，优秀历史建筑的范围要大于文物，其中，私人所有的建筑占据了相当一部分。这部分建筑管理难度最大，法律需要平衡所有权人的权利和义务。《风貌区条例》对私人所有的优秀历史建筑有相对详细的规范。首先，所有权人具有修缮保养的义务，并应当支付相应的费用。[④] 其次，所有权人未能及时修缮而导致建筑发生损毁等风险的，政府主管部门应当责令其修缮或代为修缮，所需费用由建筑的所有人承担。[⑤] 再次，优秀历史建筑的修缮应当由建筑的所有人委托具有相应资质的专业设计、施工单位实施。[⑥] 另外，在历史文化风貌区内不得擅自新建、扩建、迁移、拆除建筑，不得擅自更改外观、用途

① 上海市地方志办公室，http://www.shtong.gov.cn/Newsite/node2/node71994/node81772/node81779/node81794/userobject1ai108901.html, 2019 年 10 月 31 日访问。
② 《上海市历史文化风貌区和优秀历史建筑保护条例》（2002）第二条。
③ 《上海市历史文化风貌区和优秀历史建筑保护条例》（2002）第四十三条。
④ 《上海市历史文化风貌区和优秀历史建筑保护条例》（2002）第三十三条。
⑤ 《上海市历史文化风貌区和优秀历史建筑保护条例》（2002）第三十四条。
⑥ 《上海市历史文化风貌区和优秀历史建筑保护条例》（2002）第三十五条。

等，如有违反，可以处以罚款甚至刑事处罚。①

第三，在法律责任方面，《风貌区条例》规定了较为严格的罚则。例如，针对擅自迁移优秀历史建筑的可以处重置价一到三倍的罚款；擅自拆除优秀历史建筑的可以处重置价三到五倍的罚款。② 历史建筑本身价值不菲，因此罚款的价格对于违法者而言具有震慑力；重置价格考虑了一旦建筑被拆除后在当前时点重建需要的费用，使得历史建筑在遭到破坏后有修复和重建的现实可能性。

二　《风貌区条例》的修改：历史建筑保护的新发展

2017 年，为了贯彻习近平总书记关于保护城市历史文化遗产的指示，落实中央城市工作会议的精神，着眼建设卓越全球城市的目标，针对现阶段上海城市发展新特征，上海市委、市政府决定将旧改工作思路从"拆改留，以拆除为主"转变为"留改拆并举，以保留保护为主"。③ 如何更好地实现历史风貌区的整体保护，如何对保留保护的对象进行活化利用，如何应对近年来上海不断发生的破坏优秀历史建筑事件（例如巨鹿路 888 号的优秀历史建筑被业主私自拆除事件），都要求进一步对法规进行修改和完善。

有鉴于此，2019 年 9 月 26 日，上海市十五届人大常委会第十四次会议表决通过关于修改《上海市历史文化风貌区和优秀历史建筑保护条例》的决定，并将条例名称修改为《上海市历史风貌区和优秀历史建筑保护条例》，自 2020 年 1 月 1 日起施行。

（一）明确政府职能

新《风貌区条例》设立了历史风貌区和优秀历史建筑保护委员会作为统筹协调部门，协调解决本市、各区所辖范围内历史风貌区和优秀历史建筑保护工作中的重大问题。④ 修改后的条款在垂直管理的基础上增加了横向管理。因为文化遗产的管理和修护是一项较为专业的工作，增设专门的委员会有助于吸纳专业人才，可以在重大和疑难问题上提供更多支持。

（二）转变保护理念

新《风貌区条例》对历史建筑由单纯的保护变为保护和利用相结合。条例引入了

---

① 参见《上海市历史文化风貌区和优秀历史建筑保护条例》（2002），第五章。
② 《上海市历史文化风貌区和优秀历史建筑保护条例》（2002），第四十二条。
③ 2018 年 11 月 20 日在上海市第十五届人民代表大会常务委员会第七次会议上海市规划和国土资源管理局局长徐毅松关于《上海市优秀历史建筑和历史风貌保护条例（草案）》的说明。上海人大，http：//www.spcsc.sh.cn/n1939/n2440/n6985/u1ai199800.html，2020 年 1 月 17 日访问。
④ 《上海市历史文化风貌区和优秀历史建筑保护条例》（2019），第五条第（二）款。

"活化利用"的概念，要求政府在保护和尊重居民生活的基础上，开展对保护对象在社区服务、文化展示、参观游览、经营服务等方面的功能，促进活化利用。

此外，随着社会对于文化遗产的认知不断深化，文化遗产的保护范围呈现出日益扩大的趋势。新《风貌区条例》接受了这个理念，将保护对象在历史文化风貌区基础上增加了风貌保护街坊、风貌保护道路、风貌保护河道，并且明确了新增概念的定义和范围，① 使保护对象更为清晰明确。

（三）加大对私人建筑所有权人的保护力度

新《风貌区条例》加大了对私人建筑所有权人的保护力度，将优秀历史建筑修缮资金补助对象的范围，从承担修缮费用"确有困难的"权利人，扩大到全体负责修缮、保养的建筑所有人或者使用人。此修改与《文物保护条例》中规定的"非国有不可移动文物由其所有人负责修缮、保养。所有人对不可移动文物进行修缮、保养的，可以向市或者区、县文物行政管理部门申请经费补助"保持了一致。

新《风貌区条例》还有多处修改。例如，新增保护建筑征收条款等。整体而言，这些修改确定了此前若干模糊的概念，强化和明确了政府职责，增强了可操作性，同时吸收了先进的文物保护理念，可以说是非常有意义的修改。

三　新《风貌区条例》：问题与成就并行

《风貌区条例》经过几次修改后，其文物保护理念已经走在了全国的前端，正因如此，其与上位法的衔接存在不足，甚至有相互矛盾之处。

（一）概念不明，管理交叉

新《风貌区条例》中"优秀历史建筑"的概念与《建筑保护管理办法》《文物保护条例》中"上海市建筑保护单位""文物保护点"等概念范围并不明晰，且有交叉之处，管理部门、保护方式和保护力度也各自不同。

新《风貌区条例》规定：优秀历史建筑被依法确定为文物的，其保护管理依照文物保护法律、法规的有关规定执行。从该规定来看，当两者发生重叠时，应当适用《文物保护

---

① 将第八条改为第九条，新增三款分别作为第2、3、4款："历史建筑较为集中，或者空间格局和街区景观具有历史特色的街坊，可以确定为风貌保护街坊"；"沿线历史建筑较为集中，建筑高度、风格等相对协调统一，道路线型、宽度和街道界面、尺度、空间富有特色，具有一定历史价值的道路或者道路区段，可以确定为风貌保护道路"；"沿线历史文化资源较为丰富，沿河界面、空间、驳岸和桥梁富有特色，具有一定历史价值的河道或者河道区段，可以确定为风貌保护河道"。

条例》的规定。但 2014 年《文物保护条例》又规定当两者重叠时"依照文物保护的相关法律、法规规定，共同做好保护工作"。在这里，"文物保护的相关法律、法规"究竟指什么，是否包括和优秀历史建筑相关的法规，没有明确规定。历史风貌区和优秀历史建筑的确定，需要征询文物管理部门的意见。因此从广义的角度讲，与优秀历史建筑保护有关的法规也应当属于"文物保护的相关法律、法规"，所以《文物保护条例》陷入了法律交叉适用的循环中。

（二）与上位法的衔接存在不一致之处

首先，保护对象的定义和范围不一致。《风貌区条例》出台于 2003 年，国务院则在 2008 年发布了《历史文化名城名镇名村保护条例》（以下简称《文化名城条例》）（2017 年修订）。前者对于一些保护建筑的定义和管理与后者有差异，需要统一。例如，上海市所定义的"优秀历史建筑"范围超过"不可移动文物"；"历史文化风貌区"的定义既不是《文物保护法》中的任何文物，也不是《文化名城条例》中的历史文化名城、名镇、名村。

上海市的规定有其合理性。大量需要保护的建筑并没有被纳入文物的范围，如果地方性法规对这些建筑仍采取放任态度，对上海市优秀历史建筑的维护甚至是上海的城市建设和形象打击将是巨大的。因此，新《风貌区条例》仍然维持了这一规定。

其次，处罚力度方面上海市的规定与上位法不符。例如，新《风貌区条例》涉及罚款时，数额远超出《文物保护法》和《文化名城条例》，但前者是下位法，而后者是上位法，下位法超出上位法规定的处罚的种类和幅度的，是"抵触"行为。但是，从规定的合理性来看，上海的规定数额实际上更符合社会现实和市场价格。

由此来看，新《风貌区条例》中虽然存在于上位法不一致的地方，但是具有合理性。应当从国家法律的层面考虑修改上位法中若干不合理或过时的条款。

（三）执行层面操作困难

新《风貌区条例》某些具体操作条款规定不明，容易造成执行中的困难，这点在私人所有的建筑中尤为明显。例如，区、县房屋土地管理部门应当将优秀历史建筑的具体保护要求书面告知建筑的所有人和有关的物业管理单位，但这种书面告知如何履行并不清楚。当历史建筑面临突发的危险状况时，应当如何进行抢救性保护、在保护过程中如何尊重所有权人的权利、如何实施专业的保护方案、后续如何进行持续性的监管，都欠缺有效的解决方法；一旦所有权人怠于维护或维修，文物保护部门应当依照何种法律行使自己的职权，应当如何证明自己已经履行了职责，都没有具体规定。

此外，上海各区县的规土局、文物局、财政部门等是实际的管理部门，然而建筑遗产的日常保护和实际管理工作多由更基层的部门操作，这些基层部门的管理权限、管理职能的分配和协调、管理人员的专业程度等直接关系具体建筑遗产保护的落实，亟须在相关文件中体现。

四　新《风貌区条例》的未来发展：聚焦私人产权历史建筑

我国的《文物保护法》顾名思义，其立法侧重点是"保护"，大多数条款属于管理性规范和技术性规范，私法上的内容规定少，基本上属于公法范畴的法律规定①；规定私人权利的条款相对较少②，而对私人所有权的限制则比较多③。作为文化遗产保护领域最重要的法律，《文物保护法》的立法理念影响了我国整个文化遗产保护领域的法律倾向。新《风貌区条例》一定程度上扭转了这个观念，在某些条款上加强了对权利人的保护，但是还远远不足。因此，在未来的发展中，新《风貌区条例》应更加聚焦于私人所有的优秀建筑，进一步加强对于其权利义务的规范。

（一）统筹不同法律文件中相关概念和管理部门职责

《文物保护条例》与新《风貌区条例》中所涉及的"文物保护点""优秀历史建筑"等不确定概念，与国家法律层面的"文物"概念相比，受到影响的大多为那些私人所有的历史建筑，这些建筑既未能纳入文物的范畴，其现状又不乐观，亟须保护。

《文物保护条例》中文物保护点的规定模糊，其法律地位不明确，违法后果也缺乏有效规定。在实践中，文物保护的主管部门包括文物局和文物管理委员会等，其职权范围十分有限。在法律及管理机构均弱势的情况下，依据《文物保护条例》来保护那些优秀历史建筑必定是无力的。而新《风貌区条例》的规定则要完善许多，对于优秀历史建筑应当如何保护以及未能适当保护的法律后果，都有相对完整的规定，因此在当下的法律坏境中，当文物保护点与优秀历史建筑重合时，适用新《风貌区条例》的效果会更好。

但是，"优秀历史建筑"是上海的地方性规定，"文物"则是国家层面的法律用语，如果为了更好地保护效果选择"优秀历史建筑"的称谓而摒弃"文物"的身份，有因噎废食之嫌。既然《文物保护条例》创设了"文物保护点"一词，就应当赋予其明确的含义和完整的内容，如果可以配套制定《上海市文物保护点条例》等类似地方性法规，将文物保护点和优秀历史建筑从概念、范围到保护方法、管理机构、法律责任等，一一区分开

① 参见周军：《论文化遗产权》，武汉大学博士学位论文，2011年。
② 参见《文物保护法》第六条。
③ 参见《文物保护法》第二十五条、第二十六条。

来，才是最理想的保护状态。

（二）赋予所有权人知情权和同意权

私人建筑物所有权的限制是有必要的，但必须建立在充分尊重所有权人的基础之上。任何一种权利的限制都应当赋予所有权人以知情权或抗辩权。所有权人对于私人建筑物是否应当被纳入文化遗产保护系统、如何被纳入，纳入之后的义务和责任，都应当有发言权和抗辩权。

英国专门保护历史建筑的《登录建筑和保护区规划法案》（以下简称"《登录法案》"）中，所有权人的权利包括同意权和申诉权，并且贯穿了建筑物登录过程的始终。[1]法国《遗产法典》也赋予了所有权人同意权。[2]

《风貌区条例》仅规定建筑物被列为优秀历史建筑时有被通知的权利，而且通知的内容还是关于保护的具体义务。上海市人大常委会关于修改《风貌区条例》的分组审议中，有的委员提出了优秀历史建筑保护导致居民居住环境不理想，建议第十一条应当加入听取居住在这一个风貌区当中的居民的意见。有的委员提出应当对优秀历史建筑按照使用功能进行分类，并根据类别决定保护管理方式，考虑所有者权益。[3]这些意见并没有体现在新《风貌区条例》中，可能是因为条件尚未成熟，实际操作中会加大决策的难度，但这意味着法律已经开始考虑所有权人的现实困境，在今后的修订中，可以逐步实现更完善和更细致的保护。

（三）细化所有权人获得损失赔偿的权利

所有权人获得赔偿的原因是，政府因保护目的而为其施加了法律明文规定之外的义务。这一点在许多国外的法律中都有所体现。例如，英国《登录法案》中规定，如果政府已经同意所有权人实施工程，但该许可又被撤回或修改，权利人可以就工程已经发生的部分的支出或其他直接损失要求索赔[4]；所有权人因为建筑物保存通知的发出而遭受的损失，也可以要求赔偿[5]。赔偿由地方规划当局支付。[6]在法国，但所有权人因强制分类、

---

[1] *Planning（Listed Buildings and Conservation Areas）Act 1990*，Section 20 - 22.

[2] 《法国遗产法典（法律部分）》第 L.621 - 5、L.621 - 6、L.621 - 8 条等。参见陆静怡、王岩译，郭玉军校：《法国遗产法典（法律部分）》，载《中国国际司法与比较法年刊》2018 年第 23 卷，第 424 页。

[3] 《优秀历史建筑如何保持"年轻态"？委员建议进行区别化保护》，上海人大，http://www.spcsc.sh.cn/n1939/n1948/n1949/n1985/u1ai195144.html，2019 年 8 月 20 日访问。

[4] *Planning（Listed Buildings and Conservation Areas）Act 1990*，Section 28.

[5] Ibid，Section 29.

[6] Ibid，Section 30.

紧急维修、临时占用等行为遭受损失时，可以获得赔偿等等。[①] 在日本，当政府的一些保护行为（涉及保护重要的文化财）给所有权人造成损失时，所有权人是可以要求赔偿的。

新《风貌区条例》在这一点上十分欠缺。如果权利人为了保护成为历史建筑的私人房屋而遭受损失，几乎投诉无门。因此，在今后法律的修改中，应该适当引入类似的赔偿条款：政府在历史建筑的修缮、施工或者临时占用等方面给权利人造成的直接损失，应当给予相应的赔偿。

（四）肯定所有权人获得补贴或补助的权利

私人所有的保护建筑数量十分庞大，强制要求全部由国家或地方政府进行补贴是不现实的，在大多数情况下还是要靠权利人自觉维护。

以国外法律为例，英国赋予地方当局决定是否对其辖区内的登录建筑维护提供津贴或贷款形式的补助的权利，这些补助不是无偿和绝对的，所有权人必须要遵守相关的规则。[②] 法国也规定主管机关可以提供帮助修缮或维护工程。[③] 更有甚者，日本的《文化财保护法》规定文化财的修缮一般由所有权人或管理机构实施。并且，在登录文化财中，并没有所有权人或管理机构无力支付管理费用或修缮费用时，政府的补助责任。

由此可见，私人所有的保护建筑主要靠权利人本身维护，这在多数国家都是公认的原则。但这需要全体民众对于文化遗产重要性的认知和自觉保护意识。在中国，由于保护文化遗产的国情和氛围并不如西方发达国家那样历史悠久且条件成熟，因此，法律规定应当更加明确，以便于所有权人更好地依法履行其保护义务。

新《风貌区条例》将优秀历史建筑修缮资金补助对象的范围，从承担修缮费用"确有困难的"权利人，扩大到全体负责修缮、保养的建筑所有人或者使用人，超过国外法律的规定。这在权利保护方面是一个进步，但是也要考虑到，是否有充足的资金额度能够支持申请的数量，政府应当按照何种标准来衡量和决策补助资金的使用渠道。

（五）完善建筑物征收补偿机制

新《风貌区条例》已经原则性地引入了这一制度。当所有权人与国家或政府在保护问题上无法达成一致时，征收是化解矛盾的有效途径。当然，征收的方案、对权利人的补

① 《法国遗产法典（法律部分）》，L. 621 – 6，L. 621 – 15，L. 621 – 15。参见陆静怡、王岩译，郭玉军校：《法国遗产法典（法律部分）》，载《中国国际司法与比较法年刊》2018 年第 23 卷，第 424、426 页。

② *Planning（Listed Buildings and Conservation Areas）Act 1990*, Section 57.

③ 陆静怡、王岩译，郭玉军校：《法国遗产法典（法律部分）》，L. 621 – 11，载《中国国际司法与比较法年刊》2018 年第 23 卷，第 425 页。

偿、征收后国家对于建筑物的维护和管理等，都需要法律明确的规定和国家长远的规划。

在民法层面，征收制度是对所有权人权利限制的一种方式。因此，征收的条件必须由法律明确规定。英国和法国等国家均有历史建筑的征收补偿制度。其中，法国的征收制度中包括所有权人不同意政府对其建筑物进行分类界定的征收、① 所有权人怠于维护致使建筑物严重受损时政府的强制征收、② 出于公共利益而进行的征收等。③ 英国《登录法案》则规定，当所有权人对建筑物实施工程的申请被拒绝、附条件执行、修改或撤销时，所有权人可以在特定时间内以规定方式要求政府购买其房屋和土地。④

政府在征收历史建筑后，应当给予所有权人以经济补偿或者异地安置补偿。例如，我国台湾地区的《文化资产保存法》规定："因古迹之指定或保存区之划定，致其原依法可建筑之基准容积受到限制部分，得等值移转至其他地区建筑使用或予以补偿。"

（六）建立合理的执行与惩罚机制

法律不是一纸空文，不仅要有法可依，还要有法必依。法律的可执行力一方面由执行机构保障实施，一方面由惩罚机制进行预警与事后惩处。在文物保护方面，体现为增强文物保护机构的执法能力和巩固违反法律规定的制裁措施。

2017 年，国家文物局印发了《2017 年度文物行政执法指导性案例》，其中包括擅自在保护范围内施工、擅自拆除、擅自改建、故意破坏文物保护单位等典型的违法事由。各基层文物执法机构，包括文化委员会、文化行政执法大队、文化综合执法总队等，实施了制止违法行为、拆除违法建筑、罚款等各种执法措施，涉及刑事犯罪的，还由文物、公安、纪检联合调查处理。这些典型案例指导了各地的文物执法部门的日常工作。此外，《文物保护法》对于违法后果的规定已经不适应时代，相比起来，新《风貌区条例》中的惩罚措施更加合理。国家层面的立法应当进行相应的修改，一方面可以起到足够的震慑作用，另一方面也可以对违法行为造成的不利影响进行挽救。

结　语

历史建筑的保护不只是法律和政策，更是一种植根于社会和民众之中的意识。我国当前对文化遗产的认识并不成熟，上海在吸取国外先进保护经验的基础上，努力进行探索前

---

① 陆静怡、王岩译，郭玉军校：《法国遗产法典（法律部分）》，L. 621 – 6，载《中国国际司法与比较法年刊》2018 年第 23 卷，第 424 页。
② 同上，L621-13，第 425 页。
③ 同上，L. 621 – 18，第 426 页。
④ *Planning（Listed Buildings and Conservation Areas）Act 1990*，Section 32.

行，不仅对于本地优秀历史建筑的保护颇有裨益，对于整个国家在建筑遗产方面的保护都具有一定的指引作用。

参考文献

［1］ 王云霞：《文化遗产法学：框架与使命》，中国环境出版社 2013 年版。

［2］ 中共上海市建设和管理工作委员会：《上海城市建设发展》，上海人民出版社 2004 年版。

［3］ 朱晓明：《当代英国建筑遗产保护》，同济大学出版社 2007 年版。

［4］ 张松：《历史城市保护学导论——文化遗产和历史环境保护的一种整体性方法》，上海科学技术出版社 2001 年版。

［5］ ［法］弗朗斯瓦丝·萧伊、寇庆民译：《建筑遗产的寓意》，清华大学出版社 2013 年版。

［6］ ［芬］尤尤嘎·尤基莱托、郭旃译：《建筑保护史》，中华书局 2011 年版。

［7］ John H. Stubbs and Emily G. Makaš, *Architectural Conservation in Europe and the Americas*, New Jersey: John Wiley & Sons, Inc., Hoboken, 2011.

［8］ Minors C. *Listed Buildings and Conservation Areas.* London: Longman, 1989.

［9］ Anthony M. Tung. *Preserving the World's Great Cities.* New York: Three Rivers Press, 2001.

［10］ 王云霞、胡姗辰：《公私利益平衡：比较法视野下的文物所有权限制与补偿》，《武汉大学学报（哲学社会科学版）》2015 年第 6 期。

［11］ 张舜玺、马作武：《公益与私益之间：论文物保护法的价值取向——以非国有不可移动文物保护为例》，《法学评论》2013 年第 5 期。

［12］ 陈鹏、胡莉莉、扎博文：《 "全球城市" 视野下上海历史文化保护的顶层设计——基于英国〈遗产 2020〉影响启示的初探》，《上海城市规划》2017 年第 2 期。

［13］ 李祎恒：《论历史建筑认定中公益与私益的平衡》，《华东师范大学学报（哲学社会科学版）》2015 年第 2 期。

［14］ 李玉雪：《文物的私法问题研究——以文物保护为视角》，《现代法学》2007 年第 6 期。

第三单元

文化遗产保护的资金保障

社会资本参与文化遗产保护的法律制度建构[*]

崔　璨^{**}

摘要：在我国城市化进程中，社会资本参与文化遗产保护是必要的也是可行的，但是，社会资本参与文化遗产保护的积极性不高、参与方式单一并缺乏相关制度保障。之所以如此，是由于我国公众文化遗产保护意识不高、对社会资本缺少全面认识以及对社会主义与市场经济之间关系存在不正确的理解。对此，我们应当制定措施为社会资本参与文化遗产保护提供保障和配套措施，并采取有效手段防止在社会资本参与之下文化遗产出现过度商业化的现象。

关键词：文化遗产保护；社会资本；法律制度

一　城市化进程中社会资本参与文化遗产保护的必要性与可行性

（一）社会资本的内涵

传统理论认为"社会资本"是一个经济学概念，① 被定义为"能够被企业所控制的，有利于企业实现其目标和实现目标活动的，嵌入企业网络结构中显在的和潜在的资源集合"②。由于本文讨论的仅仅限于"政府与社会资本合作模式"下的"社会资本"。因此，需要对这一特殊语境下的"社会资本"予以特别说明。

"政府与社会资本合作模式"这一表述是对英文"Public-Private Partnership（以下简称PPP）"的翻译，从中可以看出，"社会资本"这一表述是对英文"private"的翻译，其与"public"政府公共部门相对，因此，笔者更加倾向于认为"政府与社会资本合作模式"

* 本文是天津市艺术科学规划项目"天津市非物质文化遗产保护与传承的 PPP 模式研究"（D18003）的阶段性研究成果。
** 崔璨，法学博士，河北工业大学副教授、硕士生导师，研究方向为文化遗产法。
① 张文宏：《社会资本：理论争辩与经验研究》，《社会学研究》2003 年第 4 期。
② 周小虎、陈传明：《企业社会资本与持续竞争优势》，《中国工业经济》2004 年第 5 期。

下的"社会资本"具有不同于传统经济学意义的社会资本的通常含义,特别是所谓"社会",应当是与政府公共部门相对的私人部门或私主体。对于这一问题,目前也有很多学者持有类似观点,认为应将其更为准确地表述为"公私合作"① 或"公私伙伴关系"② 等。

我们姑且不去论证"政府与社会资本合作模式"中将"private"翻译为"社会资本"的不恰当性,鉴于目前我国政策文件仍然以"政府与社会资本合作模式"为最常用的表达,因此,本文也将沿用"社会资本"这一说法。基于这样的背景,可以说,政府之外的其他主体,无论是营利法人、社团法人还是其他组织,甚至是自然人都可以成为本文所讨论的这一特殊语境下的"社会"。因此,本文所说的"社会资本"是指一切非政府主体的出资。

在 PPP 模式之下,"社会资本"具有以下特征:首先,在双方合作中,非政府主体与政府之间有着不可分割的联系。具体来说,非政府主体具有与政府相同的法律地位。非政府主体和政府共同参与公共产品和公共服务的供给,而连接非政府主体与政府的是双方在平等协商基础上签订的合同,在合同的签订与履行过程中,双方均享有平等的法律地位。其次,社会资本兼具公益性和营利性双重特征,社会资本参与了原本由政府负责的领域,具有一定的公益性,但同时,社会资本通过这一参与行为能够获得一定收益。最后,社会资本具有风险分担性,与普通的营利活动不同,在与政府合作过程中产生的风险,社会资本不需要全部承担,政府将与其共同分担。

（二）城市化进程中社会资本参与文化遗产保护的必要性

文化遗产保护需求的广泛性和迫切性与保护力量的有限性之间的矛盾亟须解决。随着人们文化遗产保护意识的提升、文化遗产保护理论和保护实践的发展,文化遗产的范围进一步扩大,甚至出现了很多新型文化遗产类型。③ 而当前我国文化遗产保护仍然主要由政府实施,面对不断壮大的文化遗产,政府无论是在保护资金还是在保护与监管力量等方面都显得捉襟见肘。④ 非政府主体拥有大量资本,能够将大量社会闲散资金集中起来并将其充实到文化遗产保护中,能够有效缓解政府资金的不足,从而成为文化遗产保护的新的融资渠道;同时,社会资本参与作为公众参与的一种形式,⑤ 能够发挥公众在文化遗产保护中的积极作用,是对传统文化遗产保护与管理模式的变革。

政府保护文化遗产的行为需要监督。传统模式下,政府既是文化遗产保护政策的制定

---

① 赖丹馨、费方域:《公司合作制（PPP）的效率》,《经济学家》2010 年第 7 期。
② 贾康、孙洁:《公私伙伴关系（PPP）的概念、起源、特点与功能》,《财政研究》2009 年第 1 期。
③ 单霁翔:《关注新型文化遗产——文化线路遗产的保护》,《中国名城》2009 年第 5 期。
④ 参见陈蔚:《我国建筑遗产保护理论和方法研究》,重庆大学博士学位论文,2006 年。
⑤ 参见刘薇:《PPP 模式理论阐释及其现实例证》,《改革》2015 年第 1 期。

者，又是政策的执行者。政策制定是否科学、保护效果是否良好，完全取决于政府行为。特别是在城市化进程的大背景下，文化遗产的破坏往往隐藏着巨大的经济利益。在此情形下，一旦缺少第三方评价与监督，完全依赖政府的文化遗产保护效果将大打折扣。政府以外的其他主体参与文化遗产保护，既是对保护主体的壮大，又能够作为第三方对政府保护行为予以监督，甚至实现一定程度的民主协商，进而提高文化遗产的保护质量和保护效率。

（三）城市化进程中社会资本参与文化遗产保护的可行性

我国法律法规、政策鼓励并支持社会资本参与文化遗产保护。近年来，我国通过反思文化领域暴露出的诸多问题，出台多项举措试图通过构建政府、市场和社会相统一的"三位一体"的国家文化治理体制。[①] 其中，出台政策文件鼓励社会资本参与文化遗产领域就是举措之一。如 2012 年文化部发布《关于鼓励和引导民间资本进入文化领域的实施意见》，2013 年党的十八届三中全会提出"允许社会资本通过特许经营等方式参与城市基础设施投资和运营"，2014 年文化部、中国人民银行和财政部联合出台《关于深入推进文化金融合作的意见》，2018 年文化和旅游部、财政部联合联合发布《关于在文化领域推广政府和社会资本合作模式的指导意见》。这些法规和政策文件的出台，无一不在表明社会资本参与文化遗产保护在我国已经具备成熟的政策环境。

政府与社会资本合作模式的特点，符合当前我国社会资本的现实。如上文所言，我国大量闲置资金的存在为社会资本服务文化遗产保护提供了可行性，特别是将大量中小规模资金集中起来共同服务于文化遗产保护又保证了社会资本的参与规模。社会资本的闲散性决定了社会资本较低的风险承受能力，而政府与社会资本合作模式能够有效降低社会资本的风险。也就是说，非政府主体通过与政府签订合同，共同参与文化遗产的保护，共同投资、收益共享、共担风险，对风险承受能力较低的非政府主体而言，政府对于风险的分担，解决了非政府主体参与文化遗产保护的后顾之忧。也正因如此，社会资本在进行投资选择时，文化遗产保护领域将更有可能受到社会资本的青睐，文化遗产也能够因此而受到更好的保护。

二　我国社会资本参与文化遗产保护的历史考察

（一）我国社会资本参与文化遗产保护的发展历史

就我国而言，PPP 模式属于舶来品，改革开放之前，受我国计划经济体制的影响，我

---

① 祁述裕：《推动文化管理向文化治理与善治的转变》，《人民论坛》2014 年第 11 期。

国对社会资本持审慎态度，PPP 模式在我国发展缓慢。改革开放以来，随着我国经济体制改革的推进，我国对民间投资的态度更为宽容，特别是 2005 年国务院明确鼓励支持和引导个体私营等非公有制经济发展，进一步放宽非公有制经济市场准入，PPP 模式因此获得空前发展，并且在经济、社会等多个领域显现出极大的优势，成为促进我国经济社会发展的重要力量。2010 年，国务院明确提出要扩大民间投资的领域和范围，鼓励社会资本以独资、控股或参股形式参与法律法规没有明确禁止准入的行业和领域。值得一提的是，国务院在这一时期明确指出鼓励社会资本参与从事文化事业，其中包括从事文化创意、文化会展、影视制作、网络文化、动漫游戏、出版物发行、文化产品数字制作与相关服务等活动，建设博物馆、图书馆、文化馆、电影院等文化设施，从而使得公共文化服务 PPP 模式成为一项重要的理论创新和实践创新。[①] 2011 年，党的十七届六中全会召开，会议特别提出要积极"加快推进文化体制改革，发挥市场在文化资源配置中的积极作用，创新文化走出去模式，为文化繁荣发展提供强大动力"。此后，2012 年我国明确提出鼓励和引导社会资本进入文化领域，首次明确鼓励社会资本投入文化遗产传承保护，其中包括参与非遗基础设施建设、非遗生产性保护和建立信息平台和社会中介组织为非遗生产性保护搭建桥梁。[②] 2018 年，我国更是专门针对文化领域推广政府和社会资本合作模式，明确提出要通过社会资本参与文化领域活动，进一步深化文化领域供给侧结构性改革，推动政府职能转变，创新文化供给，保护传承非遗更是被明确规定为社会资本应当深度融合发展的文化项目。

随着我国社会资本逐渐被鼓励进入文化遗产领域。近年来，我国社会资本参与文化领域的规模和层次不断提高，社会资本在文化遗产领域的参与也不断深化，如 2016 年云南红河州石屏县非物质文化遗产传承馆以及 2019 年内蒙古丰镇市隆盛庄镇文化遗产保护建设项目等都是吸收社会资本投资建设的典型成功案例。

（二）我国社会资本参与文化遗产保护的历史特点

首先，社会资本参与文化遗产保护是我国经济体制改革的产物。以改革开放为标志，我国经济体制开始从计划经济向市场经济的转变。经过数次大讨论，人们逐渐认识到计划经济和市场经济不应当成为一个国家姓社还是姓资的判断标准，市场逐渐成为资源配置的重要手段，社会活力因此得到了有效激发。在此背景下，人们对"统一开发、竞争有序的现代市场体系"有了更为包容的理解，为社会资本在我国法律地位的取得奠定了基础。特别是"完善公有制为主体、多种所有制经济共同发展"这一社会主义市场经济体制的主要

---

① 杨松：《处理好 PPP 模式推广中的三对关系：创新公共文化服务供给方式》，http：//opinion. peo-ple. com. cn/n1/2017/0820/c1003 – 29481395. html，2020 年 12 月 23 日访问。

② 文化和旅游部、财政部《关于在文化领域推广政府和社会资本合作模式的指导意见》，https：//www. sohu. com/a/277460756_155679，2020 月 9 月 27 日访问。

任务的确立，社会资本在我国获得了更为广阔的发展空间。

其次，社会资本参与文化遗产保护是我国政府职能改革的体现。在计划经济时代，政府通过指令性计划和行政手段进行经济和社会管理活动，其同时扮演了生产者和监督者的双重角色。随着市场经济的确立，政府职能改革成为我国的一项重要改革任务，要求政府减少对微观经济活动的直接干预，而将主要职能转变到为市场主体服务和营造良好的发展空间上，即主要通过间接手段实现宏观调控、提供社会公共服务，保障社会公平公正，以此保证国民经济的健康运行和全社会的可持续发展。可以说，政府职能改革所提出的"从管理型政府向服务型政府转变"以及建立"小政府、大社会"的理念也在一定程度上为社会资本的发展提供了适宜的政治土壤。

再次，社会资本参与文化遗产保护是我国履行文化遗产保护职责的态度的彰显。我国作为全世界的文化遗产大国之一，迄今加入了包括《保护世界文化和自然遗产公约》《非物质文化遗产公约》以及《关于被盗或非法出口文物的公约》等在内的多项保护文化遗产的世界公约，正在以负责任的遗产大国形象履行我国保护文化遗产的职责。这些文化遗产国际公约倡导一个共同原则，即鼓励社会公众参与文化遗产保护，我国允许并且鼓励社会资本参与文化遗产保护，正是在我国当前国情下，创新公众参与方式、履行文化遗产公约的生动表现。

最后，社会资本参与文化遗产保护是我国公众文化遗产保护意识提升的表现。根据马斯洛的人类需求层次理论，在人类满足了生理需要、安全需要、社会需要之后，就开始追求尊重需要和自我实现。在我国即将全面建成小康社会的今天，社会经济急速发展、人民生活水平不断提高，贫困已经不再是困扰我们的主要问题，人民群众已经从解决温饱转变到对更高层面精神生活的追求，在此之下，公众文化遗产保护意识不断觉醒，享有文化遗产利益也正在并已经成为人民日益增长的美好生活需要的重要组成部分。而非政府主体参与文化遗产保护在一定程度上满足了人们对文化遗产这一精神利益的心理需求。

三　我国社会资本参与文化遗产保护的障碍及原因

通过一系列的努力我国文化遗产保护效果显著，但是我们仍然不可否认，我国保护文化遗产主要依靠的是政府的力量，文化遗产因此获得的也只是政府力所能及的保护，[①]可以说，在文化遗产保护方面，非政府主体并未充分发挥作用。

（一）我国社会资本参与文化遗产保护的障碍

首先，在参与的积极性上，社会资本在文化遗产领域的参与度不高。近年来，随着我

---

① 参见朱兵：《文化遗产保护与我国的实践》，《湖北行政学院学报》2002 年第 3 期。

国经济发展速度的加快，社会资本充盈，然而与之相对的是社会资本在文化遗产保护领域的参与度并不高，无论是参与的范围、投入的资金还是对文化遗产保护效果的影响都非常有限。由于资金投入的数量、参与的规模有限，社会资本参与保护文化遗产的效果有限，尚且难以对政府有关文化遗产的决策产生影响，对破坏文化遗产的行为难以形成制约，在维护公共文化遗产利益上还未发挥出应有的作用。

其次，在参与的方式上，社会资本参与文化遗产保护主要以对文化遗产保护场馆的投资建设、开发文化遗产衍生品投入资金为主要参与方式。社会主体所拥有的先进技术、管理经验以及专业知识并未参与到文化遗产保护中，并且社会资本在宣传教育、专题讲座与培训、科普读物的编纂等方面也较少涉足，从而限制了其参与文化遗产保护的层次及其作用的发挥。此外，社会资本主要参与的是文化遗产的日常性的常规维护，而缺少对文化遗产毁损灭失的预防以及事后补救等方面的参与。可以说，我们尚未建立社会资本对文化遗产的全过程、全方位的保护参与机制。

最后，在参与的保障措施方面，政府与社会资本合作主要被规定在法规和政策文件中。截至目前，尚未发现在国家立法层面对 PPP 模式的保障措施，也就是说，PPP 模式在我国尚未得到国家法律层面的保障，相关法律位阶较低，而且内容太过原则，大多局限于倡导性、宣示性的条文，缺乏可操作性。一方面，表明我国 PPP 模式法律地位的确立还在不断的发展中；另一方面，也表明我国 PPP 模式的法律地位尚未真正确立。国家尚未从国家法层面保障社会资本的参与，更遑论对社会资本参与文化遗产的保障了。

（二）我国社会资本参与文化遗产保护存在障碍的原因

我国社会资本参与文化遗产保护之所以存在诸多障碍，是由多方原因造成的：

首先，我国公众文化遗产保护意识不强。尽管十九大明确了我国社会主要矛盾已经转变为"人民日益增长的美好生活需要和不平衡不充分的发展之间的矛盾"，但是"人民日益增长的物质文化需要同落后的社会生产之间"的矛盾贯穿我国社会主义初级阶段的某段进程和社会生活的某些方面。可以说，在经济条件有限的情况下，人们更多的关注的是温饱问题的解决，而无暇顾及作为更高精神层次需求的文化遗产保护，甚至根本没有意识到文化遗产需要保护。加之，在计划经济时代，国家通过行政指令的方式对社会方方面面进行直接管理，人们会很自然地认为文化遗产保护是政府的职责而与个人无关。由此导致，在我国这样一个文化遗产大国，长期以来，政府保护文化遗产的任务异常艰巨，其不仅要预防文化遗产的毁损灭失、对文化遗产予以修复，而且要对公众进行文化遗产保护的宣传和思想启蒙，尽管政府在竭尽全力，但是其保护文化遗产的实际效果也是可想而知的。

其次，我国对社会资本的认知存在一个渐进的发展过程。政府与社会资本的合作最早源于 18 世纪欧洲的收费公路建设项目，对我国而言，其属于舶来品。受我国对社会主义与私有制关系认知的影响，我国对社会资本秉持谨慎的态度。① 直至 1985 年，深圳沙角 B 电厂项目建设，标志着我国政府与社会资本合作的首次实践。进入 21 世纪第二个 10 年后，我国逐渐对社会资本有了更为客观的认识和包容的态度，出台了一系列鼓励和规范社会资本的制度、文件。但与此同时，我们必须清楚地看到，长期以来，文化领域由于其所具有的意识形态的特殊性，对社会资本在文化领域的参与，从国家到地方都更为审慎。近年来，虽然国家鼓励社会资本参与公共文化服务的供给，但是在实践中，各级政府对社会资本在该领域的参与，无论是思想观念的接纳还是具体行动的落实，都有很长一段路要走。可以说，文化遗产的开放性程度较差，社会各界对社会资本参与文化遗产保护的积极意义缺少较为全面、客观认识，在一定程度上影响了社会资本参与的积极性。

最后，现有立法受计划经济体制的影响。作为我国文化遗产领域基本法，《文物保护法》制定于 1982 年，当时我国实行改革开放不久，其后虽历经多次修改，但基本保留了原有的体例和思想，具有计划经济时代的烙印。虽然《文物保护法》也规定了"一切机关、组织和个人都有依法保护文物的义务"，但该条款更多的是宣示性意义，并未对参与方式和具体参与办法进行规定，由此导致该条款的现实意义大打折扣。

四 我国社会资本参与文化遗产保护的法律制度建构

法治是现代国家治理的基本方式，实现法治是国家治理现代化的内在要求。② 作为新鲜事物的社会资本参与文化遗产保护，其顺利、健康发展需要法治的保驾护航。作为公众参与的一种重要方式，社会资本参与文化遗产保护作用的发挥需要国家、非政府主体乃至全社会共同营造法治环境。

（一）建立社会资本参与文化遗产保护的激励措施

首先，为参与文化遗产保护的非政府主体提供税收优惠。由于社会资本参与的文化遗产事业具有公益属性，在一定程度上履行了政府的公共文化供给职能，缓解了政府在文化遗产保护方面人力、物力和财力的投入压力，因此，应当在现行税收政策的基础上对参与文化遗产保护的非政府主体予以适度的税收减免，一方面与非政府主体参与的活动性质相匹配，另一方面激发非政府主体参与文化遗产保护的积极性。其次，建立合理的利益分配机制和风险分担机制，增强政府的契约精神。政府具体管理行为缺少契约精神和法治精神是影响非政府

---

① 参见陈志敏、张明、司丹:《中国的 PPP 实践:发展、模式、困境与出路》,《国际经济评论》2015 年第 4 期。

② 张文显:《法治与国家治理现代化》,《中国法学》2014 年第 4 期。

主体参与 PPP 项目的重要原因。① 增强政府和非政府主体的规则意识，通过双方签订的合作协议，明确规定政府与非政府主体在合作中具有平等的法律地位，与此同时充分考虑文化遗产保护的公益属性和企业追求利益的本质，在政府与非政府主体共担风险的前提下，合理分配双方利益，为非政府主体投资文化遗产保护解除后顾之忧。最后，配套以完善的投融资制度。金融机构要勇于创新，针对社会资本参与的文化遗产保护项目所具有的规模较大、耗资较多等特点，设计并开发具有针对性的金融产品；政府要引导并鼓励社会资本利用形式多样的金融工具进行融资，特别是政府可以通过提供政策性担保，进一步降低非政府主体的投融资风险。

（二）为社会资本参与文化遗产保护提供制度保障

制定并完善社会资本参与文化遗产保护的相关立法，并进一步提高立法层次，为社会资本参与文化遗产保护营造有利的法治环境。就内容而言，可以分别从行业资质、持有资金等方面为非政府主体进入文化遗产领域规定更为宽松的准入条件，鼓励更多非政府主体进入文化遗产领域；明确非政府主体与政府之间合作协议的法律性质，为非政府主体的参与合作解除后顾之忧；规范非政府主体与政府之间合作风险的负担和收益比例的分配等。在土地政策、税收制度等方面，要加强配套措施的跟进和相关制度的完善，既要满足非政府主体营利的需要，同时还要兼顾其公益属性，实现二者在文化遗产保护这一目的上的平衡。为社会资本参与文化遗产保护提供明确、富有操作性的程序性法律制度。就具体文化遗产保护项目而言，针对参与主体、参与方式、参与程序、参与保障、负担风险以及收益分配等有关实体和程序方面的信息应当及时向社会公开，保证公众对社会资本参与的监督以及政府选择社会资本行为的监督。此外，需要特别注意的是，要明确政府在合作中的职能与定位。在合作过程中，政府既是合作者，又是监管者②，因此要不断提高公众监督的积极性，以此改进非政府主体和政府行为。

（三）防止社会资本参与之下出现文化遗产过度商业化

允许并鼓励社会资本参与文化遗产保护，目的在于吸收社会资本的有益成分并为文化遗产保护所用，尽管如此，我们仍然不能忽视文化遗产保护的需求与社会资本的逐利性之间存在的差别，这是在社会资本参与文化遗产保护过程中我们无法回避且必须予以解决的问题。因此，在合作过程中，应当尽量避免过分的商业炒作，以确保文化遗产的严肃性与纯真性，③ 为此，可以从以下制度改进：首先，明确政府对非政府主体的监督权。明确政

---

① 周正祥：《新常态下 PPP 模式应用存在的问题及对策》，《中国软科学》2015 年第 9 期。
② 邢会强：《PPP 模式中的政府定位》，《法学》2015 年第 11 期，
③ 参见苑利、顾军：《非物质文化遗产的产业化开发与商业化经营》，《河南社会科学》2009 年第 4 期。

府在社会资本参与之下的监管职责，分别从合作保护的文化遗产的类型甄选、相关非政府主体的资质准入、价格机制等方面将政府享有的监管权落到实处；其次，完善社会资本参与下文化遗产保护争议的第三方解决机制。当非政府主体与政府在合作保护文化遗产过程中发生争议，除了可以按照双方之间签订的合同予以处理，还可以将该争议提交至由文化遗产地居民、普通社会公众、新闻媒体等组成的第三方主体予以解决，条件成熟的情况下，可以试点建立社会资本参与下的文化遗产第三方争议解决机构。最后，在立法中明确规定文化遗产的公益诉讼制度。文化遗产利益从本质上来说具有公共利益属性，符合公益诉讼的宗旨，同时，文化遗产公益诉讼制度的确立为社会公众监督文化遗产保护状况提供了法律依据，特别是在社会资本参与下，非政府主体能够因此成为强有力的监督主体。

公私合作（PPP）在文化遗产经营中的应用

——对法国模式的评介

张舜玺 *

摘要： 文化遗产是既往时空的存在，经营是其价值在当代社会实现的重要方式。公私协作成为全球公共管理的重要趋势，在文化遗产经营中也发挥着重要作用。法国在公私协作中主要有整体性采购项目合同（MGS）、公共服务委托合同（DSP）、投资租赁合同（locatif）和合作合同（Le contrat de partenariat）四类合同。文化遗产经营中较为常见的合同是公共服务委托合同和投资租赁合同中的长期租赁合同（BEA）。就文化遗产经营中的公私协作而言，法国模式在合同类型设计及权利、义务、责任配置上有一定借鉴意义。

关键词： PPP 合同；公私协作；文化遗产经营；法国

在国内外基础设施和社会公共服务提供中，公私协作（PPP，Public-Private Partnership）是一种有效的项目、服务提供机制，广泛运用于水务、固废、交通、医疗、文化、教育等领域。在我国 20 年左右的文化遗产经营探索中，也大量存在着公私协作的实例。凤凰古城、河南少林寺景区、大同云冈石窟、青海马步芳公馆等诸多重要的文化景区、旅游景点都存在不同程度的公私协作。但由于相关法律法规不完善，理论研究滞后，协作中公私双方产生较多争议，文化遗产遭到破坏、公众文化遗产权益得不到保障的情形也多次出现。公众对政府及其协作伙伴普遍持不信任和批判态度。这不仅动摇了公私协作的社会基础，也侵害了文化遗产所形成的公共利益，既不利于文化遗产保护传承，也不利于社会协作式发展，已成为亟待解决的社会问题。

合同是公私协作的基础。发达国家通过公私协作在遗产经营上取得显著成效的一个重要原因是有相对完善的合同法律规制。国内在该领域的研究尚处在起步和探索阶段，多集中于遗产经营中的某类具体合同，但公私协作以灵活著称，并不局限于一种合作形式。本文试图通过对法国模式的评介，在整体上勾勒出文化遗产经营中 PPP 合同的全貌，并探讨

---

* 张舜玺，湖州师范学院助理研究员。

制度背后的理论依据，以及合同适用的特殊性，为中国文化遗产经营中公私协作的发展提出参考建议。

一　文化遗产经营与公私协作

（一）文化遗产经营的含义

文化遗产是一个开放的概念，是人类发展过程中遗留下来的具有历史和艺术特征的重要财富。这种财富呈现为物质和精神两种形态，分别对应物质文化遗产与非物质文化遗产。物质类文化遗产主要是指各类文物、建筑群、遗址等一切有形物，非物质类文化遗产是指与人们生活密切相关、世代相传的非物质形态的文化表现方式，如民俗节庆、语言文字等。文化遗产具备承载集体记忆的特殊功能，是社会、个人价值和身份的载体，能够建构起一个社会共同体，古往今来在社会中长期占据着重要的地位。但社会空间和资源是有限的，随着人口增长、气候改变、金融危机以及区域发展不平衡加剧，尽管文化遗产在保障人们精神生活上的使命是毋庸置疑的，人们也不得不开始考虑如何平衡诸如生存、发展等与保护文化遗产相比同样重要甚至更为迫切的需求。人们必须在新旧与资源投入上做出取舍和选择。这个问题与其说是如何实现文化遗产的可持续发展，不如说是如何证明文化遗产与可持续发展的相关性。文化遗产经营正在是此背景下提出的。

文化遗产的经营是指通过诠释、转换等方式，将文化遗产的综合价值反映到当下社会中，使之成为社会可持续发展的催化剂和推动力的过程。这与人们对文化遗产认识的不断加深有密切关系。人们认识到文化遗产除了具备艺术、历史的本原价值之外，还在经济和社会发展上具备高附加值。这既能满足人们在精神文化层面上的需求，也能显著的改善人们的生活水平。在一个保存较好的历史文化环境中，通过有效的经营，文化遗产可直接转化为居民的生产生活资料，衍生出各种商品和服务，有利于直接减轻贫困和不公平现象。同时，文化遗产还能够招商引资，在外部资金的作用下解决妇女和年轻人的就业问题，实现包容性经济发展。在应对气候问题上，多地的经验已显示，传统知识和技能蕴含着巨大的潜力，能够在抵御自然灾害上发挥独特作用，如一些传统方式建造的房屋往往更为抗震。此外，文化遗产与包容性社会发展密切相关，在精神与审美上的影响有助于公共道德的建设和社会凝聚力的提升。然而，作为既往时空的存在物，文化遗产需要借助一定的途径才能实现其所蕴含的丰富价值。经营正是文化遗产综合价值实现的方式。

早期的经营概念是从博物馆的财务改革中产生的，之后随着文化遗产旅游及文创产业的兴起和发展，逐渐成为集保护（conservation）、管理（gestion）、利用（valorisation）为一体的综合概念。20世纪60年代，在国家的支持下，欧美各国文化遗产事业有了飞跃式的发展。文化遗产维护运行的资金主要来自国家财政拨款。随后 70 年代的石油危机使得各国面临财政困境，国家在文化遗产事业的投入上大幅减少，博物馆等文化遗产单位不得不寻求转型。对内的财务管理与对外的收入拓展成为转型的主要方向。在对内的财务管理上，效率成为一个关键词。如何用最少的钱实现最优的效果成为遗产单位不得不考虑的问题。在对外的收入拓展上，随着国家对遗产单位拨款的减少，访客的重要性愈发体现，他们成为维护遗产过程中重要的经济来源。然而此时所衍生出来的问题，便是如何在参观访客与遗产保护、遗产体验与文创产品消费之间寻求平衡点。这当中包括了对参观访客的人数统计与限制、行为、态度、特质、访客所能产生的最大经济效益的计算等等。这些内外部的限制与规范使得管理成为保护与利用间的重要连接点，并与后两者共同构成了经营的内容。此外，经营还必须考虑文化遗产与所在地发展的问题。经营者有责任推动遗产单位的溢出效应，平衡遗产利用与周边历史文化环境的关系，为遗产地居民创造可持续发展的工作岗位和经济机会，传播弘扬遗产的文化价值，推动社区的公共审美与道德建设。

（二）公私协作的含义

公私合作（Public-Private Partnership，简称 PPP）作为一个固定用语源自 20 世纪90 年代英国发起的新一轮政府改革，指代一种以私人主动融资为核心，吸收民间资本参与公共服务和公共设施建设的协作模式。这种模式随后在澳大利亚、法国、加拿大、美国等发达国家得到广泛应用。近年来在联合国、欧盟、亚洲开发银行等国际组织的推动下，中国等发展中国家亦对此开始学习和实践。但从公私协作的本义来看，私人参与公共事业建设在欧洲具有悠久的传统，早在 15 世纪私人就在某些方面成为政府的协助者。① 20 世纪 70 年代英国撒切尔夫人大力推动民营化之时，欧洲许多国家的私人资本就已经显露出投资、经营公共事业的兴趣，公共部门也向民间资本伸出了橄榄枝。

因此，尽管公私协作在实践中有着广泛的应用，但并无一个统一的定义，学者们对此看法不一。朗顿（Langton）认为，公私协作是指政府、企业、非营利组织、以及个人在追求实现社群需求上的共同合作及资源分享。② 萨瓦斯认为，在一般意义上公私协作可以指公共和私营部门共同参与生产和提供物品和服务的任何形式的安排。③ 克莱尔·迪翰（Claire Dhéret）等人认为，公私协作是公共部门借助私部门的资金和技术，来效缓解公共

---

① See J. – P Valette *Droit des services public* 2ed, p. 22 – 28.

② See Langton, S. Private partnership: Hop or hoax. *National Civic Review*, 1983, 72, p. 145 – 157.

③ ［美］E. S. 萨瓦斯、周志忍等译：《民营化与公私部门的伙伴关系》，中国人民大学出版社 2002 年版，第 105 页。

财政压力和提高公共服务水平的协作方式。① 迈克尔·斯派克曼（Michael Spackman）通过对英国模式的分析指出，公私协作是由一系列商业结构下的合作安排组成，包括向私人融资、合资经营、特许、合同外包等多种形式，是政府在保障高品质的公共服务供给上的重要举措。② 诸如此类的定义不一，但都强调了公私双方可处于协作的地位，认可了私人参与在公共服务提供的正当性，以及承认私人在当下公共服务的供给中发挥着重要的作用，公私协作关系已成为公共管理发展的重要趋势。

国际组织和国家对公私协作（PPP）的定义也较为宽泛。欧洲委员会 COM/2004/327 号文件③给公私协作下了一个较为宽泛的定义。该定义包括四点内容：（1）公私协作（PPP）是一项长期的合作项目；（2）资金主要来自私部门，尽管某些时候来自公共部门的资金在合作中发挥着关键的作用，但总体来说出资更多由私部门实现；（3）这些协助多在一些关键的经济领域展开，公共部门必须保障协作过程中公共利益的实现；（4）风险根据情况在双方间分配，私部门并不绝对的承担所有风险。在英国的官方指导文件中，④ 公私协作包含三项内容：（1）公、私双方需成立一个合作公司；（2）私部门在合作过程中能够就财产的经营向公共部门提出建议；（3）私人投资协议是公私协作关系的核心要件。法国在吸收借鉴公私协作（PPP）时也做了扩大化处理。在法国法中，公私协作的概念来自对欧盟法的直接适用和对英国法的吸收借鉴。法国有着悠久的私人代理公共服务的传统，随着欧洲一体化的进程，2004 年法国正式将公私协作（PPP）的概念引入国内法。在与国内法衔接融合的过程中，法国立法者对公私协作（PPP）做了扩大化的解释，原有的公共服务委托合同（DPS）、BEA 等各类私人参与公共服务的形式都被纳入了 PPP 的范围。宽泛的定义有助于国家能以更为灵活的方式发挥 PPP 的作用。

（三）公私协作在文化遗产经营中的应用

文化遗产经营起自 20 世纪 70 年代，当时整个欧洲正处于民营化的大背景之下，遗产单位对民间资本同样寄予了较高的期望。法国 1978 年通过"博物馆法令"（Loi de programme n°78 - 727 sur les museés），要求博物馆重视营销，开展财务激励计划，对于藏品丰富、建造物价值较高的博物馆，可以通过分权合作的方式实现募集资金与营销。20 世

---

① Claire Dhéret, Hans Martens and Fabian Zuleeg, Can Public Private Partnerships (PPPs) lever investment to get Europe out of economic crisis? *EPCISSUE PAPER* NO. 71 NOVEMBER 2012.

② See Michael Spackman, *Economic Systems*, Volume 26, Issue 3, September 2002, Pages 283 - 301.

③ *Le livre vert de la Commission de europeenne du 30 avril* 2004.

④ See United Kingdom - *Value for money assessment for using private finance*, aug 2004. P. 5, http://webarchive. nationalarchives. gov. uk/20130129110402/http://www. hm - treasury. gov. uk/d/vfm_assessmentguidance061006opt. pdf.

纪 80 年代法国密特朗左派执政后，对文化的经济效应给予了极大的重视，文化遗产成为带动文化经济增长的重点对象。1983 年 2 月，时任法国总统密特朗在索邦大学旧址发表文化与社会创新、发展的演说，指出文化是法国的国家支柱，法国拥有大量的文化遗产，是一笔重要的财富，政府应创造条件鼓励各类文化的表现形式促进文化繁荣。文化遗产的效应通过多方面的阐述来融入当代社会，成为社会创新与发展的动力。① 1983 年在地方分权背景下通过立法②设立的"建筑和城市遗产保护区"（ZPPAU），意在发挥文化遗产对地方经济社会的带动作用，法律赋予了地方行政机构更多的文化遗产经营权限，允许并鼓励各种形式的社会合作方式。ZPPAU 在 1993 年和 2010 年经过两次立法修改，经营范围呈不断扩大的趋势。

在国家的引导和激励下，民间资本也积极做出回应。80 年代在法国出现了一批规模不等的文化遗产投资管理公司，或接管某家博物馆、闲置纪念物的运营，或承担某处文化遗产地的旅游管理与经营。著名的埃菲尔铁塔、尼姆斗兽厂、米卢兹汽车博物馆等等大量国家和其他公共部门直接管理的文化遗产都有了民间资本和管理技术的参与。2004 年法律正式融合公私合作（PPP）概念后，法国文化遗产领域公私协作得到进一步发展。埃菲尔铁塔的旅游经营有了新的模式，其他类型的文化遗产出现了更为多样的经营模式。

二　法国文化遗产经营中 PPP 合同的应用

（一）法国公私合作（PPP）合同概述

经过 2008 和 2010 年两次法律修订，法国公私合作（PPP）法律体系逐渐成形。在 PPP 概念的界定上法国采用了较为节制的标准，为私人的参与预留了很大空间。PPP 是一类受政府许可私人提供公共服务的活动，与政府直接从事的公共服务相区别。根据实际情况，PPP 项目可以完全由私人承担，也可由双方共同承担。在合作期限上一般要求是长期。在风险的承担上，根据双方的责任和能力进行分配。在利润模式上，私人既可以向终端消费者收费，也可向公共部门收费，还可采取二者结合的收费方式。在资金来源上，一般要求私人承担主要的投融资义务但在特定情况下，公共部门也可注资。

在合同构成上，法国的 PPP 合同大体可分为四类。第一类是政府采购法下的整体性采购项目合同（Les marches globaux sectoriel）简称 MGS。整体性项目与分散型相对，是指公共部门将某项目整体性的委托一个供应商完成，而无需将项目拆分，分别管理多个供应商。1985 年关于公共工程的新法案通过后，公共部门可以不再完全独立承担公共服务的建

---

① *Servic de press de la prsidence de la Republique*，13 fevrir 1983.

② *Loi du 8 janvier 1983*，*Zones de Protection du Patrimoine Architectural et urbain.*

设活动，有权在政府采购法及相关条例的约束下①通过合同将部分或全部事务委托给一个供应商从事。该供应商可以是个人也是团体，但对于公共部门则需是一个统一的身份。这类合同的内容可以是对公共部门所有的不动产，包括了国家警察系统、宪兵禁卫队、国防部门的工作场所，进行设计、建设、整治、修缮、维护；可以是通信、信息及医疗服务；还可以是监狱、惩戒一类的事务。在政府采购法律框架下，私人合作方的收益主要来自公共部门的支付。

第二类来自特定的公共服务委托合同（délégation de service public）简称 DSP。这类合同特指公共部门将某项公共服务部分或全部交给私人或特定的公法人来承担，受托人通过收取服务费获得收益的形式。DSP 与政府采购最大的区别在于供应商或服务提供者的收益来源不同，DSP 的收益源自终端消费者，而 MGS 则来自政府支付。DSP 在法国有着悠久的传统，长期以来私人参与公共服务的提供大多适用 DSP 的规定。DSP 又可细分为三种形式：（1）特许（concession），通常涉及基础设施的建设，公共部门将某项公共服务的建设与运营全部交由私人承担，私人在服务设施建设上的投资在运营中通过向用户收费的方式收回。在服务的定价上，公共部门会做一定限制。投资风险基本上由私人承担，在特定情况下公共部门会给以一定补贴。②（2）行政租赁（l'affermage），私人租用公共部门已有的设施，一端向公共部门支付租金，另一端向社会提供某类经过公共部门许可的服务。收益来自用户对服务的购买。风险基本由私人承担，在特定情况下公共部门以减免租金的方式分担风险。③（3）私人管理公共服务（Le régie intéressée），公共部门聘请、授权私人经营已有公共设施，双方创建共管的经营账户，私人的收益按照事先约定的比例，从经营所得中提取。私人不承担投资风险。④

第三类是指投资租赁合同（locatif）。特指公共部门在无力承担公务用财产维护的情形下，私人对公务使用的公共财产投资维护，再将该财产租赁给公共部门以保障公务顺利开展的一类合同。私人对公共财产的投资分为三种情况：（1）短期投资，公共财产所有权不发生改变，只是满足公共部门的临时之需（AOT）。（2）私人买下该公共财产，长期租赁给公共部门（LOA）。⑤（3）对那些不适宜转移所有权又耗资巨大的公共财产，法国法律为私人的投资设立长期租赁合同（BEA），⑥ 以确保私人的投资收益。

---

① 约束标准参见 loi LOPSI，29 aout 2002，modifiee par le lois des 27 janvier 2003 et 18 mars 2003；loi LOPJ，9 sept 2002，modifiant l'article 2 de la loi du 22juin 1987 et C. sante publ，art. 6148 - 7.

② CE，10 avr. 1970，Beau et Lagarde：Rec. CE，p. 243，pour les parcs de stationnement.

③ CE，29 avr. 1987，Cne d'Elzncourt：AJDA 1987，p. 543.

④ F. Lichére，Régies intéressée：JCI. Administratif，Fasc. 755.

⑤ AOT（autorisations d'occupation temporaire et LOA（location avec option d'achat），voir Le code général de la propriété des personnes publique，article L. 2122 - 15.

⑥ BEA（baux emphytetiques administratif），voir loi du janvier 1988.

第四类为合作合同（Le contrat de partenariat）。这是 2004 年法国吸收了英国法与欧盟法中公私协作理念构造出的一类新型公私伙伴关系合同，意在充分发挥民间社会的力量，鼓励私人以各种形式参与到公共事业的建设中来，是对既往立法的极大修正。[1] 修正前的法国法在公共工程中，私人的参与在很大程度上受到 DSP 的约束，单纯的投资只能适用公共工程捐助合同。捐助是无偿的，可以物质或资金的形式捐助公共部门。但这并不表示捐助是完全的公益行为，捐助人通常能在工程建设完成后从中得到某些利益。这给民间投资公共事业设置了很大障碍，不利于发挥资本的能动性。2004 年修法后，合作合同的出现极大地拓宽了私人参与公共事务的渠道。原有 MGS、DSP、locatif 合同仍在适用，合作合同作为前三者的重要补充，尤其在吸纳私人主动投资方面发挥着重要作用。私人在出资上更为灵活，可仅以出资的方式与公共部门协作，也可带资共同建设。合作合同容纳了一切非典型的公私协作方式。

（二）文化遗产经营中 PPP 合同的主要类型

在法国私人参与文化遗产经营常用的合同类型主要是 DSP 和 BEA 两类。DSP 主要用于私人将经营管理技术与投资共同带入遗产经营的场合，特许、行政租赁、私人管理公共服务，作为 DSP 合同的具体类型，由公共部门选择根据实际情况适用。而 BEA 则多适用于私人以投资的方式对历史古迹进行修缮并租赁给公共部门以收回投资的情形。下文将通过实例的形式阐述这两类合同在法国的应用。

"文化空间"（Culturelspace）公司是一间著名的文化遗产管理公司（以下简称"C 公司"），1981 年在法国成立，现定位全球文化遗产服务，管理着法国、比利时、荷兰数十处文化遗产，年利润千万欧元以上。DSP 是 C 公司与公共部门合作开展文化遗产经营的主要法律依据。特许合同涉及较大规模的投资，多适用于旅游项目的经营。投资主要用于服务设施的建设，包括借助多媒体等先进技术手段的文化诠释（常见的有 5D 电影、仿真动态情景等）和参观游览的辅助设施（步道、电瓶车、餐饮、洗手间等）两大类。此外文化遗产的修复和维护也是经营者的一项重要的开支，需纳入到投资评估之中。以尼姆斗兽场的经营为例，2005 年尼姆市政府与 C 公司签署了为期 12 年的 DSP 经营合同。合同约定每年的固定维护费用大概在 16 万欧元左右，投资回报率在 4.5% – 12% 之间，C 公司对访客服务设施建设的投资约 187 万欧元。[2] 行政租赁合同多用于剧院类已有建成固定设施的文化遗产经营，要求经营者在已有设施的基础上积极发挥能动性，营造出多元的文化服

---

[1]　Voir *Conseil constitutionnel l'ordonnance n 2003 – 473 DC du 26 juin 2003*，以及 *l'ordonnance n 2004 – 559 du 17 juin 2004*.

[2]　Amalia Paz Maturana Martinez, *Gestion et mise en valeur des monuments antiqueses*, *Arles et du site du Pont du Gard.* Etude compare MASTER PROFESSIONNEL" TOURISME p. 81 – 82.

务。租金和文化设施的维护是经营者的固定投入，在营造文化氛围和产品开发中也存有一定的投资风险。私人管理公共服务合同则多见于博物馆等有着固定服务内容的文化遗产的经营中。在这类合同下经营者的贡献体现在两个方面，一是优化固定的服务内容，二是在固定服务的基础上营造出更为丰富的文化经济社会效应。经营者无须承担固定资本的投资风险，风险主要集中在经营不当带来的门票减少以及在营造氛围和文化产品开发的投资损失上。三种方式，经营权限、风险各不相同，但对于 C 公司来说，他们更倾向于高风险高回报的特许式经营。[①]

如果说"文化空间"（Culturelspace）是一间纯私人的企业进入公共服务领域开展公私合作的方式，那么经营埃菲尔铁塔的"景点"（SITE）公司则是 DSP 下公私协作的另一种典型形态。1985 年巴黎市政府开始了埃菲尔铁塔的委托经营。铁塔的维修责任及经营权被委托给一家公司，该委托合同的期限长达 20 年。[②] 2004 年法律融合 PPP 概念及原有经营权期满后，2005 年巴黎市政府对铁塔开启了新的公私合作方式。巴黎市政府与德克夏银行（Dexia Crédit Local）、萨菲迪公司（Safidi SA）、尤飞帕公司（Ufipar）、尤尼巴公司（Uni-bail）四家企业共同出资组成混合所有制公司"景点"（SITE）公司。巴黎市政府的出资和股权比例为 59.9%。在 DPS 的框架下巴黎市政府与 SITE 公司签订了为期 10 年的铁塔委托经营协议，[③] 由 SITE 公司负责铁塔的经营。SITE 的职责和经营内容包括对铁塔的维修和日常保养、投资为铁塔安装观光电梯、保障服务质量、负责游客的安全、更新观光设施、安装多媒体文化宣传设备、管理利用铁塔的形象、保护基于铁塔的知识产权。此外，SITE 公司每年需向巴黎市政府缴纳铁塔经营使用费 600 万欧元。在这种公私协作经营模式下，尽管巴黎市政府作为最大的股东对 SITE 公司有着直接的控制权和影响力，但 SITE 公司作为一个私法主体和巴黎市政府的法律关系是非常清晰的。巴黎市政府既能够保障 SITE 公司的经营是站在维护和促进公共利益的立场之上，又能给予其较高的经营自主权，发挥私法主体的能动性。

投资长期租赁（BEA）也在文化遗产经营中得到广泛应用，尤其是在金融危机的背景下缓解了政府在古迹修缮维护上的财政压力。[④] 2012 年后法国经济面临更为严峻的挑战，有关政府机关占用的重要古迹的维护受到了更多的关注。有议员指出应当放宽社会资金介入的门槛，提高长期租赁的年限，为重要古迹的维护争取更多的社会力量；反对者则认为

---

① Bruno Monnier, *Le point de vue du délégataire*, Contrats Publics – n°74 – février 2008, p. 54.

② Voir TC Aff 3944, Société d'exploitation de la Tour Eiffel c/société Séchaud Bossuyt et autres Renvoi du tribunal administratif de Paris 该公司的经营权起自 1985 年，并于 2005 年 12 月 31 日到期。

③ mairie de paris rapport de annuel 2005.

④ Texte n°359 – Sénat.

如果租赁年限高达99年，则形同这些重要古迹的所有权转移到私人手中。① 在争论中支持者占了上风，最终获得议会通过。② BEA 在国家、市镇的纪念建筑以及大量教堂的修缮上发挥了重要的作用。这种公私协作的方式不仅使得公务所使用的古迹得以维护，为公众提供精神信仰的教堂也得到了妥当修缮。马赛的一些清真寺就采用了 BEA 的方式修缮。投资人通过出资修缮、日常维护取得了清真寺的租赁权，马赛市政府通过支付租金的方式取得清真寺的使用权。

（三）权利、义务、责任配置的特殊性

文化遗产具有珍惜、脆弱的特点，故而在公私协作经营过程中，权利、义务责任的配置也表现出一定的特殊性。在介绍和评价国外文化遗产公私协作模式时，通说认为这种特殊性由文化遗产维护责任产生，在义务的设置上会要求私人承担修缮、监测、保养的工作，而相应私人有获得补贴、减税及其他来自公共部门支持的形式的权利。公共部门也负有鼓励、支持私人参与到文化遗产经营的公私合作中来的责任。但就具体权利、义务、责任之间的关系则缺少进一步的分析。

那么在文化遗产经营公私协作关系中，首先文化遗产作为一种公共利益形成了一项公众的法律权力，政府作为公共利益的代理人有了相关的责任。进而政府通过协作的方式，授予私人部分特权，使得私人能够进入到原本由政府负责的遗产经营中来。作为特权，私人并没有要求政府不干预的权利，政府在保证私人经营自由的前提下，没有对应私人请求权的义务。PPP 合同中的特权，是一类经营权，私人有一定的自主性，但与宪法意义上的自由有一定差别，附带的请求权表现得非常模糊。在法律文本中请求权表现为"公共部门可以对私人提供帮助"，而不是"必须提供帮助"，在实践中可被理解为大多数风险由私人自行承担，但公共部门能在特殊情况下分担部分风险。对"特殊情况理解的不同"会导致两种阻碍公共利益实现的后果：（1）私人在取得经营权之后不断提高造价，携公共利益要求政府不断给予补贴和投资，个别情况还会出现协作经营的成本远超过政府自营；（2）私人不堪在风险下不堪重负，政府拒绝投资，公共工程或服务停滞不前，公共利益无法实现。在文化遗产的经营上，特权对公共利益最大的威胁多表现为文化遗产受到破坏，或得不到应有的维护。马赛市政府和伊斯兰文化协会就 BEA 租金问题的诉讼③就是后果（2）的例证。再来看责任，当私人分担了政府公共利益代理人的职能后，基于权力责任关系，促进公共利益的责任也同样转移到了私人。责任与义务的区别在于，当请求权发出之前，基于

① http：//basedaj. aphp. fr/daj/public/index/display/id_theme/432/id_fiche/9196.
② une proposition de loi de 2013，http：//www. senat. fr/leg/ppl12 – 359. html，2014 年 10 月 21 访问。
③ Tribunal administratif de Marseille，21 décembre 2007，n°0705562，AJDA，2008，p. 17. 行政法院支持了伊斯兰协会要求马赛市政府支付租金的请求。

权力所形成的是责任，而当有了具体的请求权之后，则成为义务。具体来说，当文化遗产的状况尚可时，私人具有的是责任，而当文化遗产有维护的现实要求时，则转换成一项具体的义务，是一项不得不为之事宜。

在对文化遗产经营中公私协作权利、义务、责任的特殊性理解的基础上法国通过实践及行政法院判例形成了一套有针对性的指导原则。第一，经营者通常需承担文化遗产的维护责任。在遗产保存情况较差时，通过特许模式引入私人大规模投资，对遗产进行抢救、修复、再利用。在遗产保持情况尚可时，通过行政租赁和私人管理公共服务的方式，引入私人的经营理念和技能实现赢利，以此为遗产的日常保养提供资金来源。第二，经营权作为一项特权，公共部门并没有必须协助、分担风险的义务，而是可酌情处理。经营者享有特权的同时，并不必然对应享有税收和补贴优惠。这在 C 公司的采访中得以体现。就 C 公司负责人介绍，尽管他们的经营是诠释再现文化遗产的过程，并兼负遗产的保存维护，在一定程度上促进了公共利益，但与其他类型的私人公司一样，并没有特殊的补贴和税收优惠[1]。第三，出于公共利益和公平原则的考虑，在显失公平的前提下，私人可行使请求权要求公共部门予以必要的协助。是否构成显失公平，则由行政法院法官予以判断。一旦法院认定在某一情况下私人继续履约会对其带来不合理的损失时，可以要求公共部门采取相应的措施予以协助。

三　法国模式对中国的借鉴意义

中国近二十年文化遗产领域的公私协作取得了一定成就，但也存在着诸多棘手的问题。90 年代起私人投资对文化遗产的关注带动了旅游经济，宣传推广了文化价值，为遗产维护筹措到部分资金，但此过程中对遗产的破坏和其他类型公共利益的侵蚀也是不能忽略的。关于中国文化遗产公私协作经营中的问题，当前研究主要提出了两种观点：第一种，非营利机构不发达，缺少扶植文化遗产类非营利机构的措施。这类观点的出发点是认为遗产经营的主业与专业类业务，如维护、研究、讲解等应交由具备专业能力的非营利机构来经营，以保证文化遗产的公益属性。[2] 第二种观点认为当前遗产经营中公私协作权利、责任界定不清晰，政府权力过大，管理机构重叠，导致合作关系混乱，不利于文化遗产保护。[3] 两种观点各有所长，笔者认为法国 PPP 合同在文化遗产经营中应用，对理顺中国遗产经营中的权利、义务、责任问题有一定的借鉴作用，具体体现在以下三个方面：

[1]　Bruno Monnier, *Le point de vue du délégataire*, Contrats Publics – n°74 – février 2008，p. 57.

[2]　参见徐嵩龄：《中国文化与自然遗产的管理体制改革》，《管理世界》（月刊）2003 年第 6 期。

[3]　参见陆建松：《我国遗产管理体制存在的问题》，《新观点新学说学术沙龙文集 3：遗产保护与社会发展》会议论文，2006 年。

第一，在维护责任的配置上。中国当前为了强调对文化遗产的保护，通常将主要的维护责任交给文物部门，认为文物部门具有相关的专业素养，能够较好地实现遗产维护工作。旅游和文创企业，在经营中有配合文物部门管理、维护及不破坏文化遗产的义务。以世界遗产开平碉楼的经营为例，碉楼大多为村民私有产权，国资委下设的开平碉楼旅游公司负责景区的游客管理、必要旅游设施的填设及维护，收取门票及其他付费项目的款项。开平文物局负责碉楼的维护、保养及在维护方面与村民协商的事宜。文物局由行政执法和监管部门转变成了文物维护的实际责任人。当碉楼在经营中出现文物安全事故时，首先被追责的是文物局，而不是使用碉楼的经营者。在这种责任模式直接导致的结果是经营者只获利不承担责任以及监管失灵。法国 PPP 合同在文化遗产经营中应用中会根据遗产的状况来分配责任。当在经营中遗产处于一个不断需要投资花费才以为继的状态时，多为建筑类、考古类遗产，会将维护责任交由经营者承担，此时在合同中维护成为一项确定的义务。在日常的经营过程中，经营者必须对维护成本及工程做出安排。遗产管理部门以监管者的角色，对经营者义务履行情况进行检查。而对于已经建成的设备，在经营中仅需慎重使用，无须专门投资用于维护的情形，多为建成的空置场地或博物馆类，合同通常会将不破坏和小心使用作为一项责任来规定。这种区分标准是值得中国 PPP 合同借鉴的。由此可以在维护责任中经营者和文化遗产监管部门的关系，既有利于义务、责任的落实，又能有确保监管到位。

第二，有助于明确政府在合同中的角色。每个受众从文化遗产中获得的物质利益或精神感知都可能存在不同，很难将文化遗产中的公共利益如供水、供电一般量化。并且文化遗产在可持续发展上的贡献有着相当大的弹性空间。因此政府在遗产公私协作经营中的角色多显得模糊。政府是否有义务协助投资主体克服在经营中出现的问题，以什么样的方式给予经营企业帮助，又以什么样的方式保障经营的公共利益导向？这些问题都是在遗产公私协作经营中必须要回应的。地方政府不仅给以经营企业税收减免的优惠，还会以权力要求当地居民配合投资者的经营。而法国的经营实践则显示，作为文化遗产经营企业，在公私协作提供公共服务实现公共利益的过程中，享有的是一项特权，一旦授予，非正当条件不得收回，但没有对应给予帮助的义务。故而在一般情况下，企业不享有税收和补贴优惠。只有在按原合同履行公平的情况下，政府才会提供必要的帮助。我国也应尽快在 PPP 合同中对权利与特权做出区分，明确政府承担风险的标准，而不仅仅只是空泛的规定"双方协商解决"。

第三，成熟的合同体系，多样化的合同设计，有助于 PPP 在文化遗产经营领域中更广泛的应用。私人主动投资经营自不用多说，埃菲尔铁塔的经营是典型的混合所有制下的公私协作。SITE 是一个独立的私法主体，巴黎市政府为保证对 SITE 公司的控制权，拥有了59.9% 的股权。同时 SITE 又与巴黎市政府签署了委托经营合同，理顺了合作关系。在这种形式下，既能保障经营的独立性、有效性，又能实现政府对重要国家文物的控制。此外 BEA 也值得注意。在中国有相当一部分重要文物用于政府机关的办公场所，维护成本对于许多政府部门来说是不小的负担。法国的 BEA 可谓专门为解决这类难题而创设，通过租赁的方式，既不影响公共部门对文物的使用，把维修、保养的成本转嫁给私人。私人的投资通过逐年的租金得以收回。这既为私人的资金创造了投资途径，又缓解了政府部门在维修上面临的财政窘迫。

参考文献

［1］［美］E. S. 萨瓦斯、周志忍等译:《民营化与公私部门的伙伴关系》，中国人民大学出版社 2002 年版。

［2］李世刚:《法国合同法改革草案解析》，《比较法研究》2014 年第 5 期。

［3］Amalia PazMaturana Martinez，Gestion et mise en valeur des monuments antiqueses，Arles et du site du Pont du Gard. Etude compare MASTER PROFESSIONNEL" TOURISME.

［4］BrunoMonnier，Le point de vue du délégataire，Contrats Publics – n°74 – février 2008.

［5］G. M. ROBERTI，Lecontrôle de la Commission des Communautés européennes sur les aides nationales：AJ-DA 1993.

［6］P. Delvolvé，Le partenariat public – privé et les principes de la commande publique，RDI 2003.

法国和巴西审计法院对文化遗产的保护与促进

马尔西奥·托斯科诺·弗兰卡 – 费尔霍　伊扎贝尔·韦森特·伊奇多罗·达·恩布雷加*

摘要：审计法院介入文化领域的历史较为悠久。自 20 世纪初以来，几乎每年都对国家文化部门的活动发表公开意见。1925 年①至今，法国审计法院在其职能、审计方法、审计形式、审计目的等方面不断演变，其文化方面的审计职能亦在法国社会得到同样的发展，一直延续至 21 世纪，与法国政府的机构转变和职能延展从美术部门向包括文化遗产、历史古迹、遗址、非物质文化遗产及其他相关职能在内的文化部门相适应。1988 年颁布实施的巴西现行宪法明确规定了全体公共行政部门都有保护和促进文化遗产的义务。尽管如此，创立于 1891 年的巴西审计法院在这一方面的工作实效并不理想。本文通过介绍法国审计法院的运作过程及在文化遗产领域发挥的作用，为巴西、中国等其他国家公共财政监督部门发展同类职能提供参考借鉴。

关键词：审计法院；文化遗产；保护；模式

一　法国审计法院与法国文化遗产管理体制

法国审计法院创立于 1807 年拿破仑时期，② 是世界上最早实行公共财政管制的机构之

---

*　马尔西奥·托斯科诺·弗兰卡 – 费尔霍（Marcílio Toscano Franca – Filho），获得科英布拉大学（葡萄牙）比较法博士学位，意大利佛罗伦萨欧洲大学研究所法学博士后。都灵大学法学系客座教授，意大利 Carlo Alberto 学院研究员。巴西帕拉伊巴联邦大学法律科学中心艺术法教授，帕拉伊巴审计法院检察官。国际艺术市场研究协会成员。葡萄牙语世界前沿著作《艺术法》（*Direito da Arte*）的合著者之一。
　　伊扎贝尔·韦森特·伊奇多罗·达·恩布雷加（Izabel Vicente Izidoro da Nóbrega），巴西帕拉伊巴联邦大学博士研究生，巴拉圭联邦大学法律科学研究生课程的经济法硕士，巴拉圭审计委员会审计员，律师。
①　在 1928 年报告中，审计法院对 1925 年现代装饰和工业艺术国际展览会进行了审计（voir La documentation Française. *La Cour des comptes et le secteur de la culture（1925 – 2007）*. Paris：2014，p. 22）。
②　KUREK, Aline. *Le juge financier, juge administratif.* Université du Droit et de la Santé – Lille II, 2010. Français. ffNNT：2010LIL20017ff. fftel – 00678581f.

一。其当前职能规定于法国现行的 1958 年宪法第 47 条第 2 款，包括：协助议会进行有关政策评估，以对政府实施监管；协助议会和政府进行金融法和社会融资法领域的监管控制；向公众公开审计信息。

为了适当履行其职责，审计法院是一类独立法院，既不隶属议会，也不隶属政府。其活动（执行监督、调查和编写发布公告）受三项基本原则制约①：独立性原则，机构独立、成员独立、审计权独立；抗辩原则，调查结果只有在听取了有关官员的意见后才能成为最终结果；合议制原则，任何监督和调查均以合议方式审查和审议，"由至少三名审计官组成庭审或其他形式，其中一名审计官提出反对和抗辩意见，以保证审计质量"②。

审计法院通过评判、监测、核证和评估公共收支，③ 以核实公共资金使用的准确性、合规性、有效性以及公职人员工作效率和结果，从而改善公共部门的管理绩效，支持政府的决策，向公众发布审计结果，以便允许公共行动根据《人权宣言》第 15 条④对社会进行管控。

在文化领域，审计法院通过涉及多个参与者的网络开展其审查和监督工作。其中，最重要的监管对象是文化部。文化部创立于 1959 年，于 1982 年改组，在遗产管理方面发挥组织作用，根据 1913 年法令，通过补贴或税收减免等方式，直接或间接对地方行政区和私人主体进行干预。自 2010 年起，文化部下设的遗产司掌管设计、推动和评估国家遗产政策事项⑤，也通过遗产政策管理文化遗产运行网络中诸如国家图书馆、建筑和遗产局、装饰艺术中心、国家古迹中心、蓬皮杜现代艺术中心、国家博物馆，以及"法国博物馆"和各公立档案馆种的图书、档案和一般文献藏品服务部门等享有一定行政和财政自主权的各职能部门。

在大区一级，大区文化事务局（DRAC)⑥ 执行文化部在中央确定的政策，与地方行政

① FRANCE. Cour des Comptes. *La comptabilité générale de l'État, dix ans après, une nouvelle étape à engager.* Rapport public thématique 2016, p. 142.

② FRANCE. Cour des Comptes. *La comptabilité générale de l'État, dix ans après, une nouvelle étape à engager.* Rapport public thématique, 2016, p. 6.

③ 审计法院的工作分为四个领域。首先，最传统工作的是通过调查判断公共账户，其目的是验证对公共资金使用的正确性和收支的规律性，并可能导致个人责任和公共账户的财务责任。第二是通过对公共机构、公务员、接受公共捐赠的私人组织、公共企业等的分析，控制公共资金管理的合规性、效率和有效性。第三是对国家和整个社会保障体系的账目进行核证，以便向公民提供"更清晰、更易读、更真实的国家财务和会计信息"。第四项也是最后一个方面即评估公共政策，验证"公共政策的结果是否符合设定的目标，以及预算手段是否得到有效利用"（voir, France Cour des Comptes. *Rapport Public Annuel*, 2019, p. 16. Disponible：http：//www. comptes. fo/fr/publicatnns/le－rapport－public－annuel–2019.）。

④ KOTT, Sébastien. *Comptabilité publique et reddition des comptes de l'État16）*. Revue française d'administration publique, 2016/4（N°160）, p. 1065 – 1078. DOI：10. 3917/rfap. 160. 1065. URL：https：//www. cairn. info/revue-francaise-d-administration-publique-2016-4-page–1065. htm.

⑤ Gestion du patrimoine：https：//www. vie-publique. fr/politiques-publiques/politique-patrimoine/gestion/.

⑥ 大区文化事务局的职能在于研究、保护、保存和利用历史古迹、考古学和人类学遗产，无论这些遗产是否属于国家（Cf. Gestion du patrimoine. Op. cit.）。

区和日益在公共文化管理中发挥重要作用的区文化机构，尤其是与市政委员会紧密合作。后者通过 2004 年 8 月法令获得了文化遗产管理的新职能，例如辖区内文化遗产的普查。

此外，还有一些私法法人或组织直接致力于遗产保护，① 如法国文化遗产基金会②、路易威登基金会等，这类组织致力于保护和利用遗产，接受公共捐赠，因此也须接受审计法院审计。

法国文化遗产保存、保护与促进相关政策的主要资金来源③是向遗产项目倾斜的国家文化财政预算④，但该项资金逐年减少。与之相对的是，国家通过补贴来保护遗产，其目的是刺激企业和个人，特别是通过税收条款来刺激文化项目的融资，作为减少预算的替代方案。如今，有 10 多项与遗产保护相关的税收优惠措施，其中权重最高的是 2003 年 8 月 1 日立法（又称"阿贡纳法"）规定的公司赞助。该法在 2017 年导致了大约 9 亿欧元税收支出的增长，并且可能成为未来的二十大税收支出之一。⑤

在法国和欧洲其他国家，企业赞助已成为文化遗产保护的重要工具。这些赞助要么是人道主义行动，要么是为艺术遗产的价值发挥，文化、法国语言和科学知识的传播，或是自然环境保护行动或科学行为等。⑥ 审计法院已经向公众发布了一份企业文化艺术赞助人的审计报告。关于这点将在后文详述。

二　审计法院在文化遗产保护中的工作

在考察了法国审计法院的创设、职能、基本原则、受审计法院审计和监督的文化机构和

---

① 文化遗产由可以定义为"包括生产中的创造力在内的思想知识，具有象征意义（PICHERY, 2013, p. 2）"的文化财产，因此，属于文化产品的东西必须具有三个特征：创造力，象征意义和产生的知识产权。文化财产构成了文化遗产，可以看作是"遗产"，即我们所继承的过去的一切。但是，这种宽泛的定义无助于了解真正的文化遗产。即使把重点减少到具有历史或文化重要性的元素上，类似的遗产定义仍然是空的（THROSBY, 2001）。鉴于有关这个主题的讨论非常广泛，我们将采用联合国教科文组织在《保护世界文化和自足遗产公约》（1972 年）和《保护非物质文化遗产公约》（2003 年）中对遗产的定义。
② 法国文化遗产基金会是根据《金融司法法典》（CJF）第 L111-12 条依法创建的私法基金会。
③ 此类受保护的遗产广泛包含历史古迹、受保护空间、考古遗产、博物馆、档案馆、建筑、人类学遗产、法语和法国语言，也就是说，过去的历代人留下的所有文化财富。
④ CF. Gestion du patrimoine. Op. cit.
⑤ France Cour des Comptes au mécénat des entreprises – Un dispositifâ mieux encadrer, （Rapport 58 – 2），2018.
⑥ VERJAT, Armelle. *Culture et patrimoine*, *protection de l'environnement et recherche scientifique*. Jurisassociations, 1er octobre 2018, 585, p. 23/25. 此外，作者申明，自 2016 年 12 月 29 日的 2016 – 1918 号法律生效以后，即使武装冲突发生在欧洲之外，赞助制度也适用于对以保护文化财产不受该武装冲突的影响为宗旨的组织进行的捐赠。

文化遗产保护职能部门后，有必要探究审计法院在文化遗产保护方面使用的工具和手段。

目前，审计法院依照程序发布更多的报告。其中最基本的报告是自 1832 年开始实施的年度公共审计报告（RPA）。该报告包括对被审计组织机构的审计意见和收到的有关反馈，其目标是强调对风险的控制，从而保障受控公共行动的效果和效率。① 在文化工作方面，自 2001 年起，审计法院开始加强对"文化部不可移动遗产管理"② 的监管，在接下来的 20 年间对该部对不可移动文化遗产的管理工作进行分析。

第二类公开报告是创立于 1991 年的主题审计报告或特殊审计报告（RTP）。其中我们需重点关注的报告主要包括：自 1997 年开始发布的《国家博物馆与国家艺术品收藏报告》，这也是文化领域第一个专题类审计报告；2011 年《重大文化工程审计报告》；2014 年《建筑与遗产局审计报告（2004 - 2013）》；2016 年《巴黎国家歌剧院审计报告（2005 - 2014）》。

第三类审计报告是应国会要求，适用 2001 年 8 月 1 日组织法第 58-2 条编写的报告，即所谓的《58-2 审计报告》，其中，应重点关注 2016 年《国家档案馆——新手段与方法的使命》，以及为回应国民议会的财政委员会，根据"阿贡纳法"做出的 2018 年《企业赞助的公众支持——一个受到更好监管的系统》；在这一报告中，审计法院的调查旨在评估"阿贡纳法"的重要性和效率及其对公共政策的贡献。为此，法院审查了本法所采用并编入《通用税收法典》（CGI）第 238 条第 2 款的主要税收措施，以及促进文化赞助的一些特别措施。包括其中根据《通用税收法典》第 238 - bis 0 条 A 款，在 2003 - 2017 期间，以文化艺术赞助的名义购买国家珍宝的公司可获得 90% 的企业税减免的措施。③

审计法院列举了文化艺术赞助法的影响以及给社会和法律带来的转变。其中主要的影响是十倍以上的公司通过文化艺术赞助行为获得税收优惠。"由此产生的税收支出，也就是说国家税收的不足，按比例增长，至 2016 年达到 9.3 亿欧元。这一时期还以基金会的快速发展为标志。2008 年以来，基金会获得捐赠的增长趋势强劲"。另一方面，企业赞助已变得多样化，以前，从严格意义上讲仅与文化活动和文化遗产有关，今天它涵盖了各个社会领域，如教育、健康。但是，"阿贡纳法"创立的体系并非百利而无一害。审计法院一般认为，该体系也导致"税收支出增加，效率低下。评估和控制不力"。④

① France. Cour des Comptes. Rapport Public Annuel, 2019.

② La documentation Française. Op. Cit.

③ FRANCA FILHO, Marcílio Toscano; NÓBREGA, Izabel Vicente Izidoro. *Mecenato, Renúncia Fiscal e Auditoria Pública-Como o Tribunal de Contas Francês avalia leis de incentivo à cultura.* O Jota, 16 février 2019. In: https://www. jota. info/paywall? redirect _ to =//www. jota. info/opiniao-e-analise/artigos/mecenato-renuncia-fiscal-e-auditoria-publica-16022019.

④ 有关报告受到的批评的更详细信息，参见 MEYNET, Wilfried. *Rapport de la Cour des comptes: beaucoup de bruit pour rien?* . Jurisassociations 592 1er février 2019, p. 37 - 39. Pour savoir plus: ABEL, Diane. *Une relation à Géométrie variable.* Jurisassociations 592 1er février 2019, p. 44 - 45.

因此，公开报告显示，在相对较早的时期，审计法院每 10 年才对国家在文化部门的行动发表评论，但在最近几乎每年都发表意见。在 20 和 21 世纪，审计法院"在职能、审计方法、形式、基调及其审计评估的目标"① 方面得到了转变和发展，以适应法国文化领域的发展。

这种发展以一些事实为标志。例如在 20 世纪 20 年代建立了"国家民众剧院"，从而极大扩展了公众接触文化的机会。在 1946 年《宪法》序言中承认文化权，指出："国家保证儿童和成人平等获得教育、职业培训并接近文化。"② 文化的概念也得到扩展，从严格限于美术到所涵盖的一切："文化创造、视觉艺术、现场表演、电影院、建筑、艺术教育、文化遗产、书籍和阅读、国家图书馆、博物馆和馆藏、历史古迹、遗址和非物质遗产、法语；文化行政、包括文化分权，以及文化法律；文化企业；文化艺术赞助。"③

20 世纪初，审计法院的主要关注点是公共财政，因为一战后（1914 – 1918）这完全是一团糟。例如，审计法院和议会在 1926 年 2 月只查询到 1916 年公共财政的一般账户。④

1925 – 1939 年，⑤ 审计法院在其 5 份年度报告中对美术发表了 9 项评论，这些评论在当时并没有真正公开，因为它们只分发给了立法议会。例如，在美术工作方面，1927 年《国家博物馆联盟报告》和 1928 年《现代工业和装饰艺术国际展览报告》的审计结果可以被认为是经典的，仅旨在调查"核证会计管理的文件和部长管理相关文件"。⑥ "当时，

---

① La documentation Française. Op. Cit.

② 巴布利安·安娜托尔（Baboukhian, Anatole）解释道，"宪法委员会"在 1971 年承认"1789 年《人的权利和公民宣言》和 1946 年《宪法》序言的法律性质"。审计法院随即宣布，"对这两个法律文本之法律性质的质疑已被扫除"。因此，文化权利将归入"权利要求"类别（Le droit d'accès à la culture: identification et signification d'un concept juridique dans les systèmes français et britannique. Master 2 Recherche Droit Public Comparé Européen. Université Paris 1 Panthéon – La Sorbonne – Promotion Kelsen 2009 – 2010）。

③ La documentation Française. Op cit. , p. 11.

④ La documentation Française. Op. cit.

⑤ 有一些早期的报告，例如关于 1865 年巴黎豪斯曼男爵改造计划的审计报告中，审计法院"注意到巴黎市账上保留了 11 项投诉，即 11 项正式违反法律的行为。这要归功于朱尔斯·费里（Jules Ferry）给负责巴黎市新贷款项目审查的立法机构委员会成员的题为"奥斯曼的奇妙账户"的一封信。他还大声疾呼反对由豪斯曼工程导致的巴黎历史古迹的破坏。"我们还为丢失了我们今天收集到最后一声叹息的旧巴黎及其悠久历史，以及巴黎的思想家、艺术家和哲学家而感到痛苦和遗憾，有那么多谦虚的人致力于思考，可以靠 3000 英镑的收入生活，那里有团体，邻里，邻里，传统"；土地没收不会经常打扰旧的关系和最珍惜的习惯。今天，无情的制度从中心赶走了居民与秉持精神胜过物质财富的金融家，奢靡而野蛮的外国人尚未为艺术和品行奠定基调。这个古老的巴黎，伏尔泰、狄德罗（Diderot）和德斯穆兰（Desmoulins）生活的巴黎，在 1830 年和 1848 年间，当我们看到宏伟而令人无法忍受的旅馆、昂贵的人群、庸俗的凯旋，给后代留下的可怕的唯物主义，我们为之流泪。但是，也许这就是命运的实现。我们对省级行政部门的批评更加积极和准确，指责它以一种奇怪的方式牺牲了固定观念和系统精神。我们指责它为一时兴起和虚荣的光荣牺牲了整个未来。我们指责它在可疑或过时的功用中吞噬了子孙后代的遗产，我们指责它在灾难的边缘带领我们疾驰而行"（Voir: FERRY, Jules. Les comptes fantastiques d'Haussmann. Neuilly-sur-Seine: 1868, p. 43, Disponible: ark: /12148/bpt6k5475f）。

⑥ La documentation Française. Op. cit. , p. 20 – 21.

相对于评估中央行政机构政策的效率，审计法院对公共事业单位运行效率的评估和监督更游刃有余，它可以以待审查的账户为依据。不幸的是，这些账户往往是陈旧的，但法院并不愿意考虑那些近期的管理，从而将自己从陈旧的账户中解放出来。

对此类公共机构进行审计后，审计法院对其报告的内容有所扩展。其报告逐渐成为主要旨在提高公共管理效果和效率的"绩效报告"。此类报告最初可根源于1933年的报告。审计法院在对塞弗尔、哥布林和博韦国家工厂的第一次生产结果进行分析的基础上，出具了对"绩效"的审计意见，认为产业成果显然处于亏损状态，这些公司无法依靠自己的资源生存。①

审计法院在文化领域的工作形式和愿景的演进与转变毫无疑问地表明，审计法院是捍卫法国文化遗产的主要机构之一。通过对审计法院有关文化部门的三个标志性报告加以分析不难发现，从2001年审计法院发布的年度公开报告（RPA）开始，审计法院就不可移动遗产的管理展开了长达20年的调查，注意到了许多严重的失当行为，从而对文化遗产保护产生影响。

与文化遗产保护相关的审计结果主要包括："对遗产缺乏认识，缺乏对建筑遗产的及时维修导致后续昂贵的花费，缺少不动产管理策略，重复的错误一再出现，大型新项目中的异常，工程监理和工程监理组织不善，历史古迹首席建筑师（ACMH）和历史古迹检验官（VMH）以及法国建筑师（ABF）的垄断导致某些行为中存在权力滥用，以及在住宅分配和管理中的偏差。"②

审计法院证实，文化部对不动产管理并不熟悉。即使对历史遗迹也不比普通的建筑更了解。例如，该部门无法将其专门用于国家不可移动文化遗产的拨款与其他法律实体（私人所有者或地方行政当局）持有的历史遗迹的拨款明确区分开来。

此外，审计法院还认为，文化部未能全面掌握不移动文化遗产数据，甚至还存在某些错误，由于信息管理机制的薄弱，也并未提供充足的管理工具调整其对管理对象、法律、预算和财务等特征的认识。

这种缺失阻碍了不可移动文化遗产管理进展，没有涵盖有关不可移动文物群落（即建筑群——译者注）的所有组成部分（无论列级与否的历史古迹、其他建筑等），以及不可移动文化遗产管理各方面（如维护、翻新、使用条款、分配）的战略，因此，文化部在文化遗产保护上缺乏保护、恢复、合理利用战略，而是继续"将其大部分投资信贷用于创造新的文化建筑，但同时，维修和修复的资金需求也是相当大的"③。

① *La documentation Française.* Op. cit. , p. 24 – 25.
② France. Cour des Comptes. *Rapport Public Annuel*, 2001.
③ France. Cour des Comptes. *Rapport Public Annuel*, 2001.

由于与遗产的维护和修复有关的预算削减，审计法院请文化部从根本上改变其不可移动文化遗产政策：采取更具选择性的古迹列级政策，对意义并不重大的建筑的古迹列级加以重新考虑；将一些历史古迹交由私人业主或当地社区管理，以在保护和保存这些不可移动文物的同时减少公共开支。

另一个重要方面是，审计法院对国家建筑和遗产管理机构的组织和运作也提出了批评，特别是对于以下三类机构及其人员对列级或登录历史古迹相关工程许可的垄断：历史古迹首席建筑师（ACMH）、历史古迹检验官（VMH）和法国建筑师（ABF）。

审计法院审查了权能集中度和额外费用，认为这些方面应由文化部重新评估。例如，ACMH 还垄断了所有国家作为所有权人享有项目管理权的列级古迹相关重大工程的监理权。法院认为，这种做法不符合欧盟竞争法的规定。

最后，在 2001 年的年度报告中，审计法院调查了 20 年来总统和文化部开展的重大文化项目，涉及约 40 项行动和超过 6.1 亿欧元的支出，包括巴士底歌剧院，法国国家图书馆（BNF），拉维莱特（La Villette），卢浮宫和杜乐丽（Tuileries），布兰利博物馆，卡尼尔歌剧院，大巴黎、国立艺术史研究所（INHA），儿童大厦，凡尔赛宫计划，建筑与遗产局，电影之家和东京宫等项目。

审计法院的结论是，负责这些项目的公共机构犯下同样的错误和违规行为，即项目的不准确和不稳定、案编制存在缺陷、对工作进展的监督不足、对业务的财务控制不足，以及某些项目实施过程的不合格。

为了追踪 2001 年的审计结果，审计法院又于 2006 年发布了当年的审计年报①。报告显示，文化部为了回应审计法院曾提出的批评采取了一些解决方案。这体现出审计报告的效能。

例如，文化部曾对文化遗产认识不足、未能全面掌握建筑遗产数据，已掌握的数据不准确或存在错误，但都通过修正建筑遗产数据库得到了纠正。此外，以前手工记录文档的管理方式以被计算机和交互式管理取代。这一更正对成片建筑的保护管理，包括其中的各类要素（列级或登录的历史古迹、普通建筑）以及多样化管理方式（保养、翻新、有条件的利用、让与）而言是必需的。

自 2001 年审计报告公布以来，文化部还承诺逐步增加每年用于维护，维修和修复建筑遗产的信贷资金。然而，这些拨款仍然不符合需要，甚至与已经开展的工作都不相称。因此，2004 年，由于缺乏资金，各种正在进行的行动，如巴黎的马德琳教堂，都暂停了。

为维持不可移动文物总量与被削减的预算相称，文化部长重新考虑了建筑遗产保护政策，将 178 处遗产列入历史古迹名录，但建议将这些国有的历史古迹和考古遗址的所有权

———————————

① France. Cour des Comptes. *Rapport Public Annuel*, 2006.

转让给对其感兴趣的地方行政机构。

最后，在应对本领域技术人员审批权的垄断问题方面，文化部着手对中央和地方的建筑与遗产管理机构进行重大重组，也认识到有必要纠正由于历史古迹首席建筑师（AC-MH）、历史古迹检验官（VMH）和法国建筑师（ABF）垄断权力带来的运行异常和额外产生的费用。

2007 年 12 月，审计法院公开发布了题为《重大文化项目》的主题公众报告（RTP），对这些重大文化项目近十年的情况进行审计。① 该报告对文化部采取的政策提出质疑，认为效率的缺乏削弱了该部执行其他任务的能力，特别是"在投资，维护和恢复所管辖的历史遗产事项方面"。

审计法院指出，在 1977 - 1995 年期间开展的总统项级"重大文化项目"，例如蓬皮杜中心和弗朗索瓦·密特朗图书馆落成典礼等，极为罕见。但是，重大文化项目的数量增加到 61 个，由文化部计划和推动的支出为 22.7 亿欧元，占该部所有资本投资的四分之一。

但是，文化部在保证恢复和妥善维护作为杰出珍宝的历史古迹方面存在困难，因为大部分投资都用于大型文化工程。② 法院也认识到，这些建筑体现的是真正的文化和技术成就，但这是以损害历史遗产的修复保养为代价的。近年来，历史遗产修复和维护的支出仅比房地产投资支出平均值的 3% 略高一点。

在 2007 年的专项审计报告中，审计法院对削减历史文化遗产维修预算的政策表示出担忧。然而，自 1999 年以来，所有的文化部长都意识到该问题，并尝试寻找新的资源来解决这一问题，如对私人历史古迹所有者采取一定的税收措施，增加文化企业赞助等。

三　巴西审计法院

巴西拥有丰富的文化底蕴，文化多样性使其文化多元，具有创造力且独特。巴西文化遗产包括有形和无形两大类，包括教堂、艺术品、藏品、宫殿、纪念碑、歌曲、舞蹈、美食、宗教、科学以及其他被人们认定为自己表达方式的流行表现形式。因此，巴西拥有超过 20000 个登记考古遗址。1300 处有形和无形的列级或登记文化遗产，以及超过 60000 处列级的不可移动文物。这些数字表明遗产的丰富性和重要性。

巴西的文化遗产保护始于现代主义流派艺术家，例如马里奥·德·安德拉德（Mário

① France. Cour des Comptes. *Rapport Public Thématique*，Les grands chantiers culturels，2007.
② 审计法院总结出这类工程的一些特点：地理位置都在法兰西岛、有强烈的政治决心、随着时间的流逝而成为长期的项目，而且在几乎所有情况下（但这已经是资产负债表的一部分）在执行方面存在困难，都需要政治裁断和预算增加。

de Andrade）的影响①，以及国家历史与艺术遗产服务处（SPHAN）的创立。该机构现为国家历史艺术遗产研究所（IPHAN），是首个负责保护和促进文化遗产的行政机构，旨在确保文化遗产"对今世后代具有可持续性和享受性"。②

目前，巴西联邦共和国 1988 年《宪法》在第 216 条中规定了所有公民的基本文化权利，即获得文化和文化遗产的权利。因此，文化权利被视为基本权利，不仅在于保证人的尊严，也被制宪者纳入宪法基本权利的标题中，体现巴西立法者的决心。

此外，《宪法》第 216 条第 1 条第 1 款规定，整个巴西公共行政部门都负有保护和促进文化遗产的义务。尽管如此，成立于 1891 年的巴西审计法院在此方面并未开展有效的工作。它在监管文化遗产方面存在"真空"，使得公共行政部门忽视其存在。公共行政部门的疏忽导致了悲剧，例如由于缺乏对建筑物电气设备的维护而引起的国家博物馆火灾。③

巴西审计法院的职权主要确立于《巴西宪法》第 71 条，其主要职责是：协助议会监督共和国总统的行动，以及对公共管理人员的账目进行审查。巴西是一个联邦制国家，分为联盟、州和市，除市外，每个联邦实体都有自己的审计法院。巴西有 33 个审计法院，它们具有相同的宪法权力和使命。根据《宪法》第 73 条第 3 款，审计法院是独立自治的法院，其成员被赋予与司法机构成员相类似的保障、特权和待遇，从而使他们免受政治迫害，确保他们可以"完全独立和公正地"行使职能。④

审计法院负责协助议会对政府和其他公共行政机构的合法性、合规性和效率进行会计、财务、预算、业务和资产方面的审计。所有保管、收集和使用公共物品、金钱和证券的主体都受到审计法院的监督。

由于巴西的腐败现象日益严重，相对于公共资金使用的效率和效果，即公共管理绩效而言，审计法院的核查更注重财政支出和收入的正当性和合法性。但是，"履职情况报告"是法院的目标，因为它们属于宪法管辖范围。

法国审计法院在其职权范围、审计方法、形式、内容方面已经改变和发展，巴西审计法院也正在经历这些变化。但它未能认识到保护文化遗产的重要性，缺乏加强文化遗产保护的承诺和远见。

巴西审计法院缺失文化遗产审计的原因之一是文化教育以及其他公共政策的缺失导致大多数巴西人对文化遗产的重要性和丰富性缺乏认识，巴西社会认为，教育、公共卫生、

---

① Intellectuel, écrivain, critique littéraire, musicologue, essayiste, folkloriste brésilien.

② Pour savoir plus：http：//portal. iphan. gov. br/pagina/detalhes/872.

③ https：//g1. globo. com/rj/rio-de-janeiro/noticia/2019/04/04/policia-federal-divulga-laudo-de-incendio-que-destruiu-o-museu-nacional-no-rio. ghtml.

④ BULOS，Uadi Lammêgo. Curso de Direito Constitucional. 4. ed. Sào Paulo：Saraiva，2009.

安全以及打击腐败更为重要。认知遗产价值作为保护遗产的第一步，则被忽视了。①

因此，巴西审计法院更重视那些被认为是"经典"的工作，也就是说，审计与教育、健康和社会保障有关的公共支出的合规性，尊重宪法和会计法，实现规范公务活动和阻止腐败的目的。

目前，还缺乏"绩效报告"，因此审计法院必须评估和扩大其行动范围，同时设法核实有关公共服务的质量、效率和实效，以及公共资金使用的效果，以便帮助公共管理人员改善工作并协助政府做出决策。同样，它必须扩大其行动领域，并在文化部门等其他领域开展工作，因为这是一个需要大量公共资金的部门，可以给国家带来出色成果以及经济和社会进步。

因此，对法国审计法院工作的研究成果，可以作为巴西审计法院和其他公共财政高级审计机构的基准，因为当前对文化部门和文化遗产的审计几乎不存在。自 2000 年以来，一些巴西审计法院开始承担保护文化遗产的责任。例如，自 2003 年以来，伯南布哥州审计法院一直在对其所在州的文化遗产相关工程项目进行监督，为保护城市不可移动文化遗产以及具有历史，景观，艺术和考古价值的遗址开展了开创性工作。该法院采取了一项重要的教育行动，以便公共管理人员了解保护遗产的重要性和保护文化财产的适当程序。为此，审计法院出版了一份题为《文化交流——法律对文化财产保护的干预》的文化报告，介绍干预文化财产应遵循的规则和相关法律，以及相应的纠错、惩罚和教育措施。②

同样，审计法院联盟（TCU）于 2016 年发布了一份题为《巴西世界文化遗产旅游》的报告。③ 本报告的目的是查明已制定的行动，并评估拨付给各实体、专门用于文化和自然遗产的保护与养护以及旅游基础的建设，特别是用于联合国教科文组织宣布为"世界文化遗产"的 19 个景点的公共资金的使用效果。

审计法院联盟（TCU）在 2016 年的报告中指出：有必要通过制定政策推进在遗产管理组织、政府主管部门、私人实体和社会部门之间建立正式的合作，有必要制定长期规划，以便更好地利用所涉地区的旅游业潜力，促进社会和经济发展，并使目的地在不改变联合国教科文组织认定的文化特征前提下实现自给自足。

然而，这些工程项目并没有体现出这一要求。相反，它们是例外。为此，巴西审计法院在文化审计和监督方面、特别是在保护文化遗产方面，应当取得进展，以便实现更有效和持续的控制。

---

① BENHAMOU, Françoise. Economia do Patrimônio Cultural. São Paulo：edições SESC São Paulo：2016，p. 17.

② Traduction libre（voir：BRASIL. Tribunal de Contas do Estado de Pernambuco. *Auditoria Cultural Intervenções em Bens Culturais Afetados por Proteção Legal*. Eduardo França e José Odilo de Caldas Brandão Filho. Recife，2014）.

③ Traduction libre（voir：BRASIL. Tribunal de Contas da União. *O Turismo no patrimônio histórico mundial no Brasil*. 2016）.

四 结论

在回顾法国审计法院的工作之后，我们可以肯定地说，它是目前致力于保护法国文化遗产的主要组织之一。

同样，当审计法院通过其报告告知法国公民时，它可以实现《欧洲委员会文化遗产社会价值框架公约》第5-d条和第12条所规定的参与文化遗产管理的文化人权。[①]

哪怕是浅显地分析法国审计法院于20世纪和21世纪对文化部门做出报告，也可得出这一结论。事实上，我们也发现，在审计法院提出批评和建议后，被审计机构发生了积极变化。

应强调三个积极影响：首先是采用不移动文化遗产数据的计算机化和交互式管理，以纠正文化部对遗产相关数据的不完全了解，并使管理涵盖了住房市场的所有组成部分（无论列级或登录与否的历史古迹，以及其他建筑物），并调整管理的各个方面（维护，翻新，利用、让与）；第二是文化部反思其遗产政策和每年用于投资、维护和修复国内历史遗产拨款；第三是承认某些公务员、艺术工作者和其他人员享有垄断地位的反常现象和额外费用。

尽管这种表现并不完美，但至少证明了审计法院的发展。在那些在文化领域表现较薄弱或几乎没有表现的国家，也可采纳这一方式，使审计法院成为保护文化遗产的重要工具，以确保今世后代可持续发展和享受这些人类文化财富。

参考文献

[1] ABEL, Diane. *Une relation à Géométrie variable.* Jurisassociations 592 1er février 2019, p. 44 – 45.

[2] BABOUKHIAN, Anatole. *Le droit d'accès à la culture*：*identification et signification d'un conceptjuridique dans les systèmes français et britannique.* Master 2 Recherche Droit Public Comparé Européen. Université Paris 1 Panthéon – La Sorbonne – Promotion Kelsen 2009 – 2010.

[3] BENHAMOU, Françoise. *Economia do Patrimônio Cultural.* São Paulo：edições SESC São Paulo：2016, p. 17

[4] BRASIL. Tribunal deContas da União. *O Turismo no patrimônio histórico mundial no Brasil.* 2016.

[5] BRASIL. Tribunal de Contas do Estado de Pernambuco. *Auditoria Cultural Intervenções em Bens Culturais Afe-*

---

① 第5-d条建立有利于参与与文化遗产有关的活动的经济和社会环境；第12条——文化遗产获得和民主参与承诺：a鼓励所有人参与：文化遗产的识别、研究、解释、保护、保存和展示过程；就文化遗产所带来的机遇和挑战进行公众思考和辩论。

tados por Proteção Legal. Eduardo França e José Odilo de Caldas Brandão Filho. Recife, 2014.

［6］ BULOS, Uadi Lammêgo. *Curso de Direito Constitucional*. 4. ed. São Paulo: Saraiva, 2009.

［7］ CONSEIL DE L'EUROPE. Convention – cadre du Conseil de l'Europe sur lavaleur du patrimoine culturel pour la société. Faro: 2005.

［8］ FERRY, Jules. *Les comptes fantastiques d'Haussmann*. Neuilly – sur – Seine: 1868, p. 43, Disponible: ark: /12148/bpt6k5475f

［9］ FRANCA FILHO, Marcílio Toscano; NÓBREGA, Izabel Vicente Izidoro. *Mecenato*, *Renúncia Fiscal e Auditoria Pública – Como o Tribunal de Contas Francês avalia leis de incentivo à cultura*. O Jota, 16 février 2019. Disponible:

［10］ https: //www. jota. info/paywall? redirect_to = //www. jota. info/opiniao – e – analise/artigos/mecenato – renuncia – fiscal – e – auditoria – publica – 16022019.

［11］ FRANCE. Cour des Compte. Rapport Public Annuel, 2001. FRANCE. Cour des Comptes. Rapport Public Annuel, 2006.

［12］ FRANCE. Cour des Comptes. *Les grands chantiers culturels*. Rapport Public Thématique, 2007.

［13］ FRANCE. Cour des Comptes. *La comptabilité générale de l'État*, *dix ans après*, *une nouvelle étape à engager*. Rapport public thématique, 2016, p. 142.

［14］ FRANCE. Cour des Comptes. *Le soutien public au mécénat des entreprises – Un dispositif à mieux encadrer*. (Rapport 58 – 2), 2018.

［15］ FRANCE. Cour des Comptes. Rapport Public Annuel, 2019.

［16］ KOTT, Sébastien. *Comptabilité publique et reddition des comptes de l'État*. Revue française d'administra tion publique, 2016/4 (N° 160), p. 1065 – 1078. DOI: 10. 3917/rfap. 160. 1065. URL: https: //www. cairn. info/revue – francaise – d – administration – publique – 2016 – 4 – page – 1065. htm

［17］ KUREK, Aline. *Le juge financier*, *juge administratif*. Université du Droit et de la Santé——203832788 4 – Lille II, 2010. Français. ffNNT: 2010LIL20017ff. fftel – 00678581f

［18］ LA DOCUMENTATION FRANÇAISE. *La Cour des comptes et le secteur de la culture* (1925 – 2007). Paris: 2014.

［19］ MEYNET, Wilfried. *Rapport de la Cour des comptes: beaucoup de bruit pour rien?* . Jurisassociations 592, 1er février 2019, p. 37 – 39.

［20］ PICHERY, Marie – Claude. *Reconnaissanceofficielle en France du vin comme produit culturel – Enjeux pour les professionnels dans la mondialisation*. Université de Bourgogne, 2013, p. 2.

［21］ THORSBY, David. Economics and Culture. Cambridge University Press, Cambridge, 2001.

［22］ UNESCO. Convention dupatrimoine mondial, Paris, 1972.

［23］ UNESCO. Convention pour lasauvegarde du patrimoine culturel immatériel, Paris, 2003.

［24］ VERJAT, Armelle. *Culture et patrimoine*, *protection de l'environnement et recherche scientifique*. Jurisassociations 585, 1er octobre 2018, p. 23 – 25.

建立文化资产信托法制[*]

——台湾地区经验分享

摘要： 鼓励民间非营利组织共同参与文化资产的管理与维护，已是文化资产保护的重要课题与趋势。"信托组织"更已在欧美行之有年，英国 1895 年国民信托（National Trust）之成功经验，为良好示范。台湾地区由于公共预算不足以因应渐增的文化资产保存需求，近年来仿效国外经验，拟推动建立文资信托制度，却也面临诸多制度问题与现实困难。自台湾地区 1996 年颁布"信托法"，社会上逐渐出现许多文化公益信托活动，但此类信托不仅很少将经费用于文化资产维护管理，纵然有之，也是多由银行业者担任受托人（金钱信托型），相较于国际上由专业的信托组织担任受托人，且管理维护文化资产场域（事务信托型）仍有差距。

本研究将分享对英国国民信托之考察心得，借由台湾地区经验，指出建立文化资产公益信托制度应有之正确法律认识、可能法律形态以及应该改善的周边配套（租税诱因）问题。

关键词： 文化资产信托；公益信托；国民信托

一　文化资产保存所遭遇困难

台湾地区最早在 1982 年制定"文化资产保存法"。[①] 然而近年来民众对经济发展的期待，经常与文化资产保存有所冲突。例如在 2016 年各地曾发生多起老旧建物遭纵火或"自燃"案例，[②]

---

[*] 本文先前发表于"文化遗产法前沿问题国际学术研讨会"（中国人民大学，2019 年 10 月 25 日），感谢与会国内外学者给予宝贵意见。

[**] 陈思廷，台湾成功大学法律学系副教授，法国南特大学（Univ. de Nantes）法学博士。

[①] 本法规于 2005 年进行整体性与结构性的修订，2016 年进行全文修正，现时共有 11 章 113 条。

[②] 例如台糖私有之北港糖厂厂长宿舍，在无水电供应、无人使用下，于 2016 年 1 月一个雨天夜晚发生火灾，嗣后台糖紧急派怪手将周边多栋相关建物连夜拆除。台糖对媒体表示，是因为担心火灾发生后，其他建物会被列为暂定古迹而影响开发，才紧急照原定计划拆除；因该破坏事件，全厂区紧急列为暂定古迹。另台糖虎尾总厂日式宿舍于 2010 年、2014 年、2015 年发生数次疑似纵火案。关于台湾地区古迹自燃之现况，可参阅维基百科关于"台湾地区文化资产火灾列表"条目，另可查询"台湾地区文化资产遭破坏列表"。

甚至有的老屋于经审议列为暂定古迹后不到一周，即被拆毁，[1] 引发文化资产保护人士强烈谴责政府保护不力。层出不穷的文化资产保存危机，在台湾地区其实有其产生之背景：首先是因台湾地区地狭人稠，经济不当发展造成房地价格飙升，未有文化资产保护意识的民众宁愿拆除老屋而追逐房地开发之巨额利润，纵然"文化资产保存法"有相关奖励补助，却不符现实需求，更不用说文化资产保存维护之公共预算不足，在保护大量的公有文化资产方面，经费已相当吃紧，更难以提供民众诱因妥善保存、维护私有文化资产。[2]

在此背景下，文化主管机关在文化资产保护政策上提出拟成立专责行政法人、发展文化资产保护中介组织，促进民间参与及推动文化资产信托制度等方向，[3] 希望仿效英国1895 年所建立的"国民信托"（National Trust）的成功经验，结合民间各方力量参与。同时，各地因有大量老旧建筑物面临拆除命运，一些关心老屋保存的热心人士发起抢救运动，也喊出希望民众能够通过"信托"方式，让大家一人捐一点钱，然后把老房子买下来作为保存老屋。[4] 无论是政策与民间活动，都不约而同提到"信托"概念，似乎把"信托"作为解决文化资产保护问题的万灵丹，也因此文化资产管理部门委托成功大学完成"台湾地区文化资产成立信托机制之可行性评估研究"（2018 年），期能借鉴英国经验，思考台湾地区文化资产信托、组织法制与文化资产管理之解决方案。[5]

确实，鼓励民间非营利组织共同参与文化资产的管理与维护工作，已是文资保护的重要课题与趋势，以"信托组织"形态为之，更已在欧美行之有年，然而在台湾地区并非无信托法制

---

① 参阅 "《瑞成堂事件翻版》台中刚列暂定古迹颖德堂遭捣毁"，《自由时报）2013 年 9 月 4 日，https：//news. ltn. com. tw/news/local/paper/710817。依 "文化资产保存法" 第 17 条 "进入古迹指定之审查程序者，为暂定古迹"，暂定古迹视同古迹，毁损古迹依同一法规第 94 条，可处五年以下有期徒刑、拘役或科或并科廿万元以上一百万元以下罚金。

② 其他原因，亦值得说明：当私有文化资产有土地、建物产权纷乱问题时，所有权人通常很难协调同意进行文化资产保存、维护。此外，现行文化资产法制在实务上造成文化资产所有人相当大的负担：（1）被指定为古迹时之负担：需提交管理维护计划、平时受监督是否妥善维护古迹，修复或改建时应遵循行政程序，多需外界专业协助；（2）管理不当之处罚使古迹所有权人却步：文化资产所有人若有以下情形时，将受罚锾（按次 30 - 200 万元）、停水停电、被强制征收土地等处分：（a）未根据主管机关的计划管理，或没有保持原貌；（b）发生重大灾害，但没有在期限内提出修复计划；（c）开发工程破坏到建物完整性、或遮蔽外貌建物；（d）因为管理不当，毁损到建物本体或其附属设施。如毁损、迁移、拆除古迹或其附属设施，亦可能受 50 - 2000 万元的罚金，并处六个月以上五年以下的有期徒刑（"文化资产保存法" 第 103 条、106 条参照）。可参阅新闻："违法古迹修复老市府，开罚北市府 200 万"，http：//www. civilmedia. tw/archives/57350。"〈台北都会〉文萌楼屋主被罚钱怒提诉愿"，《自由时报》，http：//news. ltn. com. tw/news/local/paper/836207。

③ "文化部门救文资 将仿英国成立公益信托"，联合新闻网 2018 年 7 月 3 日

④ "抢救濒危古迹 苗栗县盼成立信托协议价购"，《自由时报》2018 年 7 月 16 日。

⑤ 本文作者有幸参与计划团队进行跨领域合作，研究期间参观访问英国几家重要文化资产信托组织，在研究报告上就法制建构上提出分析与修法建议。

或公益信托案例,① 为何没有较为成功的文化资产公益信托案例？事实上，自 1996 年"信托法"颁布后，社会上陆续出现文化公益信托活动，在 2004 年第一件文化公益信托是"公益信托台北市古迹保存与发展基金"，以信用卡认同卡方式提拨捐款作为协助台北市文化古迹的修复、保存与发展之用;② 随后在 2007 年八头里仁协会发起以全民募资概念，在前述公益信托基金下执行"北投古迹专案"，将经费用于新北投车站原址修复旧北投车站③，然而此类信托不仅鲜少将经费用于维护管理文化资产，纵然有之，在管理专业上仍落后于国外文化资产专业组织。近来我们也看到有民间团体（如环境资讯协会）愿意主动参与环境、文化资产保护相关公益信托，却因信托配套制度问题而未能发挥功能，种种问题均值得深入研究。

因此，本研究将探讨文化资产保存与管理应用之法律制度，主要以公益信托制度为中心，首先分享对英国国民信托之考察心得，并借由台湾地区经验，指出建立文化资产公益信托制度应有之正确法律认识、可能法律形态以及应该改善的周边配套（租税诱因）问题。

二　文化资产公益信托制度之考察

有鉴于台湾地区在文化资产保护上所面临的前述困境，学者专家或文化事务主管部门均曾提出借鉴英国"国民信托"模式建立文化资产信托制度之想法，然而，为避免"淮橘为枳"所产生的法制扞格，首先应了解英国与台湾地区信托法制与现况，甚至更应该宏观地思考文化资产管理之可能法律方案。

（一）文化资产管理可采取的法律架构设计

为思索如何以法律工具建构适当的文化资产管理制度，首先应厘清文化资产本身之财产法律属性（公、私有），并考量管理人之法律地位（自然人、公/私法人）以及文化资产所有人自身目的与需求（委托、信托、租赁、借贷等），以期设计当事人间的法律架构、法律关系，并在各种可能的法律方案中选择最适合具体个案的解决方式。本文尝试以下图（四种象限）表示四种可能方案：

---

① 2001 年中华开发工业银行经法务部核准通过的"公益信托陈春山法制研究基金"，是台湾地区第一个公益信托机构。

② 2004 年 12 月，由安信信用卡公司担任委托人，建华银行担任受托人向台北市政府文化局申请台湾第一起文化公益信托——"公益信托台北市古迹保存与发展基金"，并且由建华银行推出"台北好玩卡"认同卡，将消费金额的 0.35% 捐款存入"公益信托台北古迹保存与发展基金"。参阅李威蒂：《文化资产保存国民信托机制探讨》，台北科技大学建筑与都市设计研究所硕士论文，2011 年。

③ "公益信托台北市古迹保存与发展基金"之受托人建华银行因银行整并，于 2006 年更名为永丰银行。嗣于 2013 年，永丰金控则因银行与信托部合并，依法不能再担任受托人工作，该信托基金经台北市政府同意变更受托人，由"财团法人上善人文基金会"接手为新受托人。

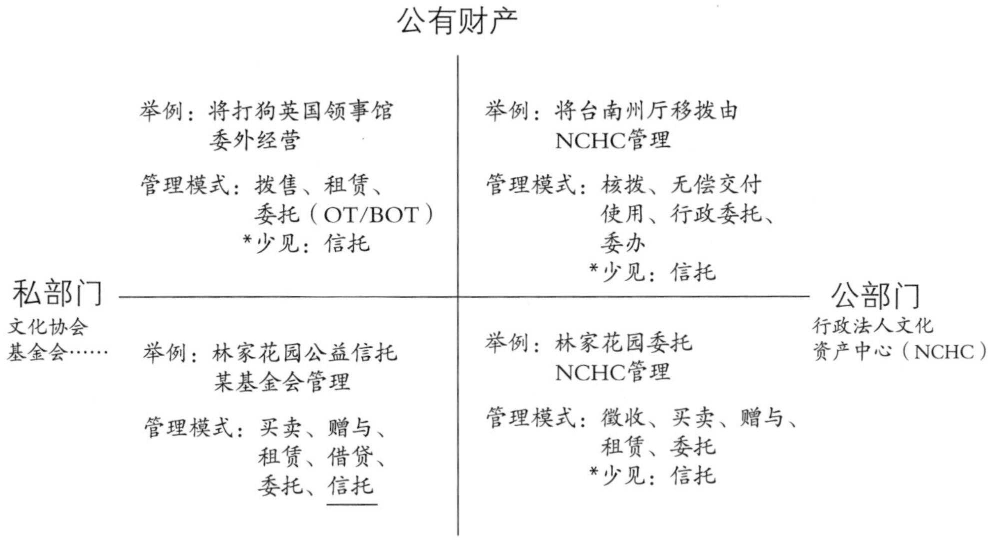

公有财产

举例：将打狗英国领事馆
委外经营

管理模式：拨售、租赁、
委托（OT/BOT）
*少见：信托

举例：将台南州厅移拨由
NCHC管理

管理模式：核拨、无偿交付
使用、行政委托、
委办
*少见：信托

私部门
文化协会
基金会……

举例：林家花园公益信托
某基金会管理

管理模式：买卖、赠与、
租赁、借贷、
委托、信托

举例：林家花园委托
NCHC管理

管理模式：征收、买卖、赠与、
租赁、委托
*少见：信托

公部门
行政法人文化
资产中心（NCHC）

图1　文化资产公/私法属性与管理人之可能法律方案组合图

所应注意的是，选择文化资产管理方式与管理人，分别涉及法律行为（如租赁、信托关系）与管理人之法律地位（法人格），两者为可作为组合的参数，例如我们可选择将文化资产之信托，并选择信托之受托人（管理人）为行政法人，亦得选择属私人的财团法人管理，此为在各项法律方案之可能组合，由文化资产所有人考量自身个别需求与限制（维护预算不足）、行政目的、执行效率等因素，选择最符合自己需要的制度。因此，为建构良好的文化资产管理制度，不能画地自限而仅仅考量以信托作为单一手段，例如向来针对文化资产之委外经营管理方式，只要委外管理得当，亦得作为有效方式，并得与信托契约并用（允许信托受托人再委外管理）。制度设计重点应置于如何有效、专业管理，以及如何提供制度诱因让专业组织成为文化资产管理人（受托人），不能看到英国国民信托成功经验后，就误以为文化资产管理制度只能使用信托制度。

其次，如考量在文化资产管理采用信托制度，公有文化资产得利用公法受托人（如行政法人）为公益信托，且理论上亦得由私法受托人为公益信托（但由公有财产移转为私有财产时，仍受相关财产法规限制）。而私有文化资产原则上均得利用公、私益信托管理，但值得说明的是，如公法受托人时，除可为公益信托外，理论上亦得为私益信托，虽属少见，但其以专业能力增加收入且能管理文化资产，亦无不可[1]。

---

① 例如文化主管机关所倡议成立"行政法人文化资产中心"，该中心除接受公有文化资产之公益信托外，理论上亦可接受私有文化资产之公益信托，甚至额外处理某家族之私益信托业务（如私有历史建筑），但后者仍系于该文化资产行政法人在政策上、能力上是否愿意额外处理此项业务，以及是否会产生"与民争利"之问题。

表1　文资管理应用信托制度之可能性

	公有财产	私有财产
公法受托人（如行政法人）	公益信托＊（通常没必要）	公益信托 私益信托＊（少见）
私法受托人（如信托业、NGO组织）	公益信托	公益信托 私益信托

总而言之，若要健全文化资产管理制度，应用信托制度（特别是公益信托）当然是可优先考量之方案之一，由于信托制度有更多应用可能性，倘若台湾地区未来成立"行政法人文化资产中心"作为公有文化资产公益信托之经营机构，如能同时鼓励民间（私法）组织从事文化资产信托，在公、私组织共同协力下，将更能有效维护与管理文化资产。

（二）台湾地区文化资产公益信托制度与案例

1. 公益信托法制规范

依台湾地区"信托法"第1条规定："信托为委托人将财产权移转或为其他处分，使受托人依信托本旨，为受益人之利益或特定之目的，管理或处分信托财产之关系。"作为一种管理财产的制度，受托人必须为受益人利益或特殊目的进行管理，且由于信托财产已经实质转移，受托人为财产名义上的所有人，故受托人得直接管理处分，而委托人也得依据信托契约请求受托人依约管理处分。因信托财产具有独立性，独立于受托人财产之外，且信托财产间彼此又互相独立，以免损及受益人之权益。①

台湾地区"信托法"内设有公益信托专章，其定义为："谓以慈善、文化、学术、技艺、宗教、祭祀或其他以公共利益为目的之信托。"（第69条），公益信托的成立必须要由公益信托契约（或依遗嘱、宣言②的形式）成立，并且向主管机关申请并获得许可之后，始可开始运作。其运作架构如图2。

与成立财团法人（法人组织）相比，公益信托没有成立最低金额的规定、公益信托的支出和收入也未如财团法人有所限制，故在程序与资金规模具有更为简便、弹性与快速之优点，已成为发展公益活动与维护、管理财产的重要方式之一。然而在租税减免的部分，公益

---

① "信托法"第10条规定信托财产具有非继承性，即受托人过世之后，信托财产不会成为其遗产；信托财产不得强制执行（第12条第1项），且属于信托财产之债权与不属于该信托财产之债务不得互相抵销（第13条）。

② 台湾地区现行"信托法"有限度地承认宣言信托，仅于捐赠者和受托者同为法人时，始得以宣言方式设立公益信托。第71条规定："Ⅰ. 法人为增进公共利益，得经决议对外宣言自为委托人及受托人，并邀公众加入为委托人。Ⅱ. 前项信托对公众宣言前，应经目的事业主管机关许可。Ⅲ. 第一项信托关系所生之权利义务，依该法人之决议及宣言内容定之。"

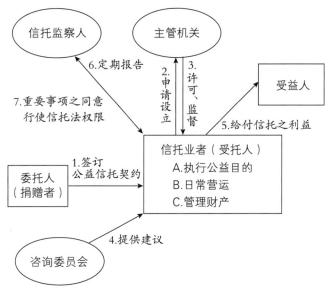

图 2 公益信托成立流程与关系人

资料参考：http：//www. bot. com. tw/business/trusts。

信托想要符合所得税法、遗赠税法之减免优惠，必须符合信托业法所称之信托业者，此缺点造成现行民间组织从事文资公益信托之障碍，本文将于后面再加以分析。

2. 案例及问题

公益信托活动以由银行业者担任受托人的金钱信托为大宗，相较于国际上由专业的信托组织担任受托者，且管理维护文化资产场域型的经营形态相差甚远。即便 2011 年由"环境保护公益信托自然谷环境教育基地"创设了台湾地区第一次的事务型公益信托模式，[①] 根据当初的信托契约所设定之主要目的为"保存依附于自然谷土地上的低海拔原始森林，并维持森林内之生态多样性，进而将自然谷架构成推广环境教育之园区"，委托人原本希望信托的土地面积高达 1.8 公顷，其中又可分为林地 1.3 公顷及耕地 0.5 公顷，但因受托人并无具备所有耕地之适格，无法进行土地所有权移转，最后真正信托之财产仅为 1.3 公顷之林地。但委托人也于信托契约备忘录中载入，希望未来该 0.5 公顷之耕地亦能一并信托，使其运作更具完整性、更为完善。

从台湾地区现况的观察可知，在文化领域迄今仍无事务型公益信托模式之应用，[②] 均是通过捐助金钱的方法达成信托目的，如此的运作模式便是将信托事务管理局限于金钱操

---

① 2011 年，民众委托民间组织荒野保护协会成立台湾地区第一个环境公益信托——"环境保护公益信托自然谷环境教育基地"（目前已移转由台湾地区环境资讯协会负责），以推动环境教育。

② 依据文化主管机关颁布的"文化公益信托许可及监督办法"之监督个案中，诸如 2008 年"文化公益信托树谷文化基金会考古文化资产维护推广基金"仍属于金钱信托，亦非文化资产土地与建物之信托管理模式。

作，忽略了受托人在专业领域发挥特长可能性。

（三）英国文资信托组织经验之借镜

由于台湾地区学者与文化部门倡议学习英国文化资产信托经验，本文在研究与访查英国制度时，首先碰到关于"信托"（Trust）用词语境在两地使用上之差异。由于信托一词在法律上有严格的定义，在台湾地区与英国均有信托法规规定下，均系指涉及所有权移转的财产管理契约。然而，此名词在英国文化资产管理上应用的更为普遍，不仅用于组织名称上，如民间组织"地标信托"（Landmark Trust）、"国民信托"（National Trust）均用Trust一词，指称的公益、慈善（charity）组织，接近台湾地区之公益法人（基金会财团法人或公益社团）之概念；另外，信托亦可指称文化资产管理特殊制度如"国民信托"，在组织与制度运作下，所谓文化资产"信托"，可能是泛指将资金、不动产之信托或捐赠予民间组织，并非必然指涉文化资产之狭义信托，因此文化资产管理与产权归属之配置状态，必须逐案检视。

以下将简介英国两个重要的文化资产信托组织，期能获得制度设立与运作经验之借鉴。

1. "英格兰遗产信托"（English Heritage Trust，EHT）（2015年以后）

"英格兰遗产"（EH）管理400多项国家文化资产（National Heritage Collection），保护英格兰自然署所辖以外的历史环境，是英国最重要的文化资产管理单位。在2015年4月1日，EH被分割为两大组织①：（1）"历史英格兰（委员会）"（Historic England，HE），承继原先EH组织的公法上法定与保护职权（如审定文化资产地位之公法权限）;②（2）新的"英格兰遗产信托"（English Heritage Trust，EHT），由英国政府给予8000万英镑注册成立一公益信托之民间组织（registered charity）（2011年登记），沿袭原先EH名义与组织形象符号（logo），负责文化资产营运管理。虽然既有文化资产相关财产权仍属于国家所有，但由国家特别授权EHT管理文化历史资产至2023年。

因此，一般所称的EH现在是指经过2005年组织改革后之"英格兰遗产信托"（EHT），该组织以EH或"英格兰遗产基金会"（The English Heritage Foundation）名称

---

① EH之成立沿革：早在1983年时，英国政府依据1983年《国家遗产法》，以"非政府部门公共机构"（non-departmental public body，NDPB）（类似于台湾地区之"行政法人"）组织模式成立EH，以此组织行使原先"历史建物与纪念物委员会"（Historic Buildings and Monuments Commission for England，HBMCE）有关全国文化与历史资产之保护权责。嗣于1999年EH合并英格兰皇家历史建筑委员会（创立于1908年），正式成为英国主要管理文化、历史资产、环境最重要的组织。

② EH仍保有掌管公有文化资产的公权力，例如登录建筑等的注册、政策规划与经费补助，是属于由"数字化文化、媒体与体育部"（Department of Digtal Culture，Media and Sport，DCMS）补助之NDPB，主要负责向英国国务大臣提供相关意见。

对外运作,① 在营运模式上，系同时注册为公益组织（charity）与有限责任公司（Limited Liability Company，LLC）。目前英国最著名的世界文化遗产景点：巨石阵（Stonehenge），即是由 EH 所管理。根据研究访谈所知：2013 年 6 月英国政府决定再提供 8000 万英镑予 EH，使之成为财务半自主独立之机构，EH 将逐渐自主营运，不再每年接受政府补助②。

2. "国民信托"（National Trust）

与英格兰遗产（EH）不同，"英国国民信托"（NT）是一个历史悠久的民间文化资产信托组织③，迄今拥有超过 775 英里的海岸线、超过 24.8 万公顷的土地、以及 500 多座古老的房屋、城堡、古迹建物、花园和公园以及自然保护区，可说是世界上目前资产最为庞大的文化资产信托组织。根据 NT 在 2016/2017 年的年度财报，其每年要花费的支出成本，高达 5.36 亿英镑，较前一年度多出 5%。又，同年度收入则是 5.92 亿英镑，比前一年度的 5.22 亿英镑成长超过 10%。④

NT 起源于 20 世纪初叶，受到当时遗产税金额庞大的压力，许多贵族的后代无力负担文化资产的修复和营运，因此开始透过信托、托管、委托的方式，将私有文化资产交由 NT 进行维护与管理。由于组织迅速、良好的发展，英国国会在 1907 年通过《国民信托法》（*National Trust Act* 1907 - 1971），使原本由政府特许管理之文化资产（历史区域、环境），在交由民间之 NT 时能排除部分法律障碍：1. 该法赋予 NT 得宣告名下资产"不可让渡"（inalienable）的法律地位（status），让委托人可以安心委托财产予 NT 管理、维护，NT 可引用特别国会程序，来对抗对其土地之强制征收或拍卖。2. 国会也赋予国民信托保存协定的权限，可以约定保存契约以拘束后代。3. 文化资产所有人指定将资产交由 NT 管理时，能够限制第三人对于资产所在状态之变更，或债务人之债权执行，可更有效保护文化资产，或另以税赋优惠来吸引进行信托。⑤

与其他多数国家相比，英国 NT 获得国家特别立法保障，实属罕见，是否可适用于其

---

① 值得注意的是，由于文化资产的财产权并未因信托而移转于 EHT，我们在翻译 English Heritage Trust（EHT）为"英格兰遗产信托"时所用"信托"一词，未必与台湾地区"信托法"所称之"信托"（契约）相同，毋宁说是较接近于非营利私法人之公益基金会组织。

② 此为本研究团队之共同意见，参阅吴秉声（主持）、徐明福、荣芳杰、黄心蓉、陈思廷（共同主持）:《台湾地区文化资产成立信托机制之可行性评估研究》，2018 年 12 月。

③ 英国的国民信托依《1862 年至 1890 年公司法》（*Companies Acts* 1862 - 1890）在 1894 年注册成为一非营利基金会（charity/fundation）组织，性质上接近台湾地区之财团法人（基金会）或公益性社团法人的概念。

④ 参阅英国国民信托网站介绍。

⑤ 参阅杨崇森:《英国国民信托（National Trust）之发展与对各国之影响》，《法令月刊》2007 年第 8 期（总第 58 期），第 19 - 22 页。

他任何国家或地区，均值得斟酌。回顾 NT 一百多年来的经营成效，已获得社会大众对该组织的信任度；目前的国民信托组织已经是一个复合型的企业经营模式，不仅有兼具文化公益性质的组织目标，同时也另设"有限责任公司"（LLC）形态进行商业经营。

（四）小结

在考察英国 NT 制度后，我们了解到 NT 系指一民间公益组织，由于其名下财产并非全部为信托财产，亦有源于自购、受民众捐赠等财产，且只要是经 NT 指定之财产均可有特殊财产地位。此一制度有其历史、立法上特殊性，在台湾地区实际上无法直接移植立法，但英国立法鼓励民间组织运作之积极作为与 NT 运作公益信托之实务，确实值得台湾地区学习。

关于英国文化部 2015 年切割英格兰遗产（EH）组织之决定，也传达两项重要意义：①英国政府的财政能力仍不易处理庞大的国有文化资产的管理维护费用，需要透过更弹性的财务操作方式，使文化资产能自给自足地永续经营。②政府部门的组织结构与行政效率并无法给予文化资产管理工作更好的管理绩效，因此决定让新的"英格兰遗产信托"（EHT）去面对文化资产信托组织（如 NT）间的竞争，无论是招募会员或是接受募款，将会跟所有的民间文化资产组织一起接受民众的评比。[1]

由此可知，英国思考文化资产信托组织的时候，不会希望用单一的组织来解决所有的问题。相反地，英国政府运用了行政法人、（公设）财团法人、民间组织等多样化的组织样态，来处理文化资产活化与管理的问题。台湾地区在官方推动成立有效的文化资产管理制度与组织议题上，不宜认为仅需成立行政法人即可解决所有问题，应了解利用多样化组织形态多管齐下之效果。事实上，任何机关或组织在法律上均可受任执行文化资产信托业务，积极推动组织在文化资产管理维护方面的专业性，才是文化资产信托组织得以成功的关键。根据英国的经验可以发现，如何转移财产、管理财产，其实与"信托"的法律手段本身并无太大关联。英国信托组织成功运作的关键，在于拥有多样化、资金充裕、且具备相当专业能力的信托组织。了解这些组织的运作方式、人员编制、财物管理，才是真正落实文化资产信托的关键。[2]

三　代结论：建立台湾地区文化资产公益信托法制之思考

为推动良好的文化资产公益信托，首先应考量落实公益信托制度之两个重点：1. 公

---

① 吴秉声、荣芳杰、陈思廷、黄心蓉：《台湾地区当前执行文化资产信托业务的几点刍议》，《文化资产月刊》（台北）第 50 期，2019 年 12 月。

② 同上。

益信托契约保障让文化资产保存与管理能永续执行；2. 虽然受托人拥有信托财产所有权，但基于信托之公益目的，在契约设计上应让受托人仅拥有经营管理权利，而限制其资产处分权，并使之受公益信托监察人和目的事业主管机关的监管，确保受托人尽到善良管理人之责任。此外，也要同时检讨公益信托周边制度，例如是否有足够诱因或去除障碍以吸引从事文化公益信托。

（一）台湾地区"信托法"关于公益信托专章之修正

主管机关在核定公益信托的同时，在早期经常援引"信托业法"第 33 条要求受托人应具有信托业者身份，使得有热情之民间组织无法从事公益信托，颇受批评。近来由于民间组织的专业度逐渐提升，受托人资格问题已转变为专业与有效监督之思考。

在台湾地区常见的金钱型公益信托案例中，受托人（如银行业者）若无文化资产管理专业或怠于管理维护者，将造成文化资产信托之效用大打折扣，纵然受托银行再委托文化资本管理事务予第三方组织，亦同。因此，受托人就文化资本保存与管理维护之专业能力，甚为重要。其次，金钱型公益信托案例中可见由基金会担任信托受托人（无论为一般信托或宣言信托），若财团法人受托人殆为运用金钱从事公益活动，将使公益信托成效不彰；又例如由基金会委托银行担任信托受托人情形，虽然是在信托架构下，但因银行受托人主要系依基金会指示运用金钱从事公益活动，仍属于财团法人是否为公益活动问题，当其本身殆为从事公益时（俗称"休眠中"），亦使妨碍公益信托之功能。在台湾社会中曾发生私人集团家族利用公益信托作为节税与投资工具之丑闻，导致相关公益信托办法之修正。①

本文主张为避免文化公益信托处于休眠状态，促使受托人勤勉执行信托任务，应修正台湾地区"信托法"，课予文化公益信托每年应积极执行公益事务之义务，且支出比率应达当年度信托事务计划书及收支预算书所预定支出之百分之五十以上（此比率可视文化事务管理部门政策与实际执行情况调整）。并增订罚则，以促使信托参与人积极从事公益（近来台湾地区法律事务主管部门也已经公告"信托法"修正草案，亦同此方向）。

（二）提升民间组织参与公益信托之租税诱因

以公益信托方式从事公益活动，较成立财团法人（基金会）来得简便且门槛低，且已

---

① 宏达电董事长王雪红捐助成立的三大公益信托，股票市值高达 230 亿元，实际公益相关支出却偏低，金管会因此在十月初公告"银行相关业务公益信托许可及监督办法第 10 条"修正条文，明订公益信托必须于年度结束后 3 个月内，公告该年度信托事务处理报告书、收支计算表及资产负债表与信托财产目录。这项规定被媒体形容为"王雪红条款"。参阅网路新闻："防'假公益、真投资'金管会'王雪红条款'要求公益信托揭露资产"，风传媒，2017 年 10 月 18 日，https：//www.storm.mg/article/345526。

享有基本赋税优惠，①　因此，近年来在台湾地区，部分公益社团法人（如前述环境资讯协会）乐于担任公益信托之受托人，积极从事栖地保护、生态保育、私有古迹等文化资产保存等公益活动。然而此种组织因不符现行税法规定受托人为信托业者之要件，无法享有与信托业相同之租税优惠，影响民间组织参与公益信托之意愿。析言之，台湾地区现行"所得税法"第 4 条之 3、"遗产及赠与税法"第 16 条之 1 等均限制仅"受托人为信托业法所称之信托业之公益信托"才享有赋税优惠，独厚信托业者（金融业），造成适用"所得税法""遗产及赠与税法"后形成对一般公益信托不合理的课税结果，由于赋税优惠政策旨在促进大众投入公益事务，独惠信托业者的做法已经限缩了公益信托的发展止于金钱型，阻碍事务型公益信托之发展，似有违反法律平等原则之虞。信托法学者谢哲胜教授亦认为："目前各国课税趋势系采租税中立，换言之，不因行为主体或组织不同而异其课税结果，公益信托课税应要求与其他公益团体相同"，且"现行实务上……有部分公益信托规模财产庞巨，但每年用于公益活动占信托财产之比率极微应可从多面向观察实质认定，倘确实未从事公益活动，应比照营利事业相关规定课税。"②　值得赞同，目前台湾地区财政主管部门将依此方向进行修法讨论。③

参考文献：

[1]　潘秀菊：《公益信托的运用与发展》，台湾地区金融研训院，2016 年。

[2]　黄心蓉：《从英国案例看行政法人》，《今艺术》（台北）第 287 期，2016 年，第 108－111 第。

[3]　杨崇森：《英国国民信托（National Trust）之发展与对各国之影响》，《法令月刊》（台北）58 卷 8 期，2007 年，第 16－27 页。

---

①　台湾地区现行法规对公益信托订有赋税优惠条件，例如：1. 信托活动涉及遗产与赠与时：捐赠或加入被继承人死亡时已成立之公益信托，不计入遗产总额。以及提供财产成立、捐赠或加入公益信托，不计入赠与总额（"遗产及赠与税法"）。但本条仅适用于"受托人为信托业法所称之信托业"之情形。2. 因信托财产变动涉及所得部分：营利事业提供财产成立、捐赠或加入符合左列各款规定之公益信托者，受益人享有该信托利益之权利价值免纳所得税（"所得税法"4－3），但本条仅适用于"受托人为信托业法所称之信托业"之情形。3. 空间利用：公益信托所有之房屋提供公益信托直接使用者，免房屋税（"房屋税法"）。4. 营业所得：因公益信托而标售或义卖之货物与举办之义演，其收入除支付标售、义卖及义演之必要费用外，全部供作该公益事业之用者，不仅可免征营业税之外，若其标售、义卖及义演之收入，还可不计入受托人之销售额（加值型及非加值型营业税法规）。
②　谢哲胜教授之发言记录，"各国公益信托相关税制之比较研究"（黄源浩主持）计划期末报告审查会议纪录（开会日期：2019 年 7 月 16 日）。
③　台湾地区财政赋税主管部门表明："……现行租税优惠限制受托人身分之规定，是否应适度放宽，以及'事业型公益信托'应否纳入信托实体理论，透过具有人格的团体运作等，赋税署将提供相关资料供研究团队纳入报告参考。"参阅台湾地区财政赋税主管部门之发言记录，黄源浩主持，前揭委托研究计划期末报告审查会议纪录（开会日期：2019 年 7 月 16 日）。

〔4〕谢哲胜：《受托人权利义务及责任》，《月旦法学杂志》（台北）第 65 期，2000 年，页 114 - 136。

〔5〕吴秉声、荣芳杰、陈思廷、黄心蓉，《台湾地区当前执行文化资产信托业务的几点刍议》，《文化资产月刊》（台北）第 50 期，2019 年 12 月。

〔6〕方国辉（主持），《文化公益信托法律关系、设立监督及实务运作研究》，2003 年。

〔7〕吴秉声（主持）、徐明福、荣芳杰、黄心蓉、陈思廷（共同主持），《台湾地区文化资产成立信托机制之可行性评估研究》，2018 年 12 月。

〔8〕黄源浩（主持），《各国公益信托相关税制之比较研究》，2019 年 8 月。

〔9〕全能古迹烧毁王（公益游戏网站）：https：//shaohui. simpleinfo. cc/。

〔10〕"古迹烧毁王游戏讽文资法没路用"，《自由时报》2017 年 3 月 30 日，访问日期：2019 年 10 月 1 日。

第四单元

文物公益诉讼的理论、制度与实践

中国文物保护公益诉讼的现状与问题

李伟芳[*]

摘要：公益诉讼是文物保护公众参与权实施的重要途径。目前有关文物保护的公益诉讼主要是依据《环境保护法》(2015 年) 第二条和第二十九条的相关规定，以破坏生态环境为由，诉请追究未认真履行保护文物职责的地方政府或职能部门的法律责任。为此，应适时修改现行《文物保护法》，增加"国有文物公益诉讼"条款，构建文物保护公益诉讼制度，最大限度地保护国有文物，维护国家和社会公共利益。

关键词：公众参与权；文物公益诉讼；国有文物公益诉讼条款

一 公益诉讼是文物保护公众参与权实现的重要途径

公众参与的主要目的是追求民主参与和自我管理，其理想目标就是将公众意见采纳到政策的决策阶段。公众参与文物保护在我国有重要意义。它有助于推动文物的可持续发展与保护，同时也能够提升公众的文化意识和文化自觉。

目前有关文物保护公众参与的立法主要体现在环境保护领域。《环境保护法》(2015年) 在总则第五条中首次明确"公众参与"是环境保护的原则之一，并在第五章"信息公开与公众参与"进一步明确"公众参与"的主体、途径、内容、各级政府部门的职责等内容。《环境保护法》(2015 年) 实施以后，2018 年 7 月，生态环境保护部出台《环境影响评价公众参与办法》。这些法律法规是目前我国公众（通常是指公民、法人及其他组织）对生态环境的知情权、参与权、表达权和监督权的主要法律依据。在文物保护领域，我国《宪法》第二十二条规定："国家发展为人民服务、为社会主义服务的文学艺术事业、新闻广播电视事业、出版发行事业、图书馆博物馆文化馆和其他文化事业，开展群众性的文化活动。国家保护名胜古迹、珍贵文物和其他重要历史文化遗产。"该条款确立了

---

[*] 李伟芳，华东政法大学教授，博士生导师。本文定稿于 2020 年 6 月。我校硕士研究生谢金钗同学参与本文的案例整理工作，在此表示感谢。

国家在提供公共文化服务方面的义务，另一方面也隐含了公众享受公共文化服务的权利，为公众参与文物保护设定了基础。

现行《文物保护法》对"公众"在文物保护中的地位偏重于义务性规定，例如第七条"一切机关、组织和个人都有依法保护文物的义务"。相比之下，2011 年《非物质文化遗产法》若干条款对"公众参与"有一定导向作用。[1] 与《文物保护法》相比，上述条款显然比较多吸收了公众参与的理念，尤其表现在鼓励公众在参与非物质文化遗产保护方面的建议权、调查权。如果说上述两部法律对文化遗产公众参与的规定都比较原则，那么2009 年文化部制定的《文物认定管理暂行办法》在"文物认定"这一具体事项中明确了公众的参与权。依据该办法，除所有权人和持有人以外，公民、法人或其他组织如果有认定不可移动文物或对其定级的意愿，可以向当地政府的文物主管部门提出书面要求；被要求的文物主管部门通过听证会等形式听取公众意见，并向提要求者做出明确答复。如果提出书面要求的公民、法人或者其他组织对当地文物主管部门做出的答复不满意，则可以向这个文物主管部门的上级机构提出行政复议申请。由此可见，上述公民、法人或其他组织认定文物的行为，不是基于对认定文物的所有权，而是基于参与公共事务管理的权利而进行的公众参与行为。《文物认定管理暂行办法》的颁布对推动我国文物保护的公众参与有重要意义，但作为部门规章，其法律阶位、适用范围都有所限制。

二 近年来我国文物保护公益诉讼现状

（一）文物保护民事公益诉讼

文物保护公益诉讼并非没有先例，只是过程坎坷。2007 年北京居民状告政府部门违法拆迁四合院的公益行政诉讼案可以称为"文物公益诉讼"的先例。[2] 目前我国文物保护的公益诉讼主要是指民事公益与行政公益诉讼。在民事公益诉讼领域，相关案例屈指可数。[3] 检索中国裁判文书网与新闻报道中相关案例，可发现我国文物保护民事公益诉讼相

---

① 例如该法第九条规定："国家鼓励和支持公民、法人和其他组织参与非物质文化遗产保护工作"；第十四条规定："公民、法人和其他组织可以依法进行非物质文化遗产调查"；第二十条规定："公民、法人和其他组织认为某项非物质文化遗产体现中华民族优秀传统文化，具有重大历史、文学、艺术、科学价值的，可以向省、自治区、直辖市人民政府或者国务院文化主管部门提出列入国家级非物质文化遗产代表性项目名录的建议"；第二十三条规定："国务院文化主管部门应当将拟列入国家级非物质文化遗产代表性项目名录的项目予以公示，征求公众意见。公示时间不得少于二十日。"

② 2007 年发生过北京居民状告政府部门违法拆迁四合院的公益行政诉讼案。2008 年 6 月 3 日，北京市第一中级人民法院作出终审宣判：驳回上诉，维持了一审判决。一审判决的内容是：北京市宣武区建设委员会核发的拆迁许可证中涉及宣武区前门西河沿街 222 号院的拆迁许可内容无效。

③ 参见本文附件。

关案例有以下列特点：

原告主体方面：原告主体主要有中国生物多样性保护与绿色发展基金会（以下简称"绿发会"）和地方检察院，原告主体范围较窄且不成规模。原告的种类也同时代表我国文物保护民事公益诉讼在司法实践中的两种类型：其一，绿发会提起的公益诉讼。首先，诉讼主体地位并未得到质疑，但值得注意的是，绿发会为环境保护类组织，而非文物保护专业社会组织。其次，除一例有关河南薛店镇花庄村关于古枣树的判决文书可在中国裁判文书网公开获得，绿发会提起的有关文物保护公益诉讼其他判决文书无法通过公开途径获得。无法获得判决文书的案例中，有一例明确为和解结案。最后，该类案例中，被告均为对文物起到保护职责的主要部门与协调部门。其二，各地检察院提起的公益诉讼，主要为刑事附带民事公益诉讼，即在有关被告人对文物进行破坏后，各地检察院认为仅提起刑事诉讼不足以弥补其对社会公共利益造成的损害，因此提起公益诉讼。

法律依据方面：文物保护公益诉讼并没有法律直接的规定，尚属空白。但是，近几年为解决文物遗失、破坏的问题，在公益诉讼的司法实践过程中，往往会依托环境公益诉讼的司法诉讼程序。

起始时间方面：2015年10月，绿发会认为上街区峡窝镇马固村村委会、上街区人民政府、上街区峡窝镇人民政府和上街区文化广电新闻出版局对马固村文物保护不力，向郑州市中级人民法院提起公益诉讼，成为国内首个保护不可移动文物环境公益诉讼。

请求事项方面：请求事项主要有赔礼道歉、采取补救性措施、损害赔偿、承担诉讼费用；若被告为政府相关部门，则针对性请求事项还有履行相关保护文物职责。

（二）文物保护行政公益诉讼

在行政公益诉讼领域，情况则截然相反。与民事领域文化遗产保护公益诉讼相对冷清不同，检察机关针对不可移动文物保护问题开展行政公益诉讼相对重视。例如，2020年4月，重庆市人民检察院发布全国首个《关于拓展公益诉讼案件范围的指导意见（试行）》，其中，文物保护首次被纳入公益诉讼领域；2020年4月18日，山西省人民检察院和山西省文物局联合发布《关于在检察公益诉讼中加强协作依法做好文物保护利用工作的通知》；2020年6月，陕西省检察院会同陕西省文物局联合制定了《关于协作推进检察公益诉讼促进文物保护工作的意见》），建立了检察机关和文物部门的合作机制，以此助力文物保护、文化传承。此外，还有不少地方还开展过全面清查本地文物保护状况的专项行动，例如，2019年10月，福州市检察机关出台《关于开展"福州古厝"暨不可移动文物保护公益诉讼专项活动的实施方案》，以为期一年的专项活动，为福州向全世界展示历史文化名城的风貌贡献检察力量。

三　我国文物保护公益诉讼实践困境

困境之一：文物保护公益诉讼原告主体难以确定。公益诉讼的原告主体为"法律规定的机关和有关组织"，但是在我国文物相关立法中，确定原告主体这一障碍则尚未扫除。有学者认为，如果参照环境和消费者权益保护公益诉讼的立法逻辑，则符合相应条件的文物保护类社会组织应当是适格的原告主体。在没有明确立法保障的前提下，社会组织提起的国有文物民事公益诉讼是否能得到法院受理，全凭法院自由裁量，裁量结果则因人、因地、因时而异，存在较大不确定性。[①]

困境之二，针对文物提起公益诉讼的法律依据缺失。《民事诉讼法》第五十五条规定民事公益诉讼，《行政诉讼法》第二十五条规定行政公益诉讼，但并未涉及提起文物可适用公益诉讼程序。《文物保护法》也并提及公益诉讼程序。有学者从文物保护中提取文化遗产权，通过是否确有利用公益诉讼加以救济的必要性，是否确有利用公益诉讼加以救济的可行性，是否确有利用公益诉讼加以救济的合理性三方面加以论证文物保护适用公益诉讼的合理性。同时又提出自从公益诉讼入法以来，公众在尝试过后都觉得通过这个渠道来保护文化遗产切实可行，但囿于法律的滞后，实际操作起来难免影响了公益诉讼实施的成效和文化遗产保护的结果。[②]

困境之三，虽然同为利用公益诉讼保护文物，但是在我国，行政公益诉讼相对活跃。究其原因主要是：其一，检察机关作为宪法规定的法律监督机关与专业司法机关，在各方面都握有民间组织不可比拟的资源和能量；其二，虽然检察机关既有权提起民事公益诉讼，也可以提起行政公益诉讼，但由于民事诉讼法把检察机关设定为备位主体，办案的相关手续和流程比较烦琐，所以如果出现竞合情形的话，检察机关往往更倾向于选择行政公益诉讼的渠道；其三，行政公益诉讼与民事公益诉讼的最大区别，在于前者存在一个由检察机关向行政机关发送检察建议的前置程序。依据《行政诉讼法》第二十五条规定，检察机关通过履行公益诉讼职能对行政机关开展监督分为两个阶段：一是履行诉前程序，对发现行政机关存在违法行为或没有依法履行职责的，检察机关应当先向行政机关发出诉前检察建议，督促其依法履行职责。二是提起诉讼程序，对于检察建议回复期期满后，行政机关未纠正违法行为或未依法全面履行职责，国家利益或社会公共利益仍处于受侵害状态的，检察机关应当依法提起行政公益诉讼。前置程序为行政机关提供了可能避免诉讼的机

---

①　郭雪慧：《论公益诉讼主体确定及其原告资格的协调——对〈民事诉讼法〉第五十五条的思考》，《政治与法律》2015 年第 1 期。

②　李响：《公众参与文化遗产保护的公益诉讼进路研究》，《中国高校社会科学》2019 年第 6 期。

会。对此，至少在文物保护这个特殊领域，民事公益诉讼与行政公益诉讼应该有主次之分、轻重之别，即以前者为原则、后者为例外，以确保把公益诉讼所针对的焦点聚集在如何更好保护文化遗产上面。此外，有学者在我国文物保护公益诉讼的基础上更深入研究民事责任的法律适用，认为在文化遗产从一个事实概念到法律概念的过程中，财产安全与文化秩序占有同等重要的地位。因此，在法律适用中亟待加大追究当事人民事责任的力度，并完善民事责任适用的规范性。①

四　完善我国文物公益诉讼的建议

目前我国公益诉讼程序的法律依据主要是：《民事诉讼法》第五十五条（2012 年、2017 年两次修改），该条规定："对污染环境、侵害众多消费者合法权益等损害社会公共利益的行为，法律规定的机关和有关组织可以向人民法院提起诉讼。人民检察院在履行职责中发现破坏生态环境和资源保护、食品药品安全领域侵害众多消费者合法权益等损害社会公共利益的行为，在没有前款规定的机关和组织或者前款规定的机关和组织不提起诉讼的情况下，可以向人民法院提起诉讼。前款规定的机关或者组织提起诉讼的，人民检察院可以支持起诉。"该条采取不完全列举的方式，将污染环境、侵害众多消费者合法权益两类突出的侵害社会公共利益行为纳入公益诉讼范围；《行政诉讼法》2017 年修订第二十五条增加"人民检察院在履行职责中发现生态环境和资源保护、食品药品安全、国有财产保护、国有土地使用权出让等领域负有监督管理职责的行政机关违法行使职权或者不作为，致使国家利益或者社会公共利益受到侵害的，应当向行政机关提出检察建议，督促其依法履行职责。行政机关不依法履行职责的，人民检察院依法向人民法院提起诉讼"，从而确立我国行政公益诉讼制度。

根据上述现行法律，公益诉讼主要涉及生态环境和资源保护、食品药品安全等领域，适用范围较窄。从现有文物公益诉讼案例来看，多数社会组织在提起文物保护的公益诉讼时，只能根据《环境保护法》（2015 年）第二条和第二十九条的相关规定，以破坏生态环境为由，诉请追究未认真履行保护文物职责的地方政府或职能部门的法律责任。为此，本文建议适时修改现行《文物保护法》，增加"国有文物公益诉讼"条款，构建文物保护公益诉讼制度，最大限度地保护文物，维护国家和社会公共利益。

---

① 张舜玺：《论民事责任制度在文化遗产法律适用中的意义——以法律概念生成为视角》，《法学杂志》2015 年第 5 期。

参考文献

[1] 李响：《公众参与文化遗产保护的公益诉讼进路研究》，《中国高校社会科学》2019 年第 6 期。

[2] 张舜玺：《论民事责任制度在文化遗产法律适用中的意义——以法律概念生成为视角》，《法学杂志》2015 年第 5 期。

[3] 郭雪慧：《论公益诉讼主体确定及其原告资格的协调——对〈民事诉讼法〉第五十五条的思考》，《政治与法律》2015 年第 1 期。

附件一　中国文物保护公益诉讼案例列表

序号	案号	案件事实	法院分析
1	（2018）豫民终344 号	公益诉讼主体：中国生物多样性保护与绿色发展基金会 案件事实：中国生物多样性保护与绿色发展基金会（以下简称"中国绿发会"）诉称：花庄村民委员会及薛店镇人民政府在未依法办理和取得采伐手续情况下，在新郑市薛店镇花庄村（一组、二组）古枣树林地非法采伐大量古枣树。移栽时不按照树木的科学移植操作技术规程操作，致使被移栽古枣树大面积死亡。新郑市教育体育局在未依法办理法定手续的情况下，非法占用薛店镇古枣树林地，在古枣树林地上违法进行工程建设，致使古枣树及古枣树林地被毁。新郑市人民政府于 2010 年 9 月已确定"对位于新郑市薛店镇花庄村 1023 亩古枣树实施文物级保护"，本案中被毁的古枣树及古枣树林，属于新郑市人民政府确定的文物保护范围。	薛店镇政府及花庄村委会的上诉请求均没有事实及法律依据，应予驳回。原审判决认定事实清楚，适用法律正确，但在实体处理上，原审判决第四项判令薛店镇政府于判决生效后在位于王张村的枣树移入地现场展示因移栽致死的古枣树时，没有对展示时间予以限制不妥，本院根据现场展示的目的、现场死亡古枣树情况以及土地后续使用情况，酌定展示一年为宜。
2	（2016）豫 01 民初705 号		薛店镇人民政府及花庄村民委员会在未办理采伐手续的情况下，违法移栽枣树 1870 棵，并导致被移栽的枣树死亡，致使生态环境被破坏，依照上述法律及司法解释的规定，应当承担破坏生态的侵权责任。被告薛店镇人民政府及花庄村民委员会未经林业行政主管部门审批，在未办理移栽手续的情况下移栽 1870 棵枣树并致枣树大面积死亡，属于破坏生态环境、损害社会公共利益的行为，依据上述法律规定，其应当承担恢复林地、植被的法律责任。新郑是我国的红枣之乡，本案涉及枣树树龄较长，承载着当地群众的记忆和乡愁。被告薛店镇人民政府和花庄村民委员会在未办理移栽手续的情况下，违法移栽枣树的行为，对社会公共利益造成了损害，应当赔偿生态环境受到损害至恢复原状期间服务功能损失。

序号	案号	案件事实	法院分析
3	（2020）赣0222刑初24号	公益诉讼主体：浮梁县人民检察院 案件事实：2019年2月15–17日，被告人田少波伙同黄嗣通、吴小胡、周上飞多次对红塔进行盗挖。2019年2月18日凌晨1时许，四被告人盗挖红塔时，被管理人员发现，四被告人逃离现场。经查，被盗挖红塔位于浮梁县浮梁镇旧城村，于1987年被江西省人民政府公布为第三批省级文物保护单位。	被告人田少波、黄嗣通、吴小胡、周上飞的行为，不仅构成故意损毁文物罪，而且违反了文物保护法等相关法律法规，损害了社会公共利益，依法应当承担相应的民事责任。公益诉讼机关依法向本院提起的附带民事公益诉讼请求，应当予以支持。
4	（2019）豫0522刑初574号	公益诉讼主体：安阳县人民检察院 案件事实：2015年秋起，被告人元文举多次购买、倒卖青铜爵杯、青铜花瓿、青铜圆尊、青铜圆鼎、青铜花、青铜酒勺等青铜器，并从中非法获利百万元。其中包括三级文物和一般文物。	安阳县人民检察院依法提起刑事附带民事公益诉讼，是维护社会公共利益的法定方式，主体适格，程序合法，应予支持。
5	（2019）黔2727刑初117号	公益诉讼主体：平塘县人民检察院 案件事实：2019年5月24日，被告人何欢租赁一辆面包车后邀约被告人胡文有一同前往平塘县者密镇四寨窃取该地"云阳关"石硐门。随后，被告人何欢将盗窃刻有"云阳关"字样的石碑运至惠水县被告人胡大林的店内，将石碑交于被告人胡大林，被告人胡大林通过微信转账人民币1000元给被告人何欢。经贵州省博物馆鉴定，刻有"云阳关"字样的石碑属于一般文物，价值人民币12000元。各被告对公诉机关的指控无异议，当庭表示认罪。	被告人何欢、胡大林共同商议盗窃国家文物，被告人胡文有参与其中，三被告人的行为已构成盗窃罪。公诉机关指控被告人何欢、胡大林、胡文有犯盗窃罪，事实清楚，证据确实充分，指控罪名成立。

续表

序号	案号	案件事实	法院分析
6	（2019）青 2822 刑初 20 号	公益诉讼主体：都兰县人民检察院 案件事实：被告人张卫青、韩万里、朱德海、叶伍松、孔石彬虽未盗得文物，但盗掘行为破坏了古墓葬的完整性，改变了墓葬内文物的原有保存环境，不利于墓葬内文物的继续保存，侵害了社会公共利益，对国家文物财产造成无法弥补的损失，其行为与国家文物财产遭受损害后果之间存在因果关系。经青海文物考古研究所鉴定，所盗墓葬地址为全国重点文物保护单位热水墓群的重要组成部分，属于唐代大型墓葬，具有极高的研究价值。上述事实，有经庭审举证、质证，本院予以确认。	关于公益赔偿金的计算和公益诉讼的综合考量，经查，刑法设置盗掘古墓葬罪旨在保护在历史、艺术、科学等方面都具有较高的文物价值的古墓葬及其内部文物，以目前的科技水平，对多数文物最好的保护方法仍是经年土层的自然覆盖并埋藏于地下，一旦挖掘就可能对其整体性、结构性造成不可逆转的破坏或毁坏，盗掘行为对热水古墓群造成的损失具体价值确属无法估量。本案热水古墓群为全国重点文物保护单位，承载中华历史、民族、宗教等多文化元素，各被告人盗掘行为一定程度上侵害了人类创造活动的实物遗存，侵害了社会公众享受历史文化传承的权利，该然性支持附带公益诉讼请求，可以教育引领社会价值，有力维护社会共同记忆和公共利益的保护。故结合被告人自愿缴纳的经济能力实际和破坏历史价值、科研价值的难以评估实际，确定公益赔偿金。
7	（2019）晋 04 刑终 190 号	公益诉讼主体：壶关县人民检察院 案件事实：2018 年 5 月 16 日凌晨，被告人靳某和刘某（已判刑）等人驾车至××县，使用千斤顶、钢锯等工具盗窃王家掌村祖师庙清代遗构斗拱等古建筑构建十余件，造成王家掌村祖师庙破坏严重。经鉴定，王家掌村祖师庙损坏价值为人民币 8595 元。原审认定的事实经一审庭审质证、认证，合法有效，本院对原审查明的事实和证据予以确认。	上诉人（原审被告人）靳某采用破坏性手段盗窃王家掌村祖师庙，造成祖师庙毁损严重，损坏价值数额较大，其行为构成故意毁坏财物罪，依法应予惩处。关于上诉人所提其主动投案，并如实供述，构成自首，积极赔偿涉案财物损失，原判量刑过重的意见，经查，原判已结合其犯罪行为、认罪态度、自首、赔偿涉案财物损失、累犯等量刑情节正确量刑，其上诉理由不予采纳。壶关县人民检察院提起的刑事附带民事公益诉讼符合法律规定，予以支持。
8	（2018）晋 0427 刑初 135 号		被告人刘某某采用破坏性手段盗窃王家掌村祖师庙，造成祖师庙毁损严重，损坏价值数额较大，其行为构成故意毁坏财物罪，公诉机关指控的犯罪事实及罪名成立。被被告人刘某某的故意毁坏行为给王家掌村造成的经济损失应该予以赔偿，壶关县人民检察院提起的刑事附带民事公益诉讼符合法律规定，本院予以支持。

序号	案号	案件事实	法院分析
9	（2018）冀0125刑初116号	公益诉讼主体：行唐县人民检察院 案件事实：2017年7月的一天晚上，季二等人到封崇寺盗掘文物，卖出得款后再进行分配。2017年11月9日，二被告人再次准备到洞内挖掘时被公安机关抓获。期间，二被告人持续多次盗掘，将塔基粉碎成不规则多块，致使塔基遭到严重破坏。	被告人季二会、高利波盗掘的古文化遗址构成当地生态环境的一部分，又是不可再生的文化资源，其犯罪行为严重损害了国家和社会公共利益，应当承担相应的民事赔偿责任。由于该案中损坏的文物无法修复到损害发生之前的状态，可以采用替代性修复方式。行唐县文物保护管理所制定了替代性修复措施并做出所需费用预算为46267.10元。因此，二被告人对该替代性修复费用应予赔偿。
10	（2017）云0122刑初252号	公益诉讼主体：昆明市晋宁区人民检察院 案件事实：2016年12月，被告人李洪杨应波、马利兵未取得采矿许可证，擅自进入"中国前寒武系（震旦系）—寒武系界线层型剖面省级地质自然保护区"开采磷矿石，至2016年12月21日6时许被告人共盗采磷矿石20余车，并将所盗磷矿石堆放于晋宁县旧寨小学一料场内。造成自然保护区矿产资源以及地质遗迹破坏，情节特别严重。	三被告人的行为已触犯了《中华人民共和国刑法》规定，构成非法采矿罪。公诉机关指控三被告人犯非法采矿罪的事实清楚，证据确实、充分，指控罪名成立，本院予以支持。附带民事公益诉讼原告昆明市晋宁区人民检察院提交的上述证据符合证据的构成要件，对上述证据的真实性、合法性、关联性本院予以认可。
11	（2020）云7101行初18号	公益诉讼主体：安宁市人民检察院 案件事实：松花阁位于安宁市连然街道办事处虎丘山上，系原虎丘寺建筑群之一。于1592年（明万历二十年）建造，1949年改称"陆军荣誉军人第二十临时教养院"。1995年12月15日，上述历史沿革后的留存古建筑经原安宁县人民政府公布为第二批县级文物保护单位，命名为安宁市级文物保护单位松花阁（以下简称"松花阁"）。2019年9月25日，公益诉讼起诉人市检察院针对松花阁建筑主体损毁严重、因年久失修及常年雨水浸蚀等造成建筑物基本糟朽倒塌及文物保护标识牌字迹模糊不清，难以辨认的情形，向被告市文旅局发出《检察建议书》，督促其依法履行文物保护职责。2019年11月5日，被告市文旅局向市检察院回复称，针对检察建议	松花阁作为安宁市行政区划内的市级文物保护单位，被告市文旅局应当对其履行《中华人民共和国文物保护法》规定的保护、监督、管理的法定职责，市文旅局对上述相应法定职责的履行并不能因文物修缮经费拨付不足等客观因素而消除。2019年9月25日，市检察院发出检察建议后，被告市文旅局虽然及时进行了相应整改，但排除松花阁建筑本体倒塌危险的抢险加固措施并未实际采取，建筑主体严重破损的情形仍未消除，国家利益和社会公共利益仍处于受侵害的状态；综合本案庭审查明的事实及相关法律规定，被告市文旅局对松花阁的保护管理法定职责仍有继续履行的必要性和可能性，公益诉讼起诉人提出的抢险加固排除松花阁建筑本体倒塌危险以及依规合理开展项目修复保护的诉讼请求，符合本案查明的松花阁实际现状情形需要及行政公益诉讼中对行政机关的履职标准审查要求，故本院予以支持。

序号	案号	案件事实	法院分析
11		中提出的松花阁保护存在的问题，市文旅局正在实际推进相关工作。2019年12月3日，被告市文旅局提请的《安宁市各级文物保护单位保护性修缮工程资金有关事宜》经安宁市人民政府常务会议讨论原则同意；同年12月底，市文旅局组织对松花阁实施了树枝压覆排危和清除枯枝杂草防火排险；但松华阁仍处于建筑主体瓦顶、椽子、上檐檩垫枋及梁架塌落，上下檐小木作及门窗缺失，后檐墙倒塌的严重破损状态。2019年12月31日，市检察院于向本院提起本案诉讼。	
12	（2019）鄂1125行初154号	公益诉讼主体：浠水县人民检察院 案件事实：位于湖北省浠水县的三角山灵秀山庄无名烈士纪念碑是为纪念在抗日战争中壮烈牺牲的无名英雄而建立的，属于浠水县文物保护单位三角山烈士墓群保护范围内的主要设施。公益诉讼人浠水县人民检察院在履职过程中发现，该纪念碑碑体污损，碑面多处存在油漆脱落情形，四周杂草丛生、枯叶遍地，碑前多处有动物粪便，有损烈士纪念设施本应该庄严、肃穆的形象，不利于社会公众的瞻仰和受教育。对浠水县三角山灵秀山庄无名烈士纪念碑的管理维护工作中，存在未依法履行法定职责的情形，损害了国家利益和社会公共利益。	涉案纪念碑碑体污损，碑面多处存在油漆脱落情形，四周杂草丛生、枯叶遍地，碑前多处有动物粪便，有失烈士纪念设施的庄严、肃穆形象，不利于社会公众的瞻仰和接受教育。故公益诉讼人浠水县人民检察院请求判令被告浠水县退役军人事务局依法履行法定职责，本院予以支持。
13	（2019）鄂1125行初119号	公益诉讼主体：湖北省浠水县检察院 案件事实：2011年8月，浠水县团陂镇十三庙烈士纪念碑已经由浠水县人民政府公布为浠水县文物保护单位，保护范围以纪念碑基座为界、四周各向外平行延伸20米，控制地带以保护范围四至为界、四周各向外延伸30米。2013年7月4日，原浠水县城乡规划局批准团陂镇小学新建幼教楼的申请，并颁发了《建设工程规划	原浠水县城乡规划局实施行政许可时未尽审慎审查义务，没有依法履行职责，致使国家及社会公共利益仍处于受侵害状态，浠水县人民检察院提起本案公益诉讼，符合公益诉讼的起诉条件，属于行政公益诉讼的受案范围。因浠水县行政机构改革，原浠水县城乡规划局的职能并入浠水县自然资源和规划局，公益诉讼人浠水县人民检察院请求确认被告浠水县自然资源和规划局不依法履行职责的行政行为违法，本院予以支持。

序号	案号	案件事实	法院分析
13		许可证》，该规划许可十三小学幼教楼距十三庙烈士纪念碑碑座外围距离为 11.7095 米，侵占了十三庙烈士纪念碑保护范围的土地。后团陂镇小学幼教楼建成，侵占了十三庙烈士纪念碑保护范围的土地，完全阻断了十三庙烈士纪念碑入口方向视线，通往纪念碑园区的道路被侵占，进入纪念碑园区必须经由幼儿园内的一个小侧门，该侧门长期被锁住，阻碍了社会公众瞻仰、悼念英雄先烈。	
14	（2019）鄂 0684 行初 36 号	公益诉讼主体：宜城市人民检察院 案件事实：宜城市城管局对宜城市鄢城街道办事处五条路社区三组（以下简称"五条路社区三组"）农用地上，襄阳市文物保护单位三眼塚（以下简称"三眼塚"）重点保护范围和控制范围内（以下简称"两线范围"）随意堆放建筑垃圾的行为，未依法履行监管职责，致国家利益和社会公共利益受到侵害。经庭审质证，被告对公益诉讼起诉人宜城市人民检察院所举的证据和依据均无异议。宜城市人民检察院对被告宜城市城管局所举的证据无异议，本院对双方所举的证据均予以采信。	根据《中华人民共和国文物保护法》的规定，文物保护单位重点保护范围和建设控制地带，严禁建设，不得实施危及文物的安全，影响文物的历史风貌的行为。三眼塚古墓葬重点保护范围内倾倒、堆放大量建筑垃圾，直接裸露于地面，不仅破坏了文物保护单位历史风貌，也侵害了土地资源和破坏了生态环境，造成对土壤、水质、空气的污染。宜城市城管局作为市容环境卫生行政主管部门，对文物保护单位重点保护范围内倾倒、堆放建筑垃圾的违法行为未履行监管职责，致使国家和社会公共利益受到侵害。宜城市人民检察院发出检察建议书督促其履行监督职责，宜城市城管局未及时全面整改并清除建筑垃圾，属于怠于履行法定职责的违法行为。诉讼期间，宜城市城管局改变行政行为，清除了文物保护单位重点保护范围内土地上的建筑垃圾，恢复文物保护单位原貌，达到土地耕种条件。公益诉讼起诉人宜城市人民检察院变更诉讼请求，要求确认宜城市城管局未依法履职的行为违法，符合法律规定，本院予以支持。
15	（2018）陕 7102 行初 2529 号	公益诉讼主体：西安铁路运输检察院 案件事实：2017 年 5 月，席某某在未办理采矿许可证的情况下在该地块进行大规模采砂。2017 年 6 月 1 日、6 月 7 日、6 月 15 日及 6 月 21 日，被告下属的未央分局第十二国土所分别对挖沙司机马军岗、高行；××道××	

序号	案号	案件事实	法院分析
15		村主任师某某及违法行为席某某进行调查询问，并于 6 月 21 日对席某某非法挖沙行为进行立案查处。2017年 6 月 27 日，该××堡××道××村委会下发《关于整治、××道××村非法挖沙行为的通知》，要求该村委会充分履行土地所有人监管、保护土地的责任义务，协助调查，采取有效措施防止破坏土地行为进一步发展，组织被破坏土地回填治理。2017年 8 月 23 日，西安市国土资源局未央分局向六村堡派出所做出《师道口村非法挖沙测量情况说明》，结论为××道××村位于北三环以北、一干路以南挖沙区域土地总面积约 12.75亩，沙坑平均深度约 10 米。2017年 9 月 6 日，西安市公安局未央分局出具《情况说明》，称涉案挖沙现场属于渭河古桥遗址范围。2018 年 2 月23 日，西安市未央区人民检察院对涉案现场进行拍摄，发现涉案采砂破坏的土地未予修复，采砂形成的土坑未予处理，矿产资源遭受严重破坏，国家利益和社会公共利益处于受侵害状态。	案外人席某某在西安市未央区××堡××街××道××村××环以北、一干路以南非法采砂，致使此处矿产资源、生态环境、地下文物资源持续遭受严重破坏，违反了矿产资源管理法律法规之规定，构成违法，应予查处。被告市自然资源和规划局在未央区人民检察院向其发出检察建议后，仍未依法全面履行监管职责，致使涉案矿产资源持续遭到破坏且未及时修复，致使国家利益和社会公共利益处于受侵害状态，且直至本院开庭前，涉案沙坑才被相关部门填埋平整，故被告怠于履行保护国家矿产资源法定职责的行为构成违法。因案外人席某某因他案被刑事拘留不能成为被告无法履行查处其土地违法行为职责的法定事由，本院对被告认为其对该违法行为人无法启动查处程序的辩称依法不予认可，对公益诉讼起诉人要求判令被告对涉案土地的违法行为继续履行监督查处职责的该项诉讼请求依法予以支持。
16	（2018）苏 8602 行初 2097 号、（2018）苏 8602 行初 2096 号	公益诉讼主体：南京市栖霞区人民检察院 案件事实：2013 年 7 月，南京市博物馆（以下简称"市博物馆"）受南京市文物局委托对南京金郡房地产开发有限公司（以下简称"金郡公司"）取得的 NO.2013G25 地块进行考古调查勘探工作。经勘查后出具考古勘探发掘预算测算表，预算费 1954626 元。根据《江苏省考古调查、勘探、发掘经费预算办法》《关于进一步规范考古收费管理的意见》相关规定，应收考古勘探费用为 1583550 元，而市博物馆只收取 1020000 元，造成国有财产损失 563550 元。案件审理过程中，市文旅局承继了原市文广新局的文化	人民检察院有权依法提起行政公益诉讼。通过本案诉讼，原市文广新局和新成立的市文旅局积极履行职责，督促市考古研究院采取包括诉讼在内的各种手段推进考古费用追缴。栖霞区检察院认为其行政公益诉讼目的已基本实现，向本院申请终结诉讼。本院予以准许。

序号	案号	案件事实	法院分析
16		广电管理职责。栖霞区检察院于2019年5月27日向本院提交申请，称市考古研究院在穷尽手段的情况下，已向栖霞区法院起诉。市文旅局对本案考古费用追缴工作高度重视，安排专门人员全力追缴，开展了大量前期调查、研究论证、制发追缴函等工作，积极启动民事诉讼程序依靠法律武器挽回国家损失。该院认为市文旅局积极履职，提起本件行政公益诉讼的目的已基本实现，申请本案以终结方式结案。	
17	（2019）黔2631行初7号	公益诉讼主体：榕江县人民检察院 案件事实：榕江县栽麻镇境内的中国传统村落宰荡侗寨和归柳侗寨，分别于2012年、2016年入列中国传统村落保护名录，至今数年过去，村头寨尾均未看到"中国传统村落"的保护标识，也没有落实传统村落有关发展规划和保护措施。不论寨头村尾，还是村寨中间，村民在翻修旧房、新建住房过程中，未批先建砖混结构、砖木结构房屋比比皆是，墙面贴瓷砖、新型涂料、加装铝合金玻璃门窗，加盖彩色铁皮瓦现象随处可见，严重破坏中国传统村落的整体风貌，抢救中国传统村落宰荡侗寨和归柳侗寨这一民族文化遗产，已经到了刻不容缓的地步。9月11日、9月17–19日、10月30日再次回访中国传统村落栽麻镇宰荡侗寨和归柳侗寨，原有破坏中国传统村落整体风貌的违法违章建筑不但没有整改，数量不减反增，国家利益和社会公共利益处于持续受侵害状态。在诉讼期间，被告加大管理力度，对栽麻镇宰荡侗寨和归柳侗寨规划区内的部分违章构筑物进行拆除，并对其他违章建房的农户下达限期整改通知书，取得一定的效果，公益诉讼人也是认可，但在其行政辖区的传统村落中仍然有相当多的违章建（构）筑物没有得到整改。	被告所管辖范围内的宰荡村和归柳村于2012年、2016被列为中国传统村落村寨后，2013年、2017年先后对宰荡村、归柳村传统村落保护和发展进行规划，被告作为传统村落保护和发展的第一责任单位和监管单位，在该传统村落保护区范围内，出现大批的农户擅自新建、改建、扩建（构）筑物，致宰荡村和归柳村的传统格局和风貌受到严重的破坏，使国家利益和社会公共利益受到侵害。公益诉讼人在执法监督过程中发现后向被告做出《检察建议书》被告在收到公益诉讼人的检察建议后也未有依照检察建议的内容，采取积极有效的监管措施，致使违法行为依然存在，国家利益和社会公共利益仍然受到侵害。在诉讼过程中，被告虽然对宰荡村和归柳村存在的一些违法违章建筑进行整治，也取得一定的效果，但仍有相当一部分的违章建筑存在，对该违法行为，被告仍应依法依规继续履行其监管职责。因此，公益诉讼人请求确认被告的不履行监管职责的行为违法和要求被告继续履行监管职责的理由成立，本院予以支持。

续表

序号	案号	案件事实	法院分析
18	（2008）一中行终字第 537 号；（2007）宣行初字第 161 号*	诉讼主体：公民（文物使用权人） 案件事实：郭女士所居住的西河沿222 号院，位于市级保护文物正乙祠附近。2006 年 5 月 8 日，宣武区建委向该区市政管委核发了一份拆迁许可证，计划对北师大附中周边"城中村"进行环境整治拆迁，西河沿街222 号院正在此范围之内。西河沿街222 号院的居民郭女士认为该许可证"违法"，将宣武区建委告上法院。	宣武区建委既于听证程序中明悉系争 222 号院可能具有保护价值，本应向有关行政主管机关征询查核，于系争 222 号院之性质确定后，再依法决定是否将其纳入拆迁范围，宣武区建委未尽到上述审查职责，即予核发被诉拆迁许可证并将系争 222 号院纳入拆迁范围，与行政许可法及《保护条例》之相关立法旨意不符，构成违法。二审终审判决维持了一审判决。

注：本案相关信息参见：龙非：《北京市宣武区建设委员会等与郭静秋行政许可纠纷上诉案——行政行为违反法律的立法精神亦构成违法》，载于《人民司法·案例》2008 年第 18 期，【法宝引证码】CLI. C. 1761721。相关判决书参见：http://www. 148 - law. com/commonweal/case1n. htm。相关新闻报道参见：http://news. sina. com. cn/c/2008 - 06 - 05/005813971124s. shtml；http://www. 110. com/falv/xingzhengfa/xingzhenganli/2010/0719/133679. html。

附件二　其他新闻报道的文物保护公益诉讼活动列表

序号	案件情况	新闻报道链接	备注
1	2017 年 4 月，张某明、毛某明、张某三人通过微信联系，约定前往三清山风景名胜区攀爬"巨蟒出山"岩柱体（又称巨蟒峰）。在攀爬过程中，张某明在有危险的地方打岩钉，使用电钻在巨蟒峰岩体上钻孔，再用铁锤将岩钉打入孔内，用扳手拧紧，然后在岩钉上布绳索。经现场勘查，张某明在巨蟒峰上打入岩钉 26 个。经专家论证，三人的行为对"巨蟒峰"地质遗迹点造成了严重损毁。对此，上饶市人民检察院提起刑事案件附带民事公益诉讼。江西省高级人民法院经审理认为，风景名胜区的核心景区是受我国刑法保护的名胜古迹。巨蟒峰地质遗迹点是三清山风景名胜区的标志性景观和最核心的部分。被告人张某明、毛某明、张某违反社会管理秩序，采用破坏性攀爬方式攀爬巨蟒峰，在巨蟒峰花岗岩柱体上钻孔打入 26 个岩钉，对巨蟒峰造成严重损毁，情节严重，其行为已构成故意损毁名胜古迹罪，应依法惩处。一审法院根据三被告人在共同犯罪中的地位、作用及量刑情节所判处的刑罚并无不当。张某明及其辩护人请求改判无罪等上诉意见不能成立，不予采纳。一审判决认定三被告人犯罪事实清楚，证据确实、充分，定罪准确，对三被告人的量刑适当，审判程序合法。一审法院参照	江西法院网：http://jxfy. chinacourt. gov. cn/article/detail/2020/05/id/5231799. shtml； 新闻报道：https://www. chinacourt. org/article/detail/2020/05/id/5231498. shtml.	《江西法院网》表示，本案是全国首例故意损毁自然遗迹入刑的刑事案件，也是全国首例检察机关针对损毁自然遗迹提起的生态破坏环境民事公益诉讼案。

序号	案件情况	新闻报道链接	备注
1	《评估报告》结论，综合考虑本案的法律、社会、经济因素，依法酌情确定赔偿数额为 600 万元并无不当。张某明、张某的上诉请求不能成立，应予驳回；一审判决认定事实清楚，适用法律正确，应予维持。维持原判。		
2	据中国绿发会法律中心主任介绍：今年 10 月 10 日，大连市西岗区人民政府以"因公共利益需要，对危旧房集中、基础设施落后地段进行旧城区改建"为由，发布《2016 年大连市西岗区东关街旧城改造房屋征收决定公告及补偿方案》，对包括东关街范围在内的街区房屋进行征收。10 月下旬开始，东关街范围内的部分老建筑相继被拆毁。而王文勇认为，建于 20 世纪初的东关街是目前我国现存的最大最真实的一片"闯关东"遗迹。2009 年 7 月，东关街近代历史建筑群被列入大连市第一批不可移动文物保护名录，是大连移民城市的象征，是中国近代城市发展的重要节点和见证。于是，中国绿发会向大连市中级人民法院提起民事诉讼。	绿发会官网：http：//www.cbcgdf.org/News-Show/4857/232.html；新闻报道：https：//www.sohu.com/a/119063617_260616.	《澎湃新闻》表示，这是辽宁省首例不可移动文物环境公益诉讼。
3	周恩来童年读书处旧址，是周恩来童年在清江浦读书、生活时的旧居，是江苏省文物保护单位之一。周恩来童年读书处旧址周边原有八处不可移动文物，这八处文物均已列入第三次全国文物普查不可移动文物名单。经实地调查，周恩来童年读书处周边的 5 处不可移动文物早已被拆除；西长西街清代民居于今年年初被拆除；义顺巷民居西厢房屋顶及围墙被毁坏；泗阳公馆受到轻微损坏；现场一片瓦砾狼藉。2016 年 1 月 5 日，淮安市文物局向"总理童年读书处周边地块房屋征收指挥部"发出告知书，要求对文物保护单位和文物点进行保护。告知书明确指出，"义顺巷民居"等是不可移动文物，希望指挥部在周边征收拆迁时，严格依据文物法相关规定，保护文物安全。据中国绿发会相关人士介绍，截至 10 月 26 日，未发现淮安市清河区人民政府对 2016 年年初被拆除的西长西街清代民居、被破坏的义顺巷民居采取调查处理措施。于是，中国绿发会向江苏省淮安市中级人民法院提起民事诉讼。	新闻报道：http：//gongyi.people.com.cn/n1/2016/1101/c151132-28823912.html；https：//www.chinacourt.org/article/detail/2016/10/id/2331064.shtml.	《人民网》（来源：《中国青年报》）表示，这是中国绿发会第二次发起的保护不可移动文物环境公益诉讼。

续表

序号	案件情况	新闻报道链接	备注
4	中国绿发会诉称，郑州市上街区峡窝镇马固村有关帝庙（清）、王德魁故居（清）、张连伟民居（清）等7处建筑，在第三次全国文物普查时被认定为不可移动文物，其中王氏宗祠属于郑州市文物保护单位。2015年初，因马固村进行整体搬迁，除关帝庙、王氏宗祠外，其他5处不可移动文物被马固村村委会拆毁。于是，中国绿发会向河南省高级人民法院提起民事诉讼。在诉讼过程中，当事人达成和解协议：由四被告对王氏宗祠和关帝庙两处不可移动文物实施原地保护；对王氏宗祠和关帝庙周边重新规划；建立市民文化中心，以不少于500平方米的区域展示马固村现存及被拆除的不可移动文物等能反映该村文物、文化、风貌的物件，使后人了解马固村的历史传承。	法院和解协议：http：//www.hncourt.gov.cn/public/detail.php？id=168083； 新闻报道：http：//www.hncourt.gov.cn/public/detail.php？id=168971；http：//rmfyb.chinacourt.org/paper/html/2017-01/24/content_121204.htm？div=-1.	《人民网》（来源：《中国青年报》）表示，这是国内首起人文遗迹（文物）保护公益诉讼，也是人文遗迹（文物）首次被纳入环境公益诉讼的范围。《新浪司法》表示，该案系河南省法院系统受理的首起由公益组织提起的公益诉讼案。

我国文物公益诉讼制度的构建初探

田　艳*

摘要： 现行诉讼制度难以满足文物保护的需求，公益诉讼是对损害公共利益行为之诉，文物的公益性需要公益诉讼制度保护，因而在我国有必要构建文物公益诉讼制度。同时，现行的公益诉讼制度也为文物保护预留了适用空间，我国文物公益诉讼第一案"马固村文物侵权案"对此进行了探索。我国文物公益诉讼制度的构建路径主要包括：在《文物保护法》中创设具体条款作为直接的法律依据，以"检察机关 + 社会组织 + 个人"为诉讼主体、以穷尽所有救济措施为前置程序、以举证责任倒置作为举证规则。

关键词： 文物；公共利益；公益诉讼；司法保护

近年来，我国文物事业取得很大发展，文物保护、管理和利用水平不断提高。但随着我国经济快速发展，文物保护与城乡建设的矛盾日益显现，文物保护的任务日益繁重，面临着一些新的问题和困难。据第三次全国文物普查统计，文物保护不利或者违法行为频发，然而，在实践中却存在"无人起诉"现象。为此，本文尝试将公益诉讼引入文物司法保护范畴，为文物保护搭建最后的屏障。

一　构建文物公益诉讼制度的必要性

（一）现行诉讼制度难以满足文物保护的需求

传统诉讼制度要求，原告需与案件具有直接利害关系才具备诉讼资格。这一要求在我国《民事诉讼法》第一百一十九条①和《行政诉讼法》第二十五条②中有明文规定。这一

---

* 田艳，中央民族大学法学院教授，博士生导师，主要研究方向为民族法学、文化遗产法学。

① 《民事诉讼法》（2017 年）第一百一十九条："起诉必须符合下列条件：（一）原告是与本案有直接利害关系的公民、法人和其他组织。"
② 《行政诉讼法》（2017 年）第二十五条："行政行为的相对人以及其他与行政行为有利害关系的公民、法人或者其他组织，有权提起诉讼。"

诉讼资格的要求，致使现实中发生的某些文物侵害案件的起诉面临不适格的可能性，也由此出现了文物司法保护的"空白地带"。

就我国《民事诉讼法》规定的，"原告与本案有直接利害关系"而言，原告是特定的，诉讼是为了保护特定人的权益而提起的。但是，现实中易受侵害的文物多为国有不可移动文物，这些文物具有公益属性，利益关系人为不特定人，不具备诉讼资格。而我国《行政诉讼法》是针对政府侵权行为而设定的，当政府滥用职权而发生违法行政或者不作为的情形，致使文物遭受侵害，此时行政相对人可以提起行政诉讼。但是，当国有不可移动文物遭受侵害时，并不存在直接的行政相对人，行政诉讼也难以成立。

尽管我国《刑法》中对于某些国家文物利益侵害行为①加以规定，但这些罪名的成立需要满足严格的犯罪构成要件，国家方可以《刑事诉讼法》提起诉讼。尽管这在一定程度上弥补了文物司法保护的不足，但是现实中大量的文物侵害行为并不构成刑事犯罪。经以上分析，可以看出，我国现行诉讼制度在文物司法保护中的适用尚存在诸多不足，部分文物侵害行为难以通过司法途径获得救济，如此可能致使文物违法现象丛生。

（二）文物的公益性需要公益诉讼制度保护

公益诉讼制度在于保护不特定人的公共利益，公共利益是公益诉讼的客体。《文物保护法》开宗明义，第一条规定，"为加强文物保护，继承中华民族优秀的历史文化遗产，促进科学研究工作，进行爱国主义和革命传统教育，建设社会主义文明和物质文明，根据宪法，制定本法。"从文物呈现的文化意义来看，文物具有典型的公共属性。文物承载着中华民族精神和气质，是中华民族优秀的历史文化遗产和重要的公共资源，由此产生的物质和精神利益也归全民所有。毁坏文物使文化资源灭失，直接损害了社会公共利益。

此外，从文物的构成以及权利属性来看，部分文物是生态环境的重要组成，是国家所有的财产，同样呈现出公益性。例如，《环境保护法》第二条规定："本法所称环境，是指影响人类生存和发展的各种天然的和经过人工改造的自然因素的总体。"其中，包括了自然遗迹、人文遗迹、自然保护区、风景名胜区等。而《宪法》规定了自然资源除集体所有之外，属于国家所有。《文物保护法》同样规定："中华人民共和国境内地下、内水和领海中遗存的一切文物，属于国家所有。"对此类文物的破坏，往往也是对生态环境的一种破坏。

---

① 例如《刑法》第三百二十四条"故意损毁文物罪"，第三百二十五条"非法向外国人出售、赠送珍贵文物罪"，第三百二十六条"倒卖文物罪"，第三百二十七条"非法出售、私赠文物藏品罪"，第三百二十八条"盗掘古文化遗址、古墓葬罪"等。

因此，无论是从其文化意义，还是其表现样态和所有属性而言，文物保护关涉全民利益。而文物的不在再生性决定了文物一旦损毁将难以恢复原貌，其所承载的历史、文化、科学价值以及精神信仰也将随之消逝。因此，文物的公益性以及不可再生性需要构建公益诉讼制度对其加以保护。

二　构建文物公益诉讼制度的可行性

（一）文物公益诉讼实践分析——以马固村文物侵权案[①]为例

中国生物多样性保护与绿色发展基金会（以下简称"绿发会"）诉郑州市上街区峡窝镇马固村村民委员会、郑州市上街区人民政府、郑州市上街区峡窝镇人民政府、郑州市上街区文化广电新闻出版局（以下简称"四被告"）侵权责任纠纷一案，是我国河南省第一起环境公益诉讼案，也是全国首例涉不可移动文物保护的公益诉讼案。该案例被列为河南省资源审判典型案例，为我们探究文物司法保护提供了一个很好的指引。

原马固村是郑州市上街区峡窝镇的一个千年古村，享有"中原第一文物古村落"美誉，可以查证的建村历史开始于宋代初期王世安定居此地。已经消失的马固村有着厚重的历史文化积淀，2006年10月在此地出土的两只完整的唐青花塔式罐是国家一级文物，据说也是我国最早的、工艺最复杂的、最精湛的、器形最大的、有明确出土单位的唐代青花瓷。在全国第三次文物普查时，该村有7处不可移动文物名列其中，包括马固关帝庙、王德魁故居、张连伟民居、王氏宗祠、王洪顺民居、王广林故居和马固村教堂，前4处是作为古建筑入选，后3处是作为近现代重要史迹及代表性建筑入选。其中王氏宗祠是郑州市文物保护单位。王德魁故居、张连伟民居、王洪顺民居、王广林故居、马固村教堂已经被拆除。

2015年10月16日，绿发会向郑州市中级人民法院起诉请求：第一，依法判令四被告在国家级媒体上为马固村文物毁坏事件向全国人民道歉；第二，依法判令三被告重新规划原马固村地区，对王氏宗祠和关帝庙两处不可移动文物原地保护，对已拆除的王德魁故居、张连伟民居、王洪顺民居、王广林故居、马固村教堂采取遗址保护措施；第三，依法判令被告在马固村建立文物博物馆，在博物馆内复建已经拆除的五处不可移动文物等。

绿色会依据《文物保护法》《河南省实施〈文物保护法〉办法》的规定，提出村委会

---

① "河南省郑州市中级人民法院公告"，河南省高级人民法院，http://www.hncourt.gov.cn/public/detail.php? id=168083，2016年12月12日访问。

是直接拆迁人，对文物破坏承担直接责任；区、镇政府负有文物保护职责，区文化广电新闻出版局是文物主管部门，负有监督管理职责，因不履行法定职责，造成马固村文物损毁，需承担法律责任。

同时，《环境保护法》第二条规定，人文遗迹是环境不可分割的组成部分，本案中被拆毁的不可移动文物是人文遗迹之一种。据此，不可移动文物的保护适用《环境保护法》的有关规定。与周边环境具有不可分割关系的不可移动文物是生态系统的组成部分，是生态系统非生物因子。破坏不可移动文物就是破坏生态环境。根据《环境保护法》第五十八条的规定，中国生物多样性保护与绿色发展基金会具备原告资格。

综上，绿发会对四被告之行为提起公益诉讼。2015 年 10 月，郑州中院受理此案。2017 年 12 月 7 日，河南省郑州市中级人民法院对该案做出民事调解，双方达成和解。和解协议确认双方达成：由四被告对马固村王氏宗祠和关帝庙两处不可移动文物实施原地保护；上街区政府对王氏宗祠和关帝庙周边重新规划等内容。

分析上述案件具有如下特点：

第一，原告为公益组织；第二，被告是负有法定职责的政府和文物主管部门；第三，案由为民事公益诉讼侵权责任纠纷；第四，诉讼请求既有停止损毁、修复文物等民事诉请事项，也有监管部门履行文物保护职责等行政诉请事项；第五，起诉的事实和理由既有直接实施的文物毁损行为，也有监管部门不履职；第六，适用的法律为《环境保护法》《文物保护法》。

（二）我国文物公益诉讼制度的逐步推进

近年来，随着社会文物保护观念的增强，特别是《环境保护法》和《民事诉讼法》确立公益诉讼制度，并赋予检察机关提起公益诉讼资格以来，全国已有数起文物保护公益诉讼案例，各地也开始出台文件将文物保护列入公益诉讼范畴。例如，2020 年 3 月 25 日，陕西省人民代表大会常务委员会发布《关于加强检察公益诉讼工作的决定》，将陕西历史文化古迹和文物保护等领域侵害国家利益及社会公共利益的案件纳入公益诉讼。6 月，陕西省人民检察院和陕西省文物局联合出台《关于协作推进检察公益诉讼促进文物保护工作的意见》，进一步推进文物公益诉讼工作。

但是，由于《文物保护法》仍未确立公益诉讼制度，现阶段将文物纳入公益诉讼制度的依据是《环境保护法》。将文物案件嵌入环境公益诉讼的支点，在于《环境保护法》第二条对"环境"一词的界定，即自然遗迹、人文遗迹、自然保护区、风景名胜区等属于文物构成，也是环境的一部分。

（三）现行公益诉讼制度为文物保护提供了适用空间

目前，我国《民事诉讼法》①《行政诉讼法》② 中均确定了公益诉讼，与《环境保护法》③《海洋环境保护法》④《消费者权益保护法》⑤ 等法律法规共同构成了我国现行公益诉讼制度。这为我国构建文物保护领域中的公益诉讼制度提供了适用空间。

首先，现行公益诉讼制由民事诉讼和刑事诉讼构成。民事诉讼针对环境污染、侵害消费者合法权益等民事侵权；行政诉讼针对生态环境和资源保护、食品药品安全、国有财产保护、国有土地使用权出让等领域负有监督管理职责的行政机关违法行使职权或者不作为。尽管部分文物保护可以纳入环境公益诉讼的范畴，但是仍不足以保护全部文物。

其次，公益诉讼制度的目的在于保护公共利益，公共利益是公益诉讼的客体。《民事诉讼法》"等损害公共利益的行为"和《行政诉讼法》"等领域负有监督管理职责的行政机关违法行使职权或者不作为，致使国家利益或者社会公共利益受到侵害的"，为公共利益的解读提供了"兜底"。文物保护完全符合保护全民利益的需要。

第三，根据我国现行公益诉讼制度的相关规定，起诉主体为法律规定机关和有关组织，通常是国家机关（人民检察院）、与案件无直接利害关系的组织（在民政部登记社会组织）和个人。只要存在法律规定的侵犯公共利益的行为，这些相关主体就有权向法院提起诉讼。现行制度在原告资格问题上的规定是相当谨慎的，对允许提起公益诉讼的机关和社会组织进行了严格的限制，这在一定程度上的确可以防止公益诉讼滥诉情况的发生。同样的，允许多元起诉主体既保证了公共利益保护之实现，也使相关利益主体即使不参与诉讼但仍享有诉讼利益。

---

① 《民事诉讼法》（2017 年）第五十五条第 1 款规定："对污染环境、侵害众多消费者合法权益等损害社会公共利益的行为，法律规定的机关和有关组织可以向人民法院提起诉讼。"

② 《行政诉讼法》（2017 年）第二十五条第 2 款规定："人民检察院在履行职责中发现生态环境和资源保护、食品药品安全、国有财产保护、国有土地使用权出让等领域负有监督管理职责的行政机关违法行使职权或者不作为，致使国家利益或者社会公共利益受到侵害的，应当向行政机关提出检察建议，督促其依法履行职责。行政机关不依法履行职责的，人民检察院依法向人民法院提起诉讼。"

③ 《环境保护法》（2015 年）第五十八条："对污染环境、破坏生态，损害社会公共利益的行为，符合下列条件的社会组织可以向人民法院提起诉讼：（一）依法在设区的市级以上人民政府民政部门登记；（二）专门从事环境保护公益活动连续五年以上且无违法记录。符合前款规定的社会组织向人民法院提起诉讼，人民法院应当依法受理。提起诉讼的社会组织不得通过诉讼牟取经济利益。"

④ 《海洋环境保护法》（2017 年）第八十九条（2）款，对破坏海洋生态、海洋水产资源、海洋保护区，给国家造成重大损失的，由依照本法规定行使海洋环境监督管理权的部门代表国家对责任者提出损害赔偿要求。

⑤ 《消费者权益保护法》（2013 年）第四十七条："对中国消费者协会及在省、自治区、直辖市设立的消费者协会，侵害众多消费者合法权益的行为，可以向人民法院提起诉讼。"

第四，提起公益诉讼的条件不以发生实质损害后果为要件，既可以是侵害公共利益的行为已经造成了严重后果，也可以是可能侵害公共利益的行为。这可以起到事前预防文物侵害行为，从而避免发生不可逆转的效果。

目前我国公益诉讼发展仍然处在起步阶段，现实实践中尚存在众多涉及公共利益案件没有得以真正解决，这为将来将"文物公益诉讼"纳入其中提供了可能和空间，同时也进一步了完善了我国的公益诉讼制度。

三　文物公益诉讼制度的构建

（一）立法确认文物公益诉讼制度

以立法的方式明确文物公益诉讼的司法保护途径，是构建文物公益诉讼的第一步。文物属于"公共利益"范畴，公益诉讼是保护公共利益的，应该将文物纳入公益诉讼的保护范围。建议通过立法直接将文物纳入公益诉讼保护范围，在《文物保护法》的修订过程中，创设专门的条款规定文物公益诉讼制度。具体的条款可以表述为：

> 对破坏文物或者对文物造成潜在威胁，损害社会公共利益的行为，符合下列条件的社会组织可以向人民法院提起诉讼：（一）依法在设区的市级以上人民政府民政部门登记；（二）专门从事文物保护公益活动连续五年以上且无违法记录。符合前款规定的社会组织向人民法院提起诉讼，人民法院应当依法受理。提起诉讼的社会组织不得通过诉讼牟取经济利益。

（二）文物公益诉讼原告资格的构建

当事人资格是法院审理案件必须解决的重要问题，原告资格的构建是文物公益诉讼制度的基础和关键。《文物保护法》第七条规定"一切机关、组织和个人都有依法保护文物的义务"义务和权利是相对的，机关、组织和个人同样有通过提起诉讼保护文物的权利和义务。

同时，可以建议借鉴《环境保护法》《民事诉讼法》《行政诉讼法》的规定，对起诉主体进行细化和限定，具体可以采用"检察院＋社会组织"。检察院当然应该作为公益诉讼的适格主体，这一规定目前已经在部分地方权力机关的《关于加强检察公益诉讼工作的决定》[①] 中得以确定。为防止滥诉和恶意诉讼，建议对于个人的起诉资格进行必要的限

---

① 目前，云南省、陕西省、河北省、河南省、湖北省、新疆维吾尔自治区等地的人大常委会出台了《关于加强检察（机关）公益诉讼工作的决定》，将"文物和文化遗产保护"等纳入公益诉讼范畴中。

定，须具备文物保护和法律专业人士。

（三）文物公益诉讼程序的构建

一是设置诉讼前置程序。为节约司法资源，公益诉讼的提起以穷尽其他救济手段为前提。规定："原告有义务在正式提起公益诉讼申请时需说明已经穷尽所有救济措施；如果不涉及行政机关行政执法，原告则可以采取直接诉讼。"

二是适用举证责任倒置规则。举证责任一般的分担规则是"谁主张，谁举证"。文物公益诉讼涉及的证据专业性较强，将举证责任分担给原告证明侵害文物的行为与损害结果之间的关系，由原告来承担因举证困难而败诉的后果，这有违公平正义的审理原则，也不利于文物的保护。建议文物公益诉讼应当适用举证责任倒置规则，由被告提供证据证明其行为与损害结果不存在因果关系以及免除或减轻责任的情形，由原告提供证据证明被告的加害行为和损害结果。

三是建立诉前禁止令。文物公益诉讼的构建还在于对正在遭受侵害的文物进行及时保护，而构建文物公益诉讼诉前禁令是十分必要的。目前，我国知识产权领域规定了诉前禁令。对于文物公益诉讼诉前禁令的具体程序设定，可借鉴民诉法关于保全与先予执行的规定。

参考文献

[1] 崔璨：《传统诉讼制度下文化遗产保护的障碍及出路》，《理论月刊》2016 年第 10 期。
[2] 刘勇：《建立文物保护公益诉讼制度的几点建议》，《中华文物报》2014 年 4 月。
[3] 蓝向东、杨彦军：《以公益诉讼方式开展文物保护的可行性研究》，《研究与探索》2018 年第 6 期。
[4] 刘勇：《应将文物保护公益诉讼制度纳入法律范畴》，《中华文化报》2014 年 5 月。

我国文物公益诉讼制度的法理研究[*]

——从郑州翰林墓案谈起

郑　毅[**]

摘要： 2018 年由中国生物多样性保护与绿色发展基金会提起诉讼的郑州翰林墓案是近年来颇具典型性的文物公益诉讼案例，该案反映出的应以举报抑或诉讼作为优先救济选项、应否将政府相关部门列为被告、损失金额如何确定等问题具有一定普遍性。实践中，应从规范角度准确把握《环保法》第二条"环境"的内涵、作为重要诉讼主体的"有关组织"身份的确认标准以及文物公益诉讼中赔偿标准的确定等关键议题。关于文物公益诉讼的未来发展，应妥善处理理论与实践、公益组织与检察机关、中央立法与地方立法、文物公益诉讼与文物督察等五对重要关系。

关键词： 文物公益诉讼；环境保护；地方立法；郑州翰林墓案

文物公益诉讼在我国诉讼法制发展过程中出现得相对晚近，但近年来对于文物保护法治，尤其是提升全社会文物保护意识方面的巨大促进作用却不可小觑。2018 年 7 月，笔者应中国生物多样性保护与绿色发展基金会（以下简称"绿发会"）之邀，有幸参与当时在全国范围内具有一定影响的"中国生物多样性保护与绿色发展基金会诉郑州华瑞紫韵置业有限公司、郑州金运土石方清运有限公司侵权责任纠纷环境公益诉讼案"（以下简称"翰林墓案"）的专家论证会，同绿发会法律顾问部门与中国人民大学王云霞教授、中国政法大学蒋立山教授等国内相关专家就文物公益诉讼案件相关制度的实践运行展开深入讨论。由此，现欲以翰林墓案为样本，管窥我国文物公益制度发展全局，并就具体的制度对策进行初步分析。

---

[*] 本文系 2021 年度教育部人文社科后期资助项目"规范视野下的中国纵向治理法治体系研究"（Z1JHQ073）的阶段性成果。

[**] 郑毅，法学博士。中央民族大学法学院副教授、硕士研究生导师。

一　郑州翰林墓案：文物公益诉讼的实践管窥

（一）基本案情

孙翰林家族墓群经国家文物局审核通过，2011 年被列入郑州市中原区第三次全国文物普查不可移动文物名录。墓主人是以清朝翰林院庶吉士、福建兴泉永道道员二品衔孙钦昂为首的孙氏家族，是郑州孙氏家族每年祭祖的地方。

2015 年 11 月，郑州金运土石方清运有限公司（以下简称"金运公司"）受郑州华瑞紫韵置业有限公司（以下简称"华瑞公司"）委托，进行房地产项目华瑞紫韵城的开发前清理施工作业。金运公司共投入 9 台挖掘机、60 台渣土车，清理土方约 2 万立方米，造成地下已探明的 14 座墓葬遭到不同程度的破坏，墓砖和人骨散落。其中，一号和二号墓全部被挖毁。当地群众报警，郑州市文物局进行了查处。但 2015 年 12 月 23 日、12 月 24 日，金运公司再次对该墓群进行破坏，导致墓群完全被破坏，且墓葬中的物品等均被清（运）走。2016 年初，郑州市文物局出具"罚决字〔2016〕第 1 号"行政处罚决定书，对金运公司给予 15 万元行政处罚，但没能阻止其对该墓群的彻底破坏，郑州市公安局亦未对该文物破坏案件进行刑事立案。

2018 年 2 月 2 日，绿发会以华瑞公司和金运公司为被告，向郑州市中级人民法院提起环境公益诉讼，诉请：第一，恢复原状：判令二被告对已破坏的孙庄孙翰林家族墓群采取替代性修复措施或承担修复费用；第二，赔偿损失：判令二被告赔偿损失 20 万元；第三，赔礼道歉：判令二被告在国家级媒体上向全国人民公开道歉；第四，判令二被告承担案件受理费、原告支出的差旅费、调查费用、律师代理费等一切必要的费用。

（二）专家争点

2018 年 7 月 25 日在北京丽苑宾馆举行的郑州翰林墓案专家研讨会上，与会学者关于本案的争点集中体现为如下三个方面。

第一，关于救济方式，究竟应选择举报抑或起诉？有学者认为，从救济效率的角度考虑，完全可以选择向国家文物局举报的方式。但绿发会法律顾问则表示，一方面，选择提起公益诉讼的形式有利于在社会上形成较大的影响，进而提升普通民众对文物保护问题的关注，且郑州中院也认可该案属于环境公益诉讼的范畴并予立案；另一方面，在实践中，不论是环保公益组织抑或直接利益人，反复举报往往会被有关部门视作上访户，反而不利于问题解决。

第二，是否应将政府有关部门列为被告？有学者主张，起诉政府有关部门从保护文物的角度来看可能更为适宜，尤其是在敦促恢复原状、重新修建方面体现得更加明显。有学者指出，行政处罚并未对破坏行为产生实际的阻却效应，甚至指出行政处罚在某种意义上沦为有关部门推脱保护责任的一种策略，因此应当将其列为被告追究相关责任。但也有学者认为，在翰林墓案中，一方面，郑州市文物局已经做出了 15 万元的行政处罚决定，除非认定文物局的处罚决定存在问题，否则不应再列为被告；另一方面，翰林墓属于有确定后人的古墓葬不宜纳入国家保护的文物主体范围，从区分权利主张主体的角度看，也不宜再将政府有关部门列为被告。笔者认为一个重要的引申问题还在于：倘若起诉政府有关部门，则能否为绿发会基于民事诉讼程序提起的文物公益诉讼所容纳？

第三，损失金额具体如何确定？有学者指出，赔偿金额应不限于不当得利，而应以回复原状的实际成本为底线。有学者认为，所谓的"金额"只能强调惩罚性的罚款，而开发商的违法所得事实上却难以计算。有学者提出惩罚性赔偿仅能作为损害填补的例外，且仅存在于《侵权责任法》第四十七条（《民法典》第一千二百零七条）的产品责任体系中，不宜在本案援用，而应根据《侵权责任法》第二十条（《民法典》第一千一百八十二条）规定的"按获利赔偿"原则确定相关数额，并主张以建设用地使用权获利界定直接获利范围。

二　从翰林墓案管窥文物公益诉讼：理论难点与规范剖析

笔者认为，翰林墓案所引发的一些争议，也恰好是当前文物公益诉讼制度深入开展过程中所面临的典型问题，亟需理论和规范层面的"解剖麻雀"。兹从如下三个方面进行浅析。

（一）文物公益诉讼的法律依据

目前，我国民事诉讼和行政诉讼中均确定了公益诉讼制度。《民事诉讼法》第五十八条第一款规定："对污染环境、侵害众多消费者合法权益等损害社会公共利益的行为，法律规定的机关和有关组织可以向人民法院提起诉讼。"而《行政诉讼法》第二十五条第二款规定："人民检察院在履行职责中发现生态环境和资源保护、食品药品安全、国有财产保护、国有土地使用权出让等领域负有监督管理职责的行政机关违法行使职权或者不作为，致使国家利益或者社会公共利益受到侵害的，应当向行政机关提出检察建议，督促其依法履行职责。行政机关不依法履行职责的，人民检察院依法向人民法院提起诉讼。"

可见，民事公益诉讼的原告和被告范围相对宽泛，而行政公益诉讼的原告与被告则比较局限。而将文物案件嵌入环境公益诉讼的支点，在于《环保法》第二条对"环境"一词的界定："本法所称环境，是指影响人类生存和发展的各种天然的和经过人工改造的自然因素的总体，包括大气、水、海洋、土地、矿藏、森林、草原、湿地、野生生物、自然遗迹、人文遗迹、自然保护区、风景名胜区、城市和乡村等。"

或许由于《行政诉讼法》对"生态环境"的强调，就目前实践来看，文物公益诉讼主要采取民事诉讼的形式。值得一提的是，在翰林墓案中，郑州中院有关人士曾表示：郑州市人民检察院曾希望作为原告方起诉，以参与该环境公益诉讼案，但受限于目前的法律法规明确检察机关只能提起四种类型的公益诉讼案件，最终未果。这显然对《环保法》第二条"环境包含人文遗迹"的规范理解存在偏差。

（二）作为重要诉讼主体的"有关组织"身份的确认标准

《环保法》第五十八条规定："对污染环境、破坏生态，损害社会公共利益的行为，符合下列条件的社会组织可以向人民法院提起诉讼：（一）依法在设区的市级以上人民政府民政部门登记；（二）专门从事环境保护公益活动连续五年以上且无违法记录。"在翰林墓案中，两被告曾在庭审中对绿发会的原告主体资格提出异议，认为该会章程中并无"专门从事环境保护公益活动"的相关内容。但郑州市中级人民法院的判决则认为："作为以生物多样性保护与绿色发展为宗旨的社会组织，原告有权提起环境民事公益诉讼。原告绿发会起诉事项与其宗旨和业务范围虽不具有对应关系，但与其保护的环境要素或者生态系统具有一定的联系，可以认定为社会组织提起的诉讼与其宗旨和业务范围具有关联性。因此原告具有诉讼主体资格。"

最高人民法院在宁夏腾格里沙漠系列案的再审裁定书中亦从三个方面实现对社会组织主体资格的认定：一是"专门从事环境保护公益活动"应从其章程规定的宗旨和业务范围、是否实际从事环境保护公益活动、提起环境公益诉讼所维护的环境公共利益是否与其宗旨和业务范围具有关联性三方面认定；二是社会组织章程虽未明确规定维护环境公共利益，但工作内容包含、环境要素及其生态系统多样性保护的，应予认定；三是社会组织从事植树造林、濒危物种保护、节能减排、环境修复等直接改善生态环境的行为，或者从事与环境保护有关的宣传教育、研究培训、学术交流、法律援助、公益诉讼等活动的，应予认定。

可见，虽然得到相关审判实践的支持，但规范层面的标准缺失的确对基于民事诉讼的文物公益诉讼的开展造成了制度阻碍。

（三）文物公益诉讼中赔偿标准的确定

第一，在文物公益诉讼中主张赔偿具有相对明确的依据，2015 年《最高人民法院关于审理环境民事公益诉讼案件适用法律若干问题的解释》第十八条规定："对污染环境、破坏生态，已经损害社会公共利益或者具有损害社会公共利益重大风险的行为，原告可以请求被告承担停止侵害、排除妨碍、消除危险、恢复原状、赔偿损失、赔礼道歉等民事责任。"但在正式的法律规范中，相关问题的规定并不明确。

第二，赔偿的数额应当包括成本性支出和补偿性赔偿两部分，其中前者的金额相对容易确定。《最高人民法院关于审理环境民事公益诉讼案件适用法律若干问题的解释》第十九条第二款规定："原告为停止侵害、排除妨碍、消除危险采取合理预防、处置措施而发生的费用，请求被告承担的，人民法院可以依法予以支持。"第二十二条规定："原告请求被告承担检验、鉴定费用，合理的律师费以及为诉讼支出的其他合理费用的，人民法院可以依法予以支持。"

第三，补偿性赔偿部分确定应主要基于被告的违法所得，目前法律并无明确界定，笔者认为在有限的程度上可参考知识产权法的相关规定。如《著作权法》第四十九条就将"违法所得"同赔偿标准直接挂钩，进而建立了赔偿金额确定标准的递进逻辑："实际损失→违法所得→法院根据情节确定（50 万封顶）。"将这一确定赔偿金额的递进标准引入翰林墓案：首先确定实际损失，包括原告提起诉讼的合理开支；其次是因侵权所获得利益，但由于引发赔偿结果的侵权本质上就是违法行为，因此亦可理解为《著作权法》第四十九条的"违法所得"，主要是开发商建成楼盘的销售收益，也包括被清走的原墓中物品；最后，由于不具有使用费等基础法定标准，因此具体的赔偿金额应由法院结合孙翰林墓被拆案具体的性质（列入《第三次全国文物普查不可移动文物名录》）、情节（如 2015 年 11 月夜间强挖被警方制止后，于 12 月再次夜间强挖）、后果（如墓葬地表散落有墓砖和人骨）等综合确定，但具体的金额区间无强制性规定。

第四，文物公益诉讼能否涉及精神损害赔偿问题。首先，公益诉讼中被侵犯的客体是特定的公共利益，并非自然人，不具有精神性，当然也就不存在"精神损害"的可能。一般的环境污染公益诉讼实践中，亦不存在请求精神损害赔偿的空间。但翰林墓案中的情况则更加复杂：一方面，翰林墓被毁侵犯了人文环境保护这一公共利益；另一方面，前述行为给孙翰林后人带来巨大的精神痛苦，侵犯了他们的精神权利。显然，公益组织提起的文物公益诉讼，只能在前一类情形中成立，而与精神权利并无直接关联。其次，如果引入精神损害赔偿，则接受赔偿者为何？公益组织显然不适格——《环保法》第五十八条第三款规定："提起诉讼的社会组织不得通过诉讼牟取经济利益。"《侵权责任法》第二十二条（《民法典》第一千一百八十三条）规定："侵害他人人身权益，造成他人严重精神损害的，被侵权人可以请求精神损害赔偿。"2010 年《最高法院关于适用侵权责任法若干问题的解释》第三十三条第三款规定："具有人格象征意义的特定纪念物品，因永久灭失或者毁损，受害人除了可以请求财产损害赔偿外，还可以请求人格利益受到损害的精神损害赔偿责任。"可见，孙翰林墓属于"具有人格象征意义的特定纪念物品"，孙氏后人是其被拆毁后的人格利益受害者，故孙氏后人有权主张精神损害赔偿。但若孙氏后人接受赔偿，则说明实际上已经超出了"公益诉讼"的"公益"所限定的范畴，即精神损害赔偿与公共利益无关。可见，公共利益保护和精神损害赔偿为两个不同的法律关系，不能混为一谈，难以共存于同一具体诉讼关系。因此，这并不意味着因被告行为导致的精神损害赔偿不能主张，可由孙氏后人（而非绿发会）另行提起损害赔偿诉讼。

三　文物公益诉讼制度发展应处理好的五对关系

郑州翰林墓案的争议及其解决，为我国文物公益诉讼的发展提供了重要的管窥视角，其启发包括但不限于如下五对关系的调谐。

第一，理论与实践的关系。公益诉讼理论的研究虽然起步较早，但实践的真正展开却较为晚近，且在付诸实施之初就呈现出诸多不适应症。一方面，理论对于实践的传统指导价值应进一步强化，不仅前文提及的诸如"有关组织"、赔偿金额标准等实践中的关键问题均亟待理论的澄清，甚至"公共利益"的内涵、文物公益诉讼在整个公益诉讼制度框架中的谱系定位等相对"形而上"的问题，也同样需要理论的及时回应。然而从目前来看，作为公益诉讼制度研究主力的诉讼法学界对于文物保护议题的关注仍嫌薄弱。因此，有关部门通过发布课题、评比奖项、举办研讨等形式有意识地加以引导也就颇为必要。另一方面，在文物公益诉讼的"初级阶段"，实践导向的制度发展模式也确实在相当程度上反映出积极的反作用：既有效引导司法机关对特定问题立场的不断确立和明晰，也为理论研究提供了丰富的素材。对于这些有益的公益诉讼实践，有关部门同样可通过各种形式加以肯定、鼓励和引导，在具体的文物公益诉讼法律关系之外，促进宏观制度局面的优化。

第二，公益组织与检察机关的关系。如前所述，根据现行法律规定，民事公益诉讼和行政公益诉讼均能够成为文物公益诉讼的实现路径，但两者其实各有利弊、互为补充。民事公益诉讼而言向以公益组织为代表的广大社会主体开启了诉讼的大门，但却同时面临主体资格、赔偿请求实现、舆论质疑等诸多难题；行政公益诉讼虽能有效回避前述问题，却也面临原被告主体和适用范围较为局限的困境。因此，两者之间应当构建科学的分工关系。如在翰林墓案中，虽然绿发会联合孙氏后人提起诉讼并主张损害赔偿的诉求只能通过民事公益诉讼程序实现，但同时也引发了是否起诉有关政府部门的讨论，其所聚焦的行政处罚是否适当、是否应进一步履行恢复原状职责等问题，这些恰属行政公益诉讼程序的功能范围。易言之，即便在郑州市文物局作出行政处罚、市公安局拒绝刑事立案之后先由检察机关提出行政公益诉讼，再由环保组织就损害赔偿提起民事公益诉讼，两者也不仅不冲突，反而能够更为全面地保障相关法益。从这个意义上讲，目前对文物公益诉讼实践中对行政公益诉讼的价值尚未充分发掘、对两类公益诉讼制度内在关联尤其是协同配合与分工机制尚未科学厘清等现状，均是需要反思和调整的。

　　第三，文物法、环保法与诉讼法的关系。由前所述，目前文物公益诉讼与公益诉讼制度的勾连，并非文物法与诉讼法之间直接发生关系，而是径由《环保法》对"环境"一词的广义界定"中介"实现。这种间接性制度架构至少存在如下三个问题。其一，就逻辑而言，文物公益诉讼本质上应当得到文物法和诉讼法的双重确认，但目前不仅在诉讼法中未做直接明确，甚至在文物法中更是难觅踪影，这对于该制度的权威性基础以及进一步深化都是极为不利的。如果说作为一类较为具体的公益诉讼类型，文物公益诉讼未得到诉讼法的直接明确尚有情可原的话，那么文物法对其规范确认及双向关联的指向条款的设置就理应成为未来发展的重要方向。其二，就内容而言，在环境法基础上建构文物公益诉讼制度主要基于"人文遗迹"的"环境"属性，但这对宏观意义上的文物保护而言则颇为不足的：一方面在理论上常常陷入强调"融入环境的整体性"标准的适用窠臼，另一方面在实践中又往往仅限于大型不可移动文物。因此可以预见，随着文物公益诉讼的案件数量不断增加、案件类型不断拓展，在文物法与诉讼法之间建立直接关联以夯实文物公益诉讼制度的基础就必将成为迫切需求，文物法的适时调整势在必行。① 其三，就通常理解而言，"人文遗迹"并非大众认知中的"环境"的当然内涵，因此对基于环境保护提起的公益诉讼也就存在诸多误解②，这需要在新时期文物法制宣传中适当加大对环境公益诉讼制度的普法力度。

　　第四，中央立法与地方立法的关系。在文物保护法律体系中，地方立法的实际价值往往存在被低估的情况。其一，就功能而言，相对于中央立法的抽象性，地方立法在反映地方特色、规则的具体操作性方面具有较大的比较优势，如前文提及的赔偿金额确定问题，既然已经有了中央层面法律的原则性规定，大可径由地方立法结合本地方实际情况进行具体的赔偿标准制度的构建。其二，就司法而言，目前省级和市级地方性法规、经济特区法规、民族自治地方的自治条例和单行条例等是可以直接作为当地法院审判依据的，而省级、市级和经济特区规章则在裁判过程中具有参照价值，这为地方立法直接助力文物公益诉讼制度发展提供了较为广阔的空间。其三，就技术而言，相对于中央立法的影响广泛和

① 2020 年底，最高人民检察院发布 10 起文物和文化遗产保护公益诉讼典型案例，明确将文物和文化遗产领域作为检察公益诉讼新领域的重点予部署推进。最高检第八检察厅厅长胡卫列在答记者问时表示，最高检经征求相关部委意见，已将《文物保护法》修改时单设公益诉讼条款等检察公益诉讼专项活动列入实施规划和落实计划。参见郑毅：《文物保护公益诉讼应处理好五个关系》，《民主与法制时报》2020 年 12 月 5 日第 003 版。

② 如 2017 年 4 月 15 日清晨，张永明等三人在江西上饶三清山风景区违法攀登巨型石柱巨蟒峰，由于山峰险峻难以徒手登顶，三人用铁锤将岩钉打入山体，再往岩钉上布绳索，借助绳索进行攀登，共打入岩钉 26 颗。事后专家鉴定认为：巨蟒峰为世界自然遗产，属不可再造旅游资源；目前虽无明显损伤，但自然性已被破坏；岩钉会让岩体形成新裂痕，加速侵蚀过程甚至崩解；岩钉无法取出，否则会导致二次伤害。但是当上饶检察院根据《民事诉讼法》第五十五条对三人提起民事环保公益诉讼时，被告张永明却辩称："我这个是不锈钢螺丝，家里的碗啊、盆啊、淋浴的都是不锈钢的，你说我这有污染，家里岂不是都污染了？"其对于环境公益诉讼中"环境"一词规范内涵的误解可见一斑。

"兹事体大"，地方立法在规范位阶、效力范围方面的有限性以及浓郁的"地方特色"色彩，反而使其更适于成为制度创新的"试验田"，尤其适于文物公益诉讼这类新制度尝试与维护国家法制稳定间动态均衡的维系。其四，就发展而言，2015 年《立法法》将地方性法规制定权扩展到所有设区的市、自治州和四个不设区的市，① 根据该法第七十二条的规定，市级地方性法规三类立法事项中不仅包含具有间接解释价值的"环境保护"，更包括具有直接针对性的"历史文化保护"。总之，应当考虑采取适当形式，有意识地引导、鼓励相关地方立法的制定与实施，为中央层面的规范完善提供参考与经验。2020 年 4 月 9 日，重庆市人民检察院出台了全国首个《关于拓展公益诉讼案件范围的指导意见（试行）》，明确将文物保护纳入了公益诉讼领域。虽然该意见并非正式意义的地方立法，但至少在地方法治层面为文物公益诉讼制度的发展提供了基础性支撑，值得充分肯定。

第五，文物公益诉讼与文物督察的关系。从本质目标来说，文物公益诉讼与文物违法案件督察具有共通性，即均包含保护文物、督促地方履行文物行政执法责任的内涵。对其关系的讨论至少有两个切入视角。其一，基于行政诉讼程序的文物公益诉讼与文物督察的竞合，其效用均体现为对于地方文物行政执法的督促方面。因此，国家文物的督察如何与地方检察机关的监督形成科学分工与有效配合，或可成为新时期文物督察制度发展以及补足文物行政正公益诉讼短板过程中的重要方面。其二，基于文物违法举报与文物督察的衔接。一方面，在观念层面实现文物违法案件举报"去上访化思维"，《国家文物局文物违法案件督察办法（试行）》第三条第六项规定"公众反映强烈、社会影响恶劣的文物违法案件"属于"国家文物局负责督察并指导地方文物行政部门处理全国范围内有重大影响的文物违法案件"；另一方面，在相关案件已经进入公益诉讼程序后，国家文物局是否可基于文物保护最大化原则而对相关诉讼予以一定支持，并将其纳入文物违反案件督察的重要补充形式，在理论上同样具有丰富的讨论空间。

参考文献

［1］郑毅：《文化法若干基本范畴探讨》，《财经法学》2018 年第 1 期。
［2］乔晓阳主编：《〈中华人民共和国立法法〉导读与释义》，中国民主法制出版社 2015 年版。
［3］国家文物局主编：《文物行政执法案例选编与评析》（第二辑），文物出版社 2013 年版。
［4］王云霞主编：《文化遗产法教程》，商务印书馆 2012 年版。
［5］司马云杰：《文化社会学》，山西教育出版社 2011 年版。
［6］［美］布赖恩·贝利、顾朝林等译：《比较城市化》，商务印书馆 2010 年版。

---

① 2020 年 4 月，国务院正式批准海南省三沙市设立西沙区和南沙区，因此目前还剩下三个具有地方立法权的不设区的市，即广东的东莞、中山和甘肃的嘉峪关。

文物保护公益诉讼研究

刘丽彩　孙玉龙*

摘要：我国文物绝大多数属于国家所有，代表国家利益、社会公共利益。我国《文物保护法》并未规定有权提起公益诉讼的法定机关和有关组织。文物保护的民事救济往往直接求助于本应处于最后顺位的检察机关提起公益诉讼。笔者认为，文物保护的民事救济应最先鼓励具有直接利害关系的首要适格主体（如文物管理主体等）起诉，其次应立法明确有权提起公益诉讼的第二顺位适格主体，最后应由检察机关做兜底保障。文物保护的民事救济立法应做好阶梯性的顺位安排，以充分调动全社会参与文物保护的积极性。

关键词：文物保护　公益诉讼

一　问题的提出

文物是中华民族优秀文化的结晶，具有无可比拟的历史、艺术、科学价值，代表着我国国家利益、社会公共利益。我国文物绝大多数属于国家所有。文物的公益属性以及其所有权的特点，使得人们很容易将文物保护的民事救济与公益诉讼紧密联系起来。随着我国公益诉讼制度不断发展完善，业内对明确立法将文物保护纳入公益诉讼制度的呼声越来越高。然而，如何更好地结合文物保护的特点构建更适合文物保护的公益诉讼制度，仍然需要面临很多问题需要解决。笔者将梳理我国公益诉讼制度的发展历程，借鉴其他领域的立法成果，与读者一起分享探讨如何更好完善我国文物保护的民事救济制度。

* 刘丽彩：中国人民大学法学院硕士生实务导师，清华大学法学院硕士生联合导师。北京市律师协会建设工程法律专业委员会副主任，北京市京悦律师事务所合伙人，文物保护法配套法规法律责任研究课题的承接者和负责人。

孙玉龙：中国人民大学法学硕士。北京市京悦律师事务所律师，文物保护法配套法规法律责任研究课题的主要参与人。

二　我国公益诉讼制度概览

我国公益诉讼首次明确出现在《民事诉讼法（2012 修正）》第五十五条。① 该条规定了由法律规定的机关和有关组织是提起公益诉讼的适格主体，并且对公益诉讼的范围界定采取了列举式 + 原则性兜底的方式进行规定——明确列举了"污染环境、侵害消费者合法权益"这两个重点领域可适用公益诉讼，同时对其他损害社会公共利益的行为也原则性列入公益诉讼的范围。

何谓"法律规定的机关和有关组织"？这里需要特别法进一步立法明确。在 2012 年版《民事诉讼法》的推动影响下，2013 年修正的《消费者权益保护法》将消费者协会的职能之一由原来的"就损害消费者合法权益的行为，支持受损害的消费者提起诉讼"修改为"就损害消费者合法权益的行为，支持受损害的消费者提起诉讼或者依照本法提起诉讼"，明确将消费者协会这一社会组织列为法定的提起公益诉讼的主体；2014 年修订的《环境保护法》也明确规定了符合一定条件的社会组织可以成为的提起环境污染公益诉讼适格主体。

检察机关承担起公益诉讼职能，起源于 2014 年 10 月 23 日中共十八届四中全会通过的《中共中央关于全面推进依法治国若干重大问题的决定》。该决定指出"探索建立检察机关提起公益诉讼制度"，强调检察机关在公益诉讼领域应发挥更大的作用。2015 年 1月，最高人民检察院印发了《最高人民检察院关于贯彻落实〈中共中央关于全面推进依法治国若干重大问题的决定〉的意见》，对"探索建立检察机关提起公益诉讼制度"这个命题做出具体部署安排。随后，最高人民检察院授权在 13 个省区市开展为期两年的试点。试点工作结束后，在总结实践经验的基础上，推动了 2017 年修改《民事诉讼法》《行政诉讼法》工作，正式建立了检察机关的公益诉讼制度。

2017 年修正的《民事诉讼法》第五十五条②增加了第二款，没有法定机关、组织，或是法定机关、组织不起诉的情况下，检察机关可以提起公益诉讼。随后，2018 年、2019年分别修订的《检察院组织法》《检察官法》，均将"公益诉讼"明确列入了职权、职责

---

① 《民事诉讼法（2012 修正）》第五十五条规定："对污染环境、侵害众多消费者合法权益等损害社会公共利益的行为，法律规定的机关和有关组织可以向人民法院提起诉讼。"

② 《民事诉讼法（2017 修正）》第五十五条规定："对污染环境、侵害众多消费者合法权益等损害社会公共利益的行为，法律规定的机关和有关组织可以向人民法院提起诉讼。人民检察院在履行职责中发现破坏生态环境和资源保护、食品药品安全领域侵害众多消费者合法权益等损害社会公共利益的行为，在没有前款规定的机关和组织或者前款规定的机关和组织不提起诉讼的情况下，可以向人民法院提起诉讼。前款规定的机关或者组织提起诉讼的，人民检察院可以支持起诉。"

范畴。

2018 年通过施行的《最高人民法院、最高人民检察院关于检察公益诉讼案件适用法律若干问题的解释》（以下简称"两高司法解释"）对检察机关公益诉讼制度进行了具体细化规定。

至此，检察机关承担公益诉讼已有了较为完善的制度建设。《民事诉讼法》及"两高"司法解释，均明确了检察机关承担公益诉讼是一种兜底性的保障工作——是在没有法定机关组织，或是法定机关组织不起诉的情况下，检察机关才站出来履行公益诉讼职能——检察机关提起民事公益诉讼前需要公告三十日。①"两高"司法解释第二条也明确，检察机关办理公益诉讼案件的主要任务是"督促适格主体依法行使公益诉权"。

因此，根据我国公益诉讼制度的安排，在公益诉讼中，检察机关应是处于最后顺位，我们不应过分倚重、依赖检察机关。文物保护的民事救济，应思考是否还有更合适的首要适格起诉主体。

三　文物保护民事起诉适格主体的重新审视

（一）"直接利害关系"是首要适格起诉主体的法律依据

《民事诉讼法（2017 修正）》第一百一十九条②规定了一般民事起诉的条件，其中对适格起诉主体规定为"原告是与本案有直接利害关系的公民、法人和其他组织"。

何谓"直接利害关系"？《民事诉讼法》第一百一十九条释义对"直接利害关系"做了进一步的解释："公民、法人和其他组织之间因财产关系和人身关系发生纠纷，其中一方向人民法院提出诉讼请求，要求人民法院行使国家审判权，依法裁决纠纷双方的民事法律关系，以保护自己合法权益的诉讼行为，称为起诉。为了维护当事人的合法权益，同时便于人民法院对起诉进行审查，法律对起诉的条件进行一定的规范是必要的，这有助于原告在正式起诉前对诉讼目的、诉讼对象、受诉法院等一系列事项进行全面考虑，在一定程度上防止了漫无目的的滥诉，也有助于规范审判秩序。"就文物保护而言，这种"具有直接利害关系"的内涵与外延均大于"原告享有文物所有权"。换言之，即使主体并不拥有

---

① 《最高人民法院、最高人民检察院关于检察公益诉讼案件适用法律若干问题的解释》第十三条规定："人民检察院在履行职责中发现破坏生态环境和资源保护、食品药品安全领域侵害众多消费者合法权益等损害社会公共利益的行为，拟提起公益诉讼的，应当依法公告，公告期间为三十日。公告期满，法律规定的机关和有关组织不提起诉讼的，人民检察院可以向人民法院提起诉讼。"

② 《民事诉讼法》（2017 修正）第一百一十九条规定："起诉必须符合下列条件：（一）原告是与本案有直接利害关系的公民、法人和其他组织；（二）有明确的被告；（三）有具体的诉讼请求和事实、理由；（四）属于人民法院受理民事诉讼的范围和受诉人民法院管辖。"

文物的所有权，但是如果与文物具有直接利害关系，那么仍然有权提起民事诉讼。

（二）文物管理主体依法管理、使用、保护文物，应是起诉首要适格主体

《文物保护法》对国有文物的保护利用均规定了不同的文物管理主体：馆藏文物的收藏、展览、保护由博物馆、图书馆等文物收藏单位负责；对一些文物保护单位可以建立博物馆、保管所或者辟为参观游览场所；国有不可移动文物由使用人负责修缮、保养等等。

在文物保护领域，这种"直接利害关系"体现在对文物享有使用、利用的权益，负有管理、保护的职责。文物受到灭失、损毁的，多产生侵权之债。我国侵权责任法律制度同样保护文物管理主体对文物享有的权益。这为文物管理主体成为适格起诉主体奠定了法律依据。

基于上述这种直接利害关系，文物管理主体向侵害方提起民事诉讼，也早已经获得了法院的认可：在南京市太平天国历史博物馆与王年跃、南京东部路桥工程有限公司等财产损害赔偿纠纷一案①中，王年跃驾驶汽车在倒车时观察失误，将太平天国博物馆放置于"瞻园"门口的石狮子撞坏。经鉴定，该石狮系明清时代的文物。事后，南京市秦淮区人民检察院出具了民事督促起诉书，督促文物管理主体太平天国博物馆及时向侵权方提起民事赔偿诉讼，主张承担民事责任。法院在认定诉讼主体资格时，认为，"根据太平天国博物馆提供的文化（57）社文字第0382号文件，已证明太平天国博物馆对瞻园进行实际的管理、使用"。"太平天国博物馆作为受损石狮的实际使用、管理者，在石狮受损后，应具有向侵权人主张损害赔偿的权利"。法院最终判处侵权方承担石狮修复费用和价值损失费用共计478000元。本案便是从正面证明了文物管理主体具备民事起诉主体资格。

然而，实践中，由于缺少相关的配套法规的约束，文物管理主体往往怠于行使诉权，或是根本就意识不到自己拥有诉讼的权利，反而认为这是公益诉讼的范畴，并不是自己管理职责的一部分。再加之，地方政府对于文物维护、修缮提供专项经费，相关民事责任的主张也就不了了之，无形中，国有文物损害的经济损失往往由纳税人买单而非侵权人承担。

（三）法定机关和有关组织是提起文物公益诉讼的第二顺位适格主体

文物保护涉及国家利益、社会公共利益，在无法找到"直接利害关系"的首要适格主体时，按照顺位，应依据《民事诉讼法（2017修正）》第五十五条之规定，由特别法规定的法定机关和有关组织提起公益诉讼。法定机关和有关组织提起公益诉讼适用不同于一般起诉的受理条件，不需要"原告是与本案有直接利害关系的公民、法人和其他组织"，但

① 参见南京市中级人民法院民事判决书（2011）宁民终字第3007号。

是需要提交"有社会公共利益受到损害的初步证据"。①

目前，《环境保护法》《消费者权益保护法》《英雄烈士保护法》均对各自领域内有权提起公益诉讼的法定机关和组织做出了规定。遗憾的是，《文物保护法》（2017 修正）并未对"法律规定的机关和有关组织"做出进一步明确规定。这目前仍然是我国文物保护公益诉讼的不足之处。

（四）检察机关是提起文物公益诉讼的第三顺位适格主体

在没有特别法规定的法定机构和有关组织或是法定机构和有关组织不起诉的情况下，检察机关作为维护国家利益和社会公共利益的法定机关，应依法提起公益诉讼，起到了兜底性的保障作用。

为了减少文物保护缺少第二顺位适格主体的消极影响，各地检察机关陆续开始重视文物公益诉讼工作，与文物行政部门开展密切协作。如2020年6月，陕西省检察院会同陕西省文物局联合制定了《关于协作推进检察公益诉讼促进文物保护工作的意见》建立了检察机关与文物行政部门的合作机制，实现办案联动、信息共享。另外，陕西、湖北、河南、河北、新疆等地，均在加强检察公益诉讼工作的决定文件中强调探索、开展文物公益诉讼工作。

四　文物公益诉讼的立法建议

如前文所述，一方面，首要适格主体容易怠于行使诉权或是根本认识不到自己拥有诉权；另一方面，第二顺位适格主体未由特别法做出明确规定。文物保护的重任往往直接由第三顺位适格主体检察机关承担。

然而，检察机关并非文物直接的利用、保护、管理者，难以了解文物实情、掌握文物专业知识。因此，直接由处于第三顺位的检察机关提起公益诉讼，并非文物保护的最优选项，我们应当通过特别法立法明确强调首要适格主体的诉权意识，同时明确法定第二顺位适格主体。

（一）明确文物管理主体有权提起诉讼

直接利用、保护、管理文物的文物管理主体是提起诉讼的首要适格主体，无须法律做

---

① 《最高人民法院关于适用〈中华人民共和国民事诉讼法〉的解释》第二百八十四条规定："环境保护法、消费者权益保护法等法律规定的机关和有关组织对污染环境、侵害众多消费者合法权益等损害社会公共利益的行为，根据民事诉讼法第五十五条规定提起公益诉讼，符合下列条件的，人民法院应当受理：（一）有明确的被告；（二）有具体的诉讼请求；（三）有社会公共利益受到损害的初步证据；（四）属于人民法院受理民事诉讼的范围和受诉人民法院管辖。"

出特别授权规定。但是实践中，很多文物管理主体并没有意识到自己拥有诉权。《文物保护法》应当立法制定倡导性、宣示性条款，明确、鼓励这些文物管理主体起诉维权。这样可以将起诉适格主体前移，充分调动文物管理主体的维权意识，增强社会参与文物保护的活力。

（二）立法明确文物公益诉讼的法定机构和有关组织

如前文所述，其他特别法如《环境保护法》《消费者权益保护法》《英雄烈士保护法》已经依据《民事诉讼法》的指引，明确规定了各自领域提起公益诉讼的法定机关和有关组织。这三部法律均有自己的立法风格，可以为我们借鉴。

《消费者权益保护法》直接在已有的社会组织——消费者协会的职责上增加了提起公益诉讼的内容。① 这种立法的优点在于直接、明确规定了公益诉讼的适格主体，权责分明。这种清晰的立法方式具有鲜明的指引性。对于侵害众多消费者合法权益的公益诉讼，消费者协会责无旁贷，有利于消费者权益的保护。

《环境保护法》并没有采取直接、明确的立法方式，而是规定符合一定条件的社会组织有权提起公益诉讼。② 我国环保领域并不存在像消费者协会这种整齐划一的社会组织，因此《环境保护法》采取了更加开放的立法方式，从而调动社会各界参与环保公益诉讼的积极性。

《英雄烈士保护法》于 2018 年 4 月 27 日发布，是在我国已经建立了检察机关公益诉

---

① 《消费者权益保护法》第三十七条规定：
"消费者协会履行下列公益性职责：（一）向消费者提供消费信息和咨询服务，提高消费者维护自身合法权益的能力，引导文明、健康、节约资源和保护环境的消费方式；（二）参与制定有关消费者权益的法律、法规、规章和强制性标准；（三）参与有关行政部门对商品和服务的监督、检查；（四）就有关消费者合法权益的问题，向有关部门反映、查询，提出建议；（五）受理消费者的投诉，并对投诉事项进行调查、调解；（六）投诉事项涉及商品和服务质量问题的，可以委托具备资格的鉴定人鉴定，鉴定人应当告知鉴定意见；（七）就损害消费者合法权益的行为，支持受损害的消费者提起诉讼或者依照本法提起诉讼；（八）对损害消费者合法权益的行为，通过大众传播媒介予以揭露、批评。
各级人民政府对消费者协会履行职责应当予以必要的经费等支持。
消费者协会应当认真履行保护消费者合法权益的职责，听取消费者的意见和建议，接受社会监督。
依法成立的其他消费者组织依照法律、法规及其章程的规定，开展保护消费者合法权益的活动。"
② 《环境保护法》第五十八条规定：
"对污染环境、破坏生态，损害社会公共利益的行为，符合下列条件的社会组织可以向人民法院提起诉讼：（一）依法在设区的市级以上人民政府民政部门登记；（二）专门从事环境保护公益活动连续五年以上且无违法记录。
符合前款规定的社会组织向人民法院提起诉讼，人民法院应当依法受理。
提起诉讼的社会组织不得通过诉讼牟取经济利益。"

讼制度之后制定的法律。英雄烈士代表着民族的共同记忆、共同情感、民族精神、社会主义核心价值观，代表着国家利益、社会公共利益。在不好确定社会组织的情况下，为了给予英雄烈士最强有力保护，《英雄烈士保护法》直接明确将检察机关规定为提起公益诉讼的法定机关，① 将检察机关起诉由第三顺位提前至第二顺位。

文物保护领域的公益诉讼立法应当结合实际情况明确法定机关和有关组织。为提高社会参与文物保护的积极性，可以开放式地立法，规定符合一定条件的社会组织有权提起公益诉讼。为了给予文物保护强有力的国家司法保护，也可以直接立法明确法定机关承担公益诉讼职能，可以立法明确检察机关是文物保护公益诉讼的兜底机关。

五　小结

文物保护民事救济应首先鼓励具有直接利害关系的首要适格主体维权，其次通过立法明确法定机关和有关组织作为公益诉讼的第二顺位适格主体，最后检察院作为兜底性的第三顺位主体提起诉讼。我们应当进一步完善文物保护的救济制度，充分调动前序适格主体起诉维权的积极性，增强社会参与文物保护的积极性和活力。

参考文献

[1] 王云霞：《论文化遗产权》，《中国人民大学学报》2011 年第 2 期。

[2] 叶秋华、孔德超：《论法国文化遗产的法律保护及其对中国的借鉴意义》，《中国人民大学学报》2011 年第 2 期。

[3] 李响：《公众参与文化遗产保护的公益诉讼进路研究》，《中国高校社会科学》2019 年第 6 期。

[4] 张国超：《意大利公众参与文化遗产保护的经验与启示》，《中国文物科学研究》2013 年第 1 期。

[5] 蓝向东、杨彦军：《以公益诉讼方式开展文物保护的可行性研究》，《北京人大》2018 年第 6 期。

[6] 黄金荣：《走在法律的边缘——公益诉讼的理念、困境与前景》，《法制与社会发展》2011 年第 4 期。

---

① 《英雄烈士保护法》第二十五条规定：
"对侵害英雄烈士的姓名、肖像、名誉、荣誉的行为，英雄烈士的近亲属可以依法向人民法院提起诉讼。
英雄烈士没有近亲属或者近亲属不提起诉讼的，检察机关依法对侵害英雄烈士的姓名、肖像、名誉、荣誉，损害社会公共利益的行为向人民法院提起诉讼。
负责英雄烈士保护工作的部门和其他有关部门在履行职责过程中发现第一款规定的行为，需要检察机关提起诉讼的，应当向检察机关报告。
英雄烈士近亲属依照第一款规定提起诉讼的，法律援助机构应当依法提供法律援助服务。"

［7］ 朱兵：《我国文化遗产保护法律体系的建构》，《中国人民大学学报》2011 年第 2 期。

［8］ 上海市人民检察院研究室：《历史建筑保护涉及公共利益》《检察风云》2019 年第 18 期。

［9］ 崔璨：《传统诉讼制度下文化遗产保护的障碍及出路》，《理论月刊》2016 年第 10 期。

［10］ 吴海研、支立跃、陈跃：《检察公益诉讼"等"外研究》，无锡市法学会课题，2019 年。

［11］ 张千帆：《启动公益诉讼的条件——论美国行政诉讼的资格》，《行政法学研究》2014 年第 2 期。

［12］ 侯佳儒：《环境公益诉讼的美国蓝本与中国借鉴》，《交大法学》2015 年第 4 期。

［13］ 周星、周超：《日本文化遗产保护的举国体制》，《文化遗产》2008 年第 1 期。

［14］ 甘文：《甘肃全面启动文物保护检察公益诉讼实践》，《中国文物报》2020 年 3 月 10 日。

［15］ 谢志伟：《苏州市文物保护公益诉讼的探索实践》。《中国文物报》2019 年 11 月 15 日。

［16］ 任茂东：《将文物保护纳入公益诉讼》，《中国人大》2012 年第 9 期。

［17］ 陈敏：《文物保护宜纳入公益诉讼范围》，《检察日报》2018 年 6 月 3 日。

［18］ 李袁婕：《国有文物行政公益诉讼制度正式确立》，《中国文物报》2017 年 7 月 18 日。

［19］ 刘丽彩、孙玉龙：《国有文物的民事救济不应限于公益诉讼》，《文物、博物馆与遗产法治研究丛书》（第一辑），译林出版社 2018 年版。